本书系教育部哲学社会科学研究重大课题攻关项目“坚持依法治国与制度治党、依规治党统筹推进研究”（17JZD003）的阶段性成果；吉林大学研究基地重大项目“新时代思想建党与制度治党相结合研究”（2019XXJD05）的结项成果。

新时代思想建党与制度治党

的理论与实践

王立峰　吕永祥｜著

人民日报出版社
北京

图书在版编目（CIP）数据

新时代思想建党与制度治党的理论与实践／王立峰，吕永祥著．—北京：人民日报出版社，2021.1

ISBN 978－7－5115－6233－3

Ⅰ.①新… Ⅱ.①王…②吕… Ⅲ.①中国共产党—思想建设—研究②中国共产党—党的建设—研究 Ⅳ.①D26

中国版本图书馆 CIP 数据核字（2019）第 233334 号

书　　名：新时代思想建党与制度治党的理论与实践
XINSHIDAI SIXIANG JIANDANG YU ZHIDU ZHIDANG DE LILUN YU SHIJIAN
著　　者：王立峰　吕永祥

出 版 人：刘华新
责任编辑：蒋菊平　李　安
封面设计：中联学林

出版发行：人民日报出版社
社　　址：北京金台西路 2 号
邮政编码：100733
发行热线：（010）65369509　65369846　65363528　65369512
邮购热线：（010）65369530　65363527
编辑热线：（010）65369528
网　　址：www. peopledailypress. com
经　　销：新华书店
印　　刷：三河市华东印刷有限公司
法律顾问：北京科宇律师事务所　010－83622312

开　　本：710mm×1000mm　1/16
字　　数：262 千字
印　　张：16
版次印次：2021 年 1 月第 1 版　　2021 年 1 月第 1 次印刷

书　　号：ISBN 978－7－5115－6233－3
定　　价：95.00 元

目录
CONTENTS

理论篇

实践篇

附　录

理论篇

一、绪 论

（一）研究背景和现实意义

党的十八大以来，习近平总书记提出并深化了全面从严治党的重大战略思想，不仅分别提出了“思想建党”和“制度治党”两个重要的党建思想，而且针对思想建党和制度治党中各自存在的问题及其相互配合的重要性与必要性，提出了“思想建党和制度治党相结合”这一重大的治党方略。2014 年 10 月，习近平总书记在党的群众路线教育实践活动总结大会上指出，“从严治党靠教育，也靠制度，二者一柔一刚，要同向发力、同时发力”，“要使加强制度治党的过程成为加强思想建党的过程，也要使加强思想建党的过程成为加强制度治党的过程”①。2016 年 10 月，党的十八届六中全会公报进一步指出，“坚定推进全面从严治党，坚持思想建党和制度治党紧密结合”。全面从严治党需要“内化于行，外化于行”，思想建党和制度治党相结合正是改造人的主观世界和规范人的外在行为相统一的重要举措。

全面从严治党是一项涉及党的建设各个领域的系统工程，深入推进全面从严治党需要在思想建党和制度治党紧密结合上下功夫。加强思想建党与制度治党相结合研究，有助于在清晰地阐释把思想建党与制度治党紧密结合起来的深层内涵的基础上，深入理解习近平总书记全面从严治党思想中的辩证思维与系统论思维，为习近平总书记思想建党与制度治党相结合的重要论述提供理论注解，为各级党组织深入开展思想建党与制度治党工作提供理论支撑和引导。

① 习近平．在党的群众路线教育实践活动总结大会上的讲话［N］．人民日报，2014－10－09．

党的十八大以来，中国共产党加强了思想建设领域的制度建设，逐步明确了思想建党和制度治党紧密结合的工作方针，在思想建党和制度治党相结合上取得了一系列重要的成果。但是需要指出的是，在深入推进思想建党和制度治党相结合的过程中，目前仍旧存在片面强调思想建党或制度治党的重要性、思想建党和制度治党“两张皮”等一系列具体问题。鉴于此，本书报告在肯定思想建党和制度治党相结合工作已经取得成绩的前提下，按照思想建党和制度治党相结合的“现状——问题——对策”的逻辑思路依次展开，以求为下一阶段深入推进思想建党和制度治党相结合的工作提供对策建议。

（二）文献综述

在进行理论检视的基础上，本书主要围绕以下四个问题对思想建党和制度治党相结合研究的现有文献进行分类和概括：思想建党和制度治党相结合的内涵是什么？思想建党和制度治党相结合的必要性是什么？思想建党和制度治党相结合经历了怎么样的历史演进过程？思想建党和制度治党相结合有何理论和现实价值？

1. 思想建党和制度治党相结合的内涵

思想建党和制度治党相结合是由思想建党和制度治党两个概念组合而成的一个集合性概念。目前学术界对思想建党和制度治党相结合这一概念的理论阐释，主要集中在习近平关于思想建党和制度治党相结合的重要论述。2014 年 10 月，习近平总书记在党的群众路线教育实践活动总结大会上指出，“思想建党与制度治党要同向发力、同时发力”，“要使加强制度治党的过程成为加强思想建党的过程，也要使加强思想建党的过程成为加强制度治党的过程”①，该论述为学术界阐释思想建党和制度治党相结合的内涵奠定了基础。在此基础上，从侧重于发挥思想建党和制度治党各自的效果这一角度，姚桓指出：“思想建党与制度治党相结合，就是要在马克思主义党建理论指导下，以思想建设和思想教育明确党的建设方向，提高广大党员干部的思想政治觉悟；以系统、科学的制度巩固教育成果，保证各项党建举措的落实，特别是

---

① 习近平. 在党的群众路线教育实践活动总结大会上的讲话［N］. 人民日报，2014－10－09.

规范权力运行，防止滥用权力行为和各种不正之风。"① 从思想建党和制度治党之间相互转化的角度，张书林指出，所谓思想建党与制度治党相结合就是要实现"思想建党的制度化"和"制度治党的思想化"。所谓"思想建党的制度化"，就是要把思想建党的要求和做法上升为党内制度规定，反过来再用以指导和规范思想建党进程；所谓"制度治党的思想化"，就是全党同志都要从思想上强化对制度治党的认知、树立制度治党的观念理念，使制度治党真正成为想问题、办事情、作决策的出发点和落脚点②。除此以外，还有一些学者侧重于从论述思想建党和制度治党之间的关系的角度界定思想建党与制度治党相结合的内涵。石仲泉指出，"思想建党和制度治党犹如一车二轮，二者缺一不可；一轮硬一轮软、一轮着力一轮不着力都不行。"所谓思想建党与制度治党相结合就是思想建党与制度治党不仅要同时、同向发力，而且双方发力还要互相贯通③。周银芳认为所谓思想建党与制度治党相结合，就是要把思想建设和制度建设一起谋划、一并部署、一块推进、一同落实，避免"一手软、一手硬"，而要"坚持两手抓，两手都要硬"，既要补足精神之"钙"，又要扎牢制度之笼。思想与制度这两者对于党的建设来说，犹如车之两轮、鸟之两翼，相辅相成，缺一不可。思想建党与治党相结合就要求思想和制度要相互配套、相互衔接、相互促进，实现同频共振、相得益彰④。

2. 思想建党和制度治党相结合的必要性论证

首先，坚持思想建党和制度治党相结合，是马克思主义哲学中的辩证法思维在党的建设领域的创造性运用。李敬煊认为辩证统一是全面从严治党的方法论特质，思想建设诉之于人的主观世界改造并依托于人的自律，可以视为全面从严治党的内因。制度建设以约束和塑造人的外在行为为目标，可以被视为全面从严治党的外因。马克思主义哲学中内因和外因的辩证统一关系要求必须坚持思想建党和制度治党相结合⑤。在相近的立场上，黄家茂和王海军也认为，思想建党与制度治党紧密结合，是科学总结历史经验的结果，也

---

① 姚桓．论思想建党与制度治党相结合［J］．中共福建省委党校学报，2015（5）：4－8.

② 张书林．思想建党与制度治党：目标任务与耦合生态［J］．学习与实践，2015（11）：42－51.

③ 石仲泉．论思想建党与制度治党［J］．中国井冈山干部学院学报，2015（2）：5－12.

④ 周银芳．坚持思想建党与制度治党紧密结合［J］．求是，2015（12）：57.

⑤ 李敬煊，李思学．全面从严治党的三重审视［J］．探索，2016（5）：103－107.

是辩证思维在党的建设上的创造性运用①。其次，思想建党和制度治党之间的功能互补性要求坚持思想建党和制度治党相结合。韩冰从思想建设或制度建设自身的重要作用及不足的角度指出，不靠思想教育或制度建设不行，只靠思想教育或制度建设也不行，坚持思想自律和制度他律的有机统一，才能提高党的建设的成效②。牛月永进一步指出，教育突出柔性，以说服为核心；制度突出刚性，以惩戒为根本。教育与制度在功能上具有凹凸互补性③，这是坚持思想建党和制度治党相结合的重要依据。此外，还有学者从制度相关人的思想状况会影响制度制定和运行的效果这一观点出发，认为坚持思想建党和制度治党相结合有助于提高制度相关人的制度意识，提高制度有效性④。综上所述，目前国内学术界对思想建党和制度治党相结合的必要性进行论证时，主要集中于辩证法和系统论思维这一哲学维度以及思想建党和制度治党具有功能互补性这一工具维度，理论维度的缺乏影响到思想建党和制度治党相结合必要性论证的学理性和理论说服力。

3. 思想建党和制度治党相结合发展演进的历史脉络

坚持思想建党和制度治党相结合这一思想并不是凭空产生的，它是对不同的历史时期党的建设的历史经验进行总结和升华的产物，经历了一个不断发展演进的历史过程。

张书林对思想建党和制度治党相结合这一思想发展演进的历史脉络进行了细致的梳理。在他看来，民主革命时期党员阶层构成和思想状况的复杂性，使思想建党成为完成党的历史使命的客观要求。严峻复杂的军事斗争环境和政治局势使中国共产党无暇进行大规模的制度建设，思想建党成为毛泽东党建思想的显著特点。改革开放之后，邓小平汲取忽视制度建设的教训，充分认识到制度建设的重要性。重视制度建设的思想被江泽民和胡锦涛所继承和发展，制度建设在党的建设总体布局中的重要性日益提升。党的十八大以来，习近平总书记深刻认识到制度的重要性及其自身的缺陷，从思想建设和制度

① 黄家茂，王海军．全面从严治党视域下制度治党的基本路径探析［J］．湖湘论坛，2016（2）：38－44.

② 韩冰．把思想建党和制度治党紧密结合起来［J］．理论导报，2015（11）：31－32.

③ 牛月永．构建思想建党与制度治党协同机制的思考［J］．领导科学，2015（20）：32－34.

④ 霍春龙．新制度主义政治学视域下制度有效性研究［D］．吉林大学博士学位论文，2008.

建设相互配合的角度提出了“坚持思想建党和制度治党相结合”这一重要论断。综上所述，张书林认为思想建党和制度治党相结合这一思想经历了从毛泽东同志重视“思想建党”，到邓小平同志强调“制度治党”，再到习近平总书记提出“坚持思想建党与制度治党相结合”这样一条发展演进的历史脉络①。在相近的立场上，姚桓认为思想建党是民主革命时期中国共产党建设的独创性经验，制度治党则源于改革开放以来中国共产党总结历史经验和解决现实问题的探索，而思想建党和制度治党则是习近平总书记执政以来在全面从严治党的更高发展阶段上对两者的辩证统一②。与前两者不同的是，彭文龙和陈世润认为制度治党是马克思主义政党的天然属性，中国共产党创立时期所具有的严格的组织纪律性就呈现出制度治党的特征。后来随着“把支部建在连上”和“从思想上入党”等思想建党原则的确立，毛泽东思想建党的学说才逐渐走向成熟。此外，思想建党和制度治党相结合的思想可以从江泽民同志提出的依法治国和以德治国相结合的重大论断中窥见其原型。综上所述，彭文龙和陈世润认为中国共产党思想建党和制度治党相结合的实践历程经历了从制度治党到思想建党，到思想建党的成熟，再到在依法治国与以德治国中实现思想建党与制度治党相结合三个不同的发展阶段③。

针对上述学者对思想建党和制度治党相结合发展演进的历史过程的争论，我们应当从不同的历史阶段中国共产党面临的主要任务和时代环境出发，从抓住主要矛盾的角度找出不同时期中国共产党建设的主要侧重点，这样才能准确地描绘出思想建党和制度治党相结合这一思想发展演进的历史脉络。

4. 思想建党和制度治党相结合的重要价值

首先，坚持思想建党和制度治党相结合加深了中国共产党对党建规律的认识，提高了党的建设科学化水平。肖光文认为坚持思想建党和制度治党相结合既是中国共产党对党的建设历史经验的宝贵总结，也是新的历史条件下党的建设科学化的内在关键需求，有助于提高党的建设科学化水平④。与之相

① 张书林. 思想建党与制度治党：目标任务与耦合生态［J］. 学习与实践，2015（11）：42－51.

② 姚桓. 论思想建党和制度治党相结合［J］. 中共福建省委党校学报，2015（5）：4－8.

③ 彭文龙，陈世润. 思想建党与制度治党相结合：中国共产党党建规律的伟大探索［J］. 探索，2015（2）：38－42.

④ 肖光文. 思想建党和制度治党相结合：实现党的建设科学化的基本路径和现实要求［J］. 理论与改革，2016（5）：107－111.

类似，在何克祥看来，作为我们党长期以来加强自身建设历史经验的科学总结，坚持思想建党和制度治党相结合势必会对新形势下全面提高党的建设科学化水平产生重大而深远的影响①。彭文龙和陈世润甚至将思想建党和制度治党相结合称为“中国共产党党建规律的伟大探索”②。

其次，坚持思想建党和制度治党相结合发挥了全面从严治党的联动效应和叠加效应。曹开华和左功叶认为坚持思想建党和制度治党相结合，避免了局限于思想建党或制度治党某一方面所产生的弊端，为管党治党开拓了新思路、提供了新方法③。这种新思路和新方法就是张书林所说的跳出以往“单纯就思想建党谈思想建党、单纯就制度治党谈制度治党”的思维逻辑以及“单纯就思想建党抓思想建党、单纯就制度治党抓制度治党”的行动逻辑④。通过思想建党和制度治党之间的相互配合，发挥全面从严治党的联动效应和叠加效应，提升管党治党的水平⑤。

综上所述，目前国内学术界对思想建党和制度治党相结合的重大价值的分析，主要集中于提升党的建设科学化水平和全面从严治党水平这两个宏观层面，思想建党和制度治党相结合对于不同的党建领域有何具体的和现实的价值还有待进一步的阐释。

（三）研究思路与研究方法

1. 研究思路

概念研究是整个理论研究的基础，从基本概念出发，详细阐释“思想建党”“制度治党”以及“思想建党和制度治党相结合”的内涵。以基本理论为证成依据，对比党建理论、政党制度化理论、新制度主义政治学等相关理论的优缺点，探索符合中国思想建党和制度治党相结合实践的有效理论资源。

---

① 何克祥. 把思想建党与制度治党紧密结合起来［J］. 理论探索，2016（5）：41－45＋94.

② 彭文龙，陈世润. 思想建党与制度治党相结合：中国共产党党建规律的伟大探索［J］. 探索，2015（2）：38－42.

③ 曹开华，左功叶. 思想建党与制度治党相结合：党建规律的新认识新探索［J］. 党史文苑，2016（4）：41－44.

④ 张书林. 思想建党与制度治党：目标任务与耦合生态［J］. 学习与实践，2015（11）：42－51.

⑤ 刘先春，王小鹏. 思想教育与制度建设相结合：全面从严治党的根本保障［J］. 中共浙江省委党校学报，2015（6）：10－15.

在理清思想建党和制度治党之间具体关系的前提下，剖析当前思想建党和制度治党相结合中存在的瓶颈问题，探寻推进思想建党和制度治党相结合的有效路径。

2. 研究方法

（1）文献分析法

文献分析法是指通过对国内外学术界关于某一研究问题的现有文献的整理、阅读和分析，逐渐形成对该研究问题的较为深入的认识的方法。文献分析法在本研究课题中的应用体现在以下两个方面：一方面，本课题借鉴新制度主义政治学和政党制度化这两个研究领域的海外文献，对思想和制度之间的关联以及思想建党和制度治党相结合的必要性进行分析，借鉴和运用政党治理方面的文献对制度治党的内涵进行分析。另一方面，本课题在借鉴目前学术界关于思想建党与制度治党的理论研究成果和实践分析结论的基础上，总结和归纳目前党内思想建党与制度治党相结合理论研究和实践举措方面存在的具体问题，在现有研究基础上提出推进思想建党与制度治党相结合工作进一步深入发展的对策建议。

（2）历史比较分析

比较分析法是在多个事物之间进行比较，分析它们之间的共同点和差异，以求加深对事物本身的特征和本质等的认识的一种重要方法。它在本研究课题中的应用体现在两个方面：一方面，本课题通过对建党 95 年来中国共产党在不同历史阶段政党建设的不同侧重点的纵向比较，梳理思想建党和制度治党相结合的思想从萌芽、提出、发展到成熟的发展演进的历史脉络。另一方面，本课题通过对思想建设和制度建设之间不同的属性、特点和作用的横向比较，分析思想建党和制度治党之间的功能互补性，进而阐明思想建党和制度治党相结合的必要性。

二、“思想建党和制度治党相结合”的核心概念与基本理论

（一）核心概念：思想建党、制度治党、思想建党和制度治党相结合

概念研究是整个理论研究的基础，“思想建党和制度治党相结合”作为一个组合式概念，由思想建党和制度治党两个子概念构成，阐释“思想建党和制度治党相结合”的深刻内涵，必须建立在厘清思想建党和制度治党两个子概念的具体内涵的基础上。

1. 思想建党的概念界定

重视从思想上建党是中国共产党的一个显著特征，学者们分别从侧重于思想建党的目标和侧重于思想建党的方式两个角度界定思想建党的概念。

首先，从侧重于思想建党的内容和目标的角度看，张书林认为，“思想建党的实质是用党的主流意识形态、主导价值观去统领、贯通、指导党的纵向体系和横向体系建设的方方面面，并力图通过践行解放思想、实事求是、与时俱进的思想路线而形成全党思想统一、步调一致状态的过程。”① 在肖光文看来，思想建党主要是指通过科学理论的武装、党性修养以及思想道德建设，不断提高全体党员思想政治水平和理论素养，实现全体党员的理论自信和自觉，坚定社会主义、共产主义的理想信念，坚守共产党人的精神家园②。其次，从侧重于思想建党的方式的角度看，王锐认为思想建党是通过集中学习、日常教育、自学等方式把党和国家所主张的政治观点、思想认识、道德规范、

① 张书林．思想建党与制度治党：目标任务与耦合生态［J］．学习与实践，2015（11）：42－51.

② 肖光文．思想建党和制度治党相结合：实现党的建设科学化的基本路径和现实要求［J］．理论与改革，2016（5）：107－111.

法规纪律和心理要求，有组织、有计划灌输给客体，在思想建党主客体的共同努力下，内化为思想建党客体的政治意识、思想意识、道德意识、法纪意识和心理意识的活动①。

综上所述，思想建党是主体和客体、内容和方式的统一，对思想建党的内涵进行界定既要明确思想建党中的核心内容是什么，思想建党和制度治党的主体和对象是谁，也要明确思想建党要通过何种方式达到何种目标。思想建党的主体除了党委及其宣传部门、党校、社会主义学院等党组织以外，作为个体的党员和干部在某种程度上也可以成为思想建党的主体，这是因为在一定条件下思想建党和制度治党的主体和客体之间是可以相互转化的，党员和党员干部自觉主动的个人学习与自律、自省、自警，也是将思想建党的内容内化为自身的政治思想、政治意识和政治价值理念的重要方式和途径。思想建党的对象是各级党组织的成员，包括党员和党员干部，特别是党员领导干部。思想建党的主要方式是各级党委及其宣传部门、各级党校、社会主义学院等机构开展的思想政治教育和日常学习活动，“两学一做”和“三严三实”等群众路线教育实践活动也是思想建党的重要实践方式。

2. 制度治党的概念界定

制度治党是一个亟待从理论上加以阐释的新概念，目前学者们主要从政党治理、制度制定与制度执行两个角度来界定这一概念。

首先，制度治党是在实现国家治理体系和治理能力现代化的时代背景下对执政党提出的新要求，基于此一些学者从政党治理的角度来界定制度治党的概念。陈家喜认为作为政党治理的一种形式，制度治党是政党运用制度手段对党的组织、领袖和干部以及普通党员进行管理和约束，使其遵从党的组织纪律，保持对党忠诚的治理形态②。与之相类似，在陈松友看来，制度治党是以制度化的方式管理党内事务、规范党员行为，全面提升党的内部治理能力，实现政党运行的规范化、科学化③。

其次，制度治党的关键是扎紧制度的笼子并确保党员干部按制度办事，

---

① 王锐. 新的历史条件下中国共产党思想建党研究［D］. 兰州大学博士学位论文，2016.

② 陈家喜，黄慧丹. 制度治党的概念缘起与实施路径［J］. 特区实践与理论，2015（3）：34－37.

③ 陈松友，刘帅. 制度治党：优化党内政治生态的现实性及路径选择［J］. 河南社会科学，2016（5）：32－36.

基于此还有一些学者从制度制定和制度执行两个层面来界定制度治党的概念。张书林认为制度治党的实质是从保持治党管党长期性、稳定性之需求出发，把治党管党的重心放在党的制度、规则、程序等要素的建立健全和贯彻执行上，进而确立有制度规定可循、按制度规定办事的规范化、模式化之治党管党理路的状态与过程①。与之相类似，肖光文认为制度治党的实质就是构建科学合理的制度体系，贯彻执行制度体系，通过制度保障政党奋斗目标的实现②。

综上所述，制度治党的实质就是将制度作为管党治党的重要依据，做到用制度管人管权管事，制度执行到人到权到事。“制度治党”的内涵可以从以下三个方面进行阐释：

一是规范维度，制度治党强调以稳定性、公开化、权威性的党规与国法为制度依据，制度治党中的制度不仅包括党内法规、党内制度、政治纪律与政治规矩，同时也涵盖国家宪法和法律、法规。党内法规和国家法律都是人民意志的集中体现，两者具有一致性，都是中国共产党依法行政和治国理政的制度遵循。“党章为本、宪法至上”这一理念在习近平总书记在党的十八届四中全会提出的建设中国特色社会主义法治国家的决定中有着充分的体现。“‘健全和完善党内法规体系’是中国特色社会主义法治的应有之义，制度治党的旨向目标就是执政党的依法执政，是中国共产党领导下的社会主义法治国家建设，党规与国法具有内在的一致性。”③ 推行制度治党，有助于树立党内法规和国家法律在规范党组织和党员的行为、协调党内各主体之间的关系等方面的权威地位，通过塑造党内法规和国家法律的法理型权威和培育遵纪守法的制度文化，来培育依规治党的治党思维。

二是治理维度，强调以常态化、规范化的现代治理技术治党。区别于传统社会的人治方式，依法治国是现代国家具有共识性的基本治国方略。依法治国的治国方略反映到政党治理的方式上，就是要将依规治党作为管党治党

---

① 张书林. 思想建党与制度治党：目标任务与耦合生态［J］. 学习与实践，2015（11）：42－51.

② 肖光文. 思想建党和制度治党相结合：实现党的建设科学化的基本路径和现实要求［J］. 理论与改革，2016（5）：107－111.

③ 王立峰. 党规与国法一致性的证成逻辑——以中国特色社会主义法治为视域［J］. 南京社会科学，2015（2）：68－75.

的主要方式。"制度治党"的概念出现在全面从严治党和实现国家治理体系和治理能力现代化的新的时代背景之下。"制度治党是政党进入制度化阶段的一种治理形态，是以制度化的方式管理党内事务、规范党员行为，全面提升党的内部治理能力，实现政党运行的规范化、科学化。"① 从依靠领导人的个人意志来管党治党向依靠党内法规和制度来管党治党的转变，体现出政党治理方式从传统向现代的重要转变。政党治理方式的现代化要求中国共产党更多地采用制度约束、扎紧制度的笼子等现代治理方式。

三是与制度建设的比较维度。在"制度治党"的概念出现之前，"制度建设"一直是党内讨论制度的重要性和作用的主流话语。江泽民提出"制度建设"这一概念之时，我国的制度体系仍处于快速发展的阶段，制定一系列规范市场、社会和权力的新制度成为当时制度建设的重中之重。受此影响，长期以来我们对于制度建设的认识局限于"制度供给"和制度执行两个层面。与制度建设主要侧重于通过建章立制解决无制度可依的问题不同，制度治党深入提高制度治理这一阶段，制度治党的核心是政党制度化，它不仅仅涉及制度制定和制度执行两个层面，"制度文化建构和制度权威的树立"也是其重要内容②。

3. 思想建党和制度治党相结合的概念界定

"思想建党与制度治党相结合，就是要在马克思主义党建理论指导下，以思想建设和思想教育明确党的建设方向，提高广大党员干部的思想政治觉悟；以系统、科学的制度巩固教育成果，保证各项党建举措的落实，特别是规范权力运行，防止滥用权力行为和各种不正之风。"③ 从思想建党和制度治党之间相互转化的角度，张书林指出，所谓思想建党与制度治党相结合就是要实现"思想建党的制度化"和"制度治党的思想化"。所谓"思想建党的制度化"，就是要把思想建党的要求和做法上升为党内制度规定，反过来再用以指导和规范思想建党进程；所谓"制度治党的思想化"，就是全党同志都要从思想上强化对制度治党的认知、树立制度治党的观念理念，使制度治党真正成

① 陈松友，刘帅．制度治党：优化党内政治生态的现实性及路径选择［J］．河南社会科学，2016（5）：32－36.

② 陈家喜，黄惠丹．论政党治理视域中的全面从严治党［J］．社会主义研究，2016（3）：78－83.

③ 姚桓．论思想建党和制度治党相结合［J］．中共福建省委党校学报，2015（5）：4－8.

为想问题、办事情、作决策的出发点和落脚点①。思想建党和制度治党相结合是由思想建党和制度治党两个子概念构成的一个组合概念，它主要包含以下三层含义：

首先，从过程耦合性的角度看，思想建党和制度治党相结合是指将思想元素融入制度建设之中，将制度元素融入思想建党的过程之中，“坚持思想建党和制度治党同向发力、同时发力，既要使加强制度治党的过程成为加强思想建党的过程，也要使加强思想建党的过程成为加强制度治党的过程”②。所谓同时发力，就是要把思想建设和制度建设一起谋划、一并部署、一块推进、一同落实，避免“一手软、一手硬”，而要“坚持两手抓，两手都要硬”，既要补足精神之“钙”，又要扎牢制度之笼。思想与制度这两者对于党的建设来说，犹如车之两轮、鸟之两翼，相辅相成，缺一不可。同时发力就要求思想和制度要相互配套、相互衔接、相互促进，实现同频共振、相得益彰③。思想建党和制度治党具有目标的一致性和过程上的耦合性，两者都体现为党建过程的逐渐深入和服务于从严治权目标的逐渐实现，正如有学者所说：“思想建党与制度治党是当下全面从严治党的两翼，两翼齐舒展、同频共振，才能使党的建设飞翔起来，才能使治党管党从思想到行动真正严起来”④。

其次，从作用对象和作用方式的相互衔接的角度看，思想建党和制度治党相结合是指思想建党和制度治党在作用对象上同时涵盖改造人的主观世界和规范人的外在行为两个层面，有助于实现全面从严治党“内化于心，外化于行”；在作用方式上同时涵盖自律与他律、道德软约束与制度硬约束两种行为规范方式，有助于实现全面从严治党宽严相济和以德治党与依规治党相结合。

最后，从功能互补性的角度看，思想建党和制度治党相结合是指“思想建党突出柔性，以说服为核心；制度治党突出刚性，以惩戒为根本，思想建

---

① 张书林. 思想建党与制度治党：目标任务与耦合生态［J］. 学习与实践，2015（11）：42－51.

② 习近平. 在党的群众路线教育实践活动总结大会上的讲话［N］. 人民日报，2014－10－09.

③ 周银芳. 坚持思想建党与制度治党紧密结合［J］. 求是，2015（12）：57.

④ 张书林. 思想建党与制度治党：目标任务与耦合生态［J］. 学习与实践，2015（11）：42－51.

党和制度治党在功能上具有凹凸互补性"①。更进一步来说，思想建党和制度治党相结合的现实出发点在于，"思想建设中存在的突出问题，思想建党难以解决的问题，需要制度有针对性地加以治理；同样，制度建设中存在的突出问题，制度治党难以解决的问题，需要思想教育、思想斗争、思想政治工作有针对性加以化解。"②

（二）基本理论：新制度主义政治学、政党制度化、党建理论

1. 新制度主义政治学

制度研究是政治学研究中的一个重要的主题，新制度主义政治学是20世纪80年代西方政治学界兴起的一支主要的制度研究学派，"自从马奇和奥尔森在1984年发表《新制度主义：政治生活中的组织因素》以来，新制度主义政治学已经成为欧美政治学界的主流话语和研究范式"③。由于不同的制度研究者的研究旨趣和关注点不同，新制度主义政治学内部又存在着一定的分歧，可以划分为理性选择制度主义、历史制度主义和社会学制度主义等分支。新制度主义政治学既继承了传统制度研究强调"制度是重要的"这一核心观点，又拓展了制度的内涵与外延，在我国思想建党与制度治党相结合的理论研究中具有一定的适用前景。

首先，国内学者在翻译和介绍西方新制度主义政治学的研究成果的基础上，也逐渐运用新制度主义政治学对中国的政治制度和政治实践进行分析，这为本书从新制度主义政治学出发剖析制度治党的现实梗阻及发展进路以思想建党和制度治党之间的关系提供了研究基础。例如，杨光斌运用新制度主义政治学对中国政治变迁过程的研究④，陈明明用新制度主义来解释我国的现代化和市民社会问题⑤，何俊志运用历史制度主义对我国人大制度

① 牛月永. 构建思想建党与制度治党协同机制的思考［J］. 领导科学，2015（20）：32－34.

② 何克祥. 把思想建党与制度治党紧密结合起来［J］. 理论探索，2016（5）：41－45＋94.

③ 杨光斌. 新制度主义政治学在中国的发展［J］. 教学与研究，2005（1）：45－52.

④ 杨光斌. 制度范式：一种研究中国政治变迁的途径［J］. 中国人民大学学报，2003（3）：117－123.

⑤ 陈明明. 比较现代化·市民社会·新制度主义——关于20世纪80、90年代中国政治研究的三个理论视角［J］. 战略与管理，2001（4）：109－120.

的研究①。这些研究成果启示我们对制度与行为、制度与文化、制度与权力之间关系的分析是各国政治制度建设中遇到的共性问题，而新制度主义政治学只是对上述问题的一种理论分析框架，具体结论需要在注意到中西方政体和政党制度的差异的基础上进行适当的修正，这正是运用新制度主义政治学分析我国思想建党与制度治党相结合这一理论议题的适用性的基础。

其次，新制度主义政治学拓展了制度的内涵与外延，认为广义的制度不仅包括宪法、法律等正式的制度，还包括信仰、价值观念、习惯等非正式制度，这就凸显出制度背后的价值观念和文化支撑，与坚持思想建党与制度治党相结合的内在要求具有契合性。除此以外，新制度主义政治学还深化了对理念和制度之间关系的探讨，强调了制度背后的价值支撑和价值表达的制度形式，对于深化对思想建党和制度治党相结合的重要性的理解具有重要的价值。理念和制度同为新制度主义政治学中的重要概念，罗杰斯·史密斯指出理念和制度之间是互嵌的，“在政治事务中发挥有力作用的理念总是按照制度的定位来行动和思考的，正如制度总是按照嵌入其中并按照形成它的理念来思考那样”②。从理念和制度之间的关联出发，罗伯特·利伯曼指出：应当“把理念和制度看做是整合性的、内生的解释要素，没有一方高于另一方，两者的结合能够避免政治分析的困境”③。从新制度主义政治学中理念和制度之间的互嵌关系出发，可以对思想建党和制度治党相结合进行理论证成，实现国外研究和国内研究的对话与对接。

2. 政党制度化

政党制度研究是政党研究的一个重要议题，西方政党政治研究者对政党制度的研究涵盖对成熟的西方自由民主国家的政党体制的研究和对发展中国家的政党制度化过程的研究两个主要的方面。亨廷顿、帕尼比昂科等学者是政党制度化研究中的代表人物，他们系统地阐释了政党制度化的内涵、衡量指标、影响因素等重要的研究内容。政党制度化研究与思想建党和制度治党

---

① 何俊志. 结构、历史与行为：历史制度主义对政治科学的重构［M］. 上海：复旦大学出版社，2004.

② Rogers Smith. Ideas, Institutions, and Strategic Choice［J］. Polity, 1995, 28 (1): 135-140.

③ Lieberman, Robert C. Ideas, Institutions, and Political Order: Explaining Political Change［J］. American Political Science Review, 2002, 96 (4): 697-712.

相结合研究的契合性体现在以下两个方面：

首先，从政党制度化的内涵来看，政党制度化包含政党组织体系的制度化和政党成员的价值理念两个不可分离的层面，从政党制度化的这两个层面之间的关系出发，有助于深入阐释思想建党和制度治党之间的关系。沃尔顿认为，"制度意味着一些普遍的永久的思想行为方式，它渗透在一个团体的习惯中或一个民族的习俗之中"①。制度是价值观念和思想观念的文本表达，价值观念和思想观念是制定和执行制度时的指导思想和行动方向，制度与价值观念、文化习惯之间具有深刻的联系。通过制度和法律等成文的规范来治理政党是现代政党的典型特征，中国共产党在从革命党向执政党转型的过程中也面临着加强制度建设的重要任务。中国共产党加强制度建设的目标是实现政党制度化，在亨廷顿看来，"制度化是组织和程序获得价值观和稳定性的一种过程"②。基于此，中国共产党在加强制度"硬件"建设的同时，也必须加强思想和文化等"软件"的建设，在制定和出台党内法规和制度的过程中还要向党员与社会民众传达自身进行制度建设的指导思想和价值观念，从而提高党员和社会民众对党内法规和制度的制度认同。上述政党组织体系的制度建设和对党员与社会民众的价值输入两者之间的相互配合关系，从侧面揭示出政党建设中制度建设和思想建设之间互相嵌入的重要关系。

其次，制度治党的实质是政党制度化，政党制度化指明了思想建党和制度治党相结合的发展方向。思想和价值渗透于制度之中，政党制度化不仅包括组织结构的体系化和决策自主性的结构层面，还包括"价值输入"和具体化的态度层面③。制度治党与以往的制度建设思想的重要区别在于，制度治党的过程不仅仅体现在政党建设阶段立章建制的过程，而且体现在政党治理阶段制度文化的培育和制度权威的塑造的过程，而思想建党与制度治党相结合的一个重要结合点正是借助于思想建党机制来培育制度文化和塑造制度权威。

3. 全面从严治党

---

① Hamiton W. H. Institution. [C] // Eduin R. A. Seligman, Alvin Johnson. Encyclopaedia of the Social Sciences [M]. Macmillan, New York, 1932.

② [美] 塞缪尔·P. 亨廷顿. 变化社会中的政治秩序 [M]. 王冠华等译，北京：生活·读书·新知三联书店，1989：12.

③ Vicky Randall, Lars Svasand. Party Institutionalization in New Democracies [J]. Party Politics, 2002, 8 (1): 5-29.

为完成党所肩负的历史使命，习近平总书记提出了“全面从严治党”的战略部署，后来又进一步把“全面从严治党”与“全面建成小康社会、全面深化改革、全面推进依法治国”① 一起作为当代中国的治国方略，开拓了党的建设新思维，开创了党的建设新阶段与新常态。全面从严治党是习近平党建思想的重大理论创新成果，实现了从“从严治党”向“全面从严治党”的重要转变。习近平指出：“全面从严治党，核心是加强党的领导，基础在全面，关键在严，要害在治。‘全面’就是管全党、治全党，面向8700多万党员、430多万个党组织，覆盖党的建设各个领域、各个方面、各个部门，重点是抓住‘关键少数’。‘严’就是真管真严、敢管敢严、长管长严。‘治’就是从党中央到省市县党委，从中央部委、国家机关部门党组（党委）到基层党支部，都要肩负起主体责任，党委书记要把抓好党建当作分内之事、必须担当的职责；各级纪委要担负起监督责任，敢于瞪眼黑脸，勇于执纪问责。”②

全面从严治党中的“全面”是指加强党的自身建设涉及思想建党、制度建设、组织建设等党的建设的各个领域，既需要加强思想建党，也需要加强制度治党。全面从严治党的目标是从严治权，全面从严治党中的“从严”是指中国共产党既需要通过思想政治教育和说服等思想建党方式来调整和规范党组织和党员的行为，也需要依靠严密党内法规和制度体系把权力关进制度的笼子里，思想建党与制度治党相结合是从严治权的重要保障。全面从严治党中的“治党”是指思想建党是管党治党的灵魂，制度治党是管党治党的躯体，“‘内化于心、外化于行’，坚持主观与客观的辩证统一，才能实现全面从严治党，营造风清气正的良好政治生态。”③

习近平总书记的全面从严治党思想具有深刻的系统论思维和辩证法思维，它揭示了思想建党与制度治党之间的辩证关系，以及将思想建党与制度治党紧密结合起来的重要的理论与现实价值。习近平总书记在党的群众路线教育实践活动总结大会上指出：“从严治党靠教育，也靠制度，二者一柔一刚，要

---

① 习近平. 主动把握和积极适应经济发展新常态 推动改革开放和现代化建设迈上新台阶［N］. 人民日报，2014-12-15.

② 习近平. 在第十八届中央纪律检查委员会第六次全体会议上的讲话［N］. 人民日报，2016-05-03.

③ 王立峰. 坚持思想建党和制度治党紧密结合［J］. 新长征，2017（1）：12-13.

同向发力、同时发力”①。思想建设需要制度的保障，没有制度的保障，思想建设只能是空洞的说教。思想是制度建设的灵魂，没有思想的指导，制度建设就会迷失方向。从严治党，需要思想建党与制度治党同向发力、同时发力。② 坚持思想建党和制度治党相结合，有助于全面系统地提升全面从严治党的整体效果，实现思想建党与制度治党的协同推进。

---

① 习近平．在党的群众路线教育实践活动总结大会上的讲话［N］．人民日报，2014－10－09．

② 姜裕富．思想建党和制度治党：从严治党的双重维度［J］．中共成都市委党校学报，2015（5）：22－25．

三、思想建党和制度治党相结合的重大价值

（一）提升中国共产党对党建规律的认识水平和党的建设科学化水平

中国共产党对党建规律的认识，经历了一个不断探索和总结经验的历史过程。在建党初期，中国共产党面临着严峻的和复杂的革命斗争形势，缺乏进行大规模制度建设所需要的和平环境和成熟的经验。面对这种形势，为了解决中国共产党的党员队伍和军队中存在的阶层成分问题和受非无产阶级思想影响的问题，“在1929年12月的古田会议上，毛泽东同志不但首次提出了思想建党的要求，把党内思想教育列为最迫切的任务之一，坚决纠正党内的各种错误思想，而且提出了依靠法规、制度，使党的政治任务得到有效的执行”①。在改革开放之后，邓小平汲取了中国共产党在1956年以后忽视制度建设的重要性的教训，提出了“制度问题不解决，思想问题也解决不了”的重要思想②，制度建设的根本性、全局性和稳定性地位得到正式的确认和不断的巩固，中国共产党对党建规律的认识水平有了一个显著的提升。党的十八大以来，习近平总书记在总结党的建设的宝贵的历史经验的基础上，结合新的时代趋势和条件，提出了坚持思想建党和制度治党相结合的重要思想，使得中国共产党党建思想的系统性和全面性得到了明显的提高。坚持思想建党和制度治党相结合，“是新的历史条件下党的建设科学化的内在关键需求，同时抓住了思想建设和制度建设这两个关键领域，有助于提高党的建设科学化水

---

① 曹开华，左功叶．思想建党与制度治党相结合：党建规律的新认识新探索［J］．党史文苑，2016（4）：41－44.

② 邓小平文选：第2卷［M］．北京：人民出版社，1994：328.

平”①。有学者甚至将思想建党和制度治党相结合称为“中国共产党党建规律的伟大探索”②。

（二）发挥全面从严治党的联动与叠加效应

全面从严治党是一项系统工作，涵盖党的思想建设、组织建设、制度建设、作风建设和反腐倡廉建设等党的建设各个领域。从系统论的观点出发，不同的党建领域之间是相互影响和相互作用的关系，“坚持思想建党和制度治党相结合，避免了局限于思想建党或制度治党某一方面所产生的弊端，为管党治党开拓了新思路、提供了新方法”③。这种新思路和新方法就是跳出以往“单纯就思想建党谈思想建党、单纯就制度治党谈制度治党”的思维逻辑以及“单纯就思想建党抓思想建党、单纯就制度治党抓制度治党”的行动逻辑④，通过思想建党和制度治党之间的相互配合，发挥全面从严治党的联动效应和叠加效应⑤，坚持思想建党和制度治党紧密结合，不仅仅能够通过思想建党方式解决党的思想建设领域中存在的党员的入党动机不纯粹、党员干部存在特权思想等具体问题，通过制度治党方式解决党的制度建设领域中存在的管党治党的制度体系不严密、制度执行不力等具体问题，而且它还具有超出单一党建领域的“正外部性”，它能够通过思想建党方式解决党的制度建设领域存在的党员和党员干部的制度意识不强、制度认同不足的问题，通过制度治党的刚性手段解决由于片面强调思想建设存在的全面从严治党失之于宽、失之于软的问题。

（三）构建“不敢腐”“不能腐”和“不想腐”的反腐倡廉综合体系

从腐败成因的角度看，文化因素和政治制度因素是影响腐败现象发生的

---

① 肖光文. 思想建党和制度治党相结合：实现党的建设科学化的基本路径和现实要求［J］. 理论与改革，2016（5）：107－111.

② 彭文龙，陈世润. 思想建党与制度治党相结合：中国共产党党建规律的伟大探索［J］. 探索，2015（2）：38－42.

③ 曹开华，左功叶. 思想建党与制度治党相结合：党建规律的新认识新探索［J］. 党史文苑，2016（4）：41－44.

④ 张书林. 思想建党与制度治党：目标任务与耦合生态［J］. 学习与实践，2015（11）：42－51.

⑤ 刘先春，王小鹏. 思想教育与制度建设相结合：全面从严治党的根本保障［J］. 中共浙江省委党校学报，2015（6）：10－15.

两个重要因素，"从传统社会中延续下来的送礼、关系文化以及政治制度的缺陷分别为腐败行为的发生提供了腐败动机和腐败机会"①。"改革开放以来我国思想建设的乏力降低了腐败的道德成本，制度建设的滞后和制度体系的漏洞为腐败现象提供了滋生的土壤"②，这两个因素是解释改革开放初期腐败现象频发的重要原因。

从腐败治理的角度看，腐败动机是腐败行为发生的源头，思想建党作用于改造人的主观世界，它能够通过提高党员和党员干部的思想政治觉悟和伦理道德水平的方式，消除或者弱化党员和党员干部的腐败动机，从而有助于构建"不想腐"的有效机制。腐败机会是从潜在的腐败动机转化为实际的腐败行为的一个重要条件，制度治党能够通过严密党的法规和制度体系来填补党内制度的空白，堵住党内制度体系中的漏洞，从而能够减少或者铲除腐败机会产生的制度土壤，提高腐败行为发生的难度，构建"不能腐"的有效机制。党员和党员干部从某种意义上也是理性人，腐败成本和腐败收益之间对比是腐败主体决定是否从事腐败行为的重要因素，思想建党和制度治党相结合有助于提高腐败主体从事腐败行为的心理成本和制度成本，从而能够减少腐败行为的发生。鉴于此，加强思想建设，培养党员干部正确的权力观，有助于减少腐败动机的产生，构建不想腐的机制。加强制度建设，健全预防和惩治腐败的制度体系，有助于减少腐败机会的发生，推动不敢腐和不能腐的压倒性态势的形成。从由腐败动机和腐败机会构成的腐败成因解释框架的角度看，坚持思想建党和制度治党相结合有助于构建不敢腐、不能腐和不想腐的反腐倡廉综合体系，提升腐败治理的效果。

---

① Amundsen Inge. Political corruption：An introduction to the issues [M]. Chr. Michelsen Institute，1999.

② He Zengke. Corruption and anti - corruption in reform China [J]. Communist and Post - Communist Studies，2000，33，(2)：243 - 270.

四、思想建党和制度治党相结合的理论证成

（一）思想建党与制度治党相结合的哲学依据：辩证法和系统论

唯物辩证法是关于自然、社会和思维发展的最一般规律的科学，是无产阶级科学的世界观和方法论。唯物辩证法的三个基本规律是对立统一规律、质量互变规律和否定之否定规律。除此以外，唯物辩证法还包括本质与现象、内容与形式、原因与结果、必然性与偶然性、可能性与现实性等诸多范畴，这些范畴都是客观事物自身的本质关系的反映，它们从不同的层面揭示了事务的本质联系。人们借助这些范畴能够正确地把握客观世界的本质联系。运用唯物辩证法中内因与外因之间的辩证关系，有助于正确地揭示把思想建党与制度治党紧密结合起来的必要性。辩证统一是全面从严治党的方法论特质，思想建设诉之于人的主观世界改造和依托于人的自律，可以视为全面从严治党的内因。制度建设以约束和塑造人的外在行为为目标，可以被视为全面从严治党的外因。马克思主义哲学中内因和外因的辩证统一关系要求必须坚持思想建党和制度治党相结合①。包心鉴认为，思想建党和制度治党相结合体现出厚重的历史眼光和辩证的思维方法②。

马克思和恩格斯创立了唯物辩证法，系统思想成了辩证唯物主义世界观的组成部分。马克思和恩格斯曾经明确地提出过“系统”概念。他们在自己的著作中多次使用过、“系统”“有机系统”“系统发展为整体性”以及“思想体系”“社会体系”“社会机体”“统一的整体”等包含着系统思想的概念。

---

① 李敬煊，李思学. 全面从严治党的三重审视［J］. 探索，2016（5）：103－107.

② 包心鉴. 全面从严治党 优化党内政治生态的根本环节——从邓小平“制度建党”到习近平“制度治党”［J］. 党政研究，2016（6）：17－27.

马克思主义哲学辩证唯物主义的基本观点是：世界是物质的，物质是以时间和空间为存在形式，按照自己固有的规律永恒地运动着、发展着的。整个世界是由千差万别的具体物质形态所构成的有机整体，各种物质形态之间相互联系、相互制约、相互作用，并在一定条件下相互转化。上述马克思主义系统论其实告诉我们，要正确认识不同的事物之间以及同一事物内部不同的构成要素之间的普遍联系。从马克思主义系统论中整体与部分、部分与部分之间的编制关系出发，有助于正确地揭示把思想建党与制度治党紧密结合起来的必要性。全面从严治党也是一项涵盖党的建设各个领域的系统工程，思想建设、作风建设、组织建设、制度建设是其重要组成部分。思想建设和制度建设作为全面从严治党系统的两个子系统，两者之间是相互联系、相互影响和相互作用的关系。要提升全面从严治党的整体效果，实现各个党建领域的系统推进，必须坚持思想建党和制度治党紧密结合。

（二）思想建党与制度治党相结合的政治学理论基础：新制度主义政治学

从上述文献综述可知，目前国内学术界对思想建党和制度治党相结合的必要性进行论证时，主要集中于辩证法和系统论思维这一哲学维度以及思想建党和制度治党具有功能互补性这一工具维度，理论维度的缺乏影响到对思想建党和制度治党相结合进行必要性论证的学理性和理论说服力。新制度主义政治学深入地分析与讨论了正式制度与非正式制度、制度与理念、制度与文化之间的关系，能够为思想建党与制度治党相结合贡献重要的理论维度。从新制度主义政治出发来论证思想建党与制度治党相结合的必要性，有助于改变目前学术界对思想建党与制度治党相结合的研究主要局限于国内视野与党建视角的局限，实现国内研究与海外研究、党建研究与政治学研究的有效的对话和对接。

新制度主义政治学中理念和制度之间的密切联系和互嵌关系是坚持思想建党和制度治党相结合的一个重要的理论依据。新制度主义政治学认为，制度不仅仅包括正式的法规和政党结构，它同时也包括风俗、习惯、信仰等无形的东西。新制度主义政治学不仅仅关注制度规范的具体内容以及制度制定、制度执行、制度变迁等制度运行过程，它同时也聚焦于制度与文化、制度与价值、制度与理念之间的重要关系。理念和制度是新制度主义政治学中的两个重要概念，罗杰斯·史密斯指出理念和制度之间是互嵌的，“在政治事务中发挥有力作用的理念总是按照制度的定位来行动和思考的，正如制度总是按照嵌入其中并按照形成它的理念来思考那样”①。理念是制度建设时的价值导向和指导思想，它内含于制定制度的目标和具体的制度条文之中，将不同的制度规范串联起来。制度是党的指导思想和执政理念的集中体现和外化，它承担着为维护和巩固党的执政理念和政治思想保驾护航的重要作用。理念与制度之间这种灵魂与躯体之间的关系，是中国共产党坚持思想建党和制度治党相结合的理论依据。

（三）思想建党与制度治党相结合的政党理论基础：政党制度化

无论思想建党还是制度治党，政党是其中的核心概念与范畴，政党理论是我们开展思想建党与制度治党活动的理论指导。我们在用政党理论来论证思想建党与制度治党相结合的必要性时，要抓住制度与价值这一对核心范畴，既需要借鉴马克思主义政党建设理论中的相关知识，也需要参考和借鉴海外与国内政党制度化研究的相关研究成果。

政党制度化中制度层面和价值层面之间的不可分离的相关是坚持思想建党和制度治党相结合的另一个重要的理论依据。中国共产党经历了从革命党向执政党的重要转变，加强党的制度思维和完善党的制度体系是中国共产党实现政党治理体系和政党治理能力现代化的方式，其核心就是实现政党制度化。政党组织体系的制度化以及政党成员对政党价值理念的内部输入是政党制度化不可分离的重要方面。马提亚·波斯多和亚历山大·斯特罗（Matthias Basedau and Alexander Stroh）认为，“制度化是一个赢得内部和外部稳定和价值输入的过程。政党制度化包括四个维度：政党的社会基础，组织水平，自主性和内聚力。植根社会是外部稳定维度，组织水平是内部稳定维度，自主性是外部价值输入维度，而内聚力是内部价值输入维度。”② 在上述政党制度化的定义中，自主性和内聚力作为两个重要的政党制度化指标，与价值输入密切相关，而组织水平则是衡量政党的制度水平的重要因素。维琪·兰德尔

① Rogers Smith. Ideas, Institutions, and Strategic Choice [J]. Polity, 1995, 28 (1): 135-140.

② Basedau M, Stroh A. Measuring Party Institutionalization in Developing Countries: A New Research Instrument Applied to 28 African Political Parties [J]. Giga Working Paper, 2008, 22 (69): 43-53.

(Vicky Randall) 和拉尔斯·斯瓦山德 (Lars Svasand) 区分了政党制度化和政党制度制度化，认为政党制度化是一个行为、态度以及文化完整模式建立的过程，可以区分为外部和内部过程，内部方面指政党自身的发展，外部方面是政党和社会的关系，包括和其他的制度关系。政党制度化包括系统性、价值输入、决策自主性、具体化等四个方面①。王沪宁认为，思想建党的内容就包含政治价值性成分这个重要因素②，在上述政党制度化的四个方面中，衡量政党组织体系的制度水平的系统性因素和衡量政党价值观念向政党成员和社会成员的输入程度的价值输入与具体化两个指标之间的密切关系，为提出思想建党和制度治党相结合的主张提供了理论上的佐证。

① Vicky Randall and Lars Svasand, Party Institutionalization in New Democracies [J], Party Politics, 2002, 8 (1): 5-29.

② 王沪宁. 比较政治分析 [M]. 上海：上海人民出版社，1987：159-160.

五、思想建党和制度治党相结合思想发展演进的历史脉络

重视思想建党与制度治党相结合，是中国共产党加强自身建设和治国理政的宝贵历史经验，是中国共产党对政党建设规律、执政规律和社会主义建设规律的认识不断探索和总结的结果。在不同的历史发展阶段，由于主客观条件的限制，思想建设与制度建设虽然保持一定的关联，但是两者在党的各个建设领域中的地位和作用是不同的。思想建党和制度治党相结合经历了从重视思想建党，到重视制度建设，再到强调思想建党和制度治党相结合这样一个发展演进的历史过程。“从提出思想建设是党的建设首要任务到强调制度的根本性作用，再到要求思想建党与制度建党相结合，表明中国共产党是非常善于总结经验、超越自我的先进政党。”①

（一）重视思想建党，制度建设处于萌芽的阶段

第一次国共合作失败以后，中国共产党逐渐认识到发动人民群众的重要性，在农村地区建立了一系列革命根据地，农民、无产者等各阶层人员加入党的队伍之中。“民主革命时期党员阶层构成和思想状况的复杂性，使得思想建党成为完成党的历史使命的客观要求”②。刘少奇指出：“加入我们党的人，不只是家庭出身和本人成份各不相同，而且是带着各种各色不同的目的和动机而来的。……他们带了各种各色的思想意识到党内来，因此，对于他们的教育，他们自己的修养和锻炼，是一个极重要的问题。”③ 严峻复杂的军事斗

① 姚桓. 论思想建党和制度治党相结合［J］. 中共福建省委党校学报，2015（5）：4-8.

② 张书林. 思想建党与制度治党：目标任务与耦合生态［J］. 学习与实践，2015（11）：42-51.

③ 刘少奇选集：上卷［M］. 北京：人民出版社，1981：78.

争环境和政治局势使得中国共产党无暇进行大规模的制度建设，在上述主客观条件的影响下，注重从思想上建党成为毛泽东同志党建思想的显著特点。在1929年的古田会议上，毛泽东提出了“把支部建在连上”的重要思想。在为红军第四军第九次代表会议写的决议中，他进一步提出了党内存在的“各种非无产阶级思想的表现、来源及其纠正的方法”①。1942年5月，毛泽东在延安文艺座谈会上指出：我们有许多党员，“组织上入了党，思想上并没有完全入党，甚至完全没有入党”②。针对此问题，他将思想建党作为从严治党的主要手段，指出：“掌握思想教育，是团结全党进行伟大政治斗争的中心环节”③，思想整风、政治运动和意识形态宣传成为当时中国共产党解决党内存在的官僚主义作风、腐败等问题的主要方式。毛泽东的思想建党思想逐渐走向成熟，成为中国共产党党建思想的宝贵历史经验和优良传统。

毛泽东在重视从思想上建党的同时，围绕着建立民主集中制、处理党和政府之间的关系、党和军队之间的关系等重要议题也进行了一些重要的制度建设。1938年9月毛泽东在党的六届六中全会上从“个人服从组织、少数服从多数、下级服从上级、全党服从中央”四个方面阐释了民主集中制的内涵。1948年9月毛泽东在《关于健全党委制》一文中指出，“党委制是保证集体领导、防止个人包办的党的重要制度”④。1949年11月，中共中央政治局通过《关于在中央人民政府内组织中国共产党党委会的决定》，加强了党对政府的领导。但是需要指出的是，受到主客观条件的限制，在毛泽东时期思想建设和制度建设在党的建设中的地位和作用是不同的。虽然中国共产党在毛泽东时期进行了一些制度建设的初步尝试，但是党的制度建设总体上处于萌芽时期，各项具体制度还不完善。由于阶级斗争是毛泽东时期党的工作的重心之所在，所以中国共产党的自身建设主要集中在加强思想、作风和组织建设方面，制度建设的重要性并没有得到足够的重视，这也是1956年之后中国共产党陷入思想混乱和政治运动之中的一个重要原因。

① 毛泽东选集：第1卷［M］. 北京：人民出版社，1991：85－86.
② 毛泽东选集：第3卷［M］. 北京：人民出版社，1991：875.
③ 毛泽东选集：第3卷［M］. 北京：人民出版社，1991：1094.
④ 毛泽东选集：第4卷［M］. 北京：人民出版社，1991：1340.

（二）在坚持思想建党的同时，重视制度建设的阶段

改革开放之后，邓小平吸取了“文化大革命”时期忽视制度建设的教训，肯定了制度建设的根本性、全局性和稳定性的重要地位。1980 年 8 月 18 日，邓小平在《党和国家领导制度的改革》的重要讲话中指出：“我们过去发生的各种错误，固然与某些领导人的思想、作风有关，但是组织制度、工作制度方面的问题更重要。”① 针对以前重视思想建设而忽视制度建设的弊端，他强调：“制度问题不解决，思想作风问题也解决不了。”② 在此思想的指导下，中国共产党开展了卓有成效的制度建设。1982 年 2 月，中共中央颁布了《关于老干部退休制度的规定》，废除了领导干部职务终身制，建立了干部退休制度。1982 年 9 月，党的十二大在邓小平同志的领导下建立了集体领导和个人分工负责相结合的制度，民主集中制得到进一步的发展。需要指出的是，虽然邓小平强调了制度建设的重要性，但是制度建设并没有成为一个独立的范畴并上升到与思想建设、作风建设和组织建设并列的全面从严治党的关键支柱的地位。

邓小平在突出强调党的制度建设的同时，并没有忽视党的思想建设，而是要求发扬思想建党的优势，不断增强党的思想政治教育，从加强党员干部的理想信念、党性纪律、理论武装、党的作风以及反对资产阶级自由化教育等方面着重从思想上建党，始终坚持“两手抓，两手都要硬”。1980 年 12 月，邓小平在中共中央会议上指出：“要通过思想政治工作，加强全党的组织性、纪律性。”“要教育全党同志发挥大公无私、服从大局、艰苦奋斗、廉洁奉公的精神，坚持共产主义思想和共产主义道德。我们要建设的社会主义国家，不但要有高度的物质文明，而且要有高度的精神文明。”③ 针对 20 世纪 80 年代中国共产党面对的政治风波，他指出：“十年最大失误是忽视思想政治教育，一手软一手硬”。基于此，他领导发动了反对资产阶级思想自由化、反对官僚主义和贪污腐败问题等一系列思想政治教育运动，维护了中国共产党在意识形态领域的主导权，有效地打击了党内存在的主观主义、官僚主义

① 邓小平文选：第 2 卷［M］. 北京：人民出版社，1994：333.
② 邓小平文选：第 2 卷［M］. 北京：人民出版社，1994：328.
③ 邓小平文选：第 2 卷［M］. 北京：人民出版社，1994：366 - 367.

和自由主义等思想问题，巩固了党内思想的团结和统一。针对思想建党和制度治党之间的关系，他提出："党除了应该加强对于党员的思想教育之外，更重要的还在于从各方面加强党的领导作用，并且从国家制度和党的制度上作出适当的规定，以便对党的组织和党员实行严格的监督。"①

（三）将制度建设贯穿于思想建设之中的阶段

江泽民继承和发展了邓小平重视制度建设的思想，制度建设在从严治党总体布局中的重要性日益提升。改革开放既促进了经济的迅速发展，也带来了党内腐败、官僚主义作风等一系列问题，但是意识形态运动和思想整风等传统的思想建党方式并未有效地解决上述问题，从严治党需要寻找新的工具。中国共产党转而通过加强党内监督制度、反腐倡廉制度等制度手段来解决上述问题。针对制度建设的重要性，1989 年 12 月，江泽民在《为把党建设成为更加坚强的工人阶级先锋队而斗争》的讲话中指出："我们强调建立健全党内规章制度，以规范党内同志的行为，是完全正确的，今后还要继续这样做。"② 江泽民加强制度建设的重大举措主要体现在以下方面：首先，在健全民主集中制方面，1994 年 9 月，江泽民在《中共中央关于加强党的建设几个重大问题的决定》中提出，要进一步贯彻执行民主集中制。其次，在深化干部人事制度方面，1995 年 2 月和 2000 年 6 月中共中央分别颁布并出台了《党政领导干部选拔任用工作暂行条例》和《深化干部人事制度改革纲要》，健全了党的干部人事制度体系。再次，在完善党内监督制度方面，1993 年 2 月，根据党中央、国务院的决定，中央纪委和监察部机关合署办公，整合了党的纪检监察机关的力量。最后，在反腐倡廉制度方面，1997 年 4 月，中央纪律检查委员会颁布《中国共产党党员领导干部廉洁从政若干准则（试行）》，1998 年 11 月，党中央、国务院印发《关于实行党风廉政建设责任制的规定》，从廉洁从政和责任追究等方面健全了反腐倡廉制度体系。

江泽民在重视制度建设的同时，继承和发展了中国共产党重视思想建党的传统。针对改革开放以后党内存在的"少数党员领导干部思想上对改革开放存在疑惑、政治上是非不明，甚至对建设有中国特色社会主义的信心、共

① 邓小平文选：第 1 卷［M］．北京：人民出版社，1994：215.

② 江泽民．论党的建设［M］．北京：中央文献出版社，2001：10.

产主义的信念产生了危机”等问题①，以及西方资本主义国家对中国的价值输出与意识形态的侵袭，江泽民领导开展了“讲政治，讲正气，讲学习”的“三讲”运动。通过“三讲”运动的开展，中国共产党坚定了党员和党员干部对共产主义和中国特色社会主义的信仰，维护了党内的思想团结和国家的意识形态安全，为我国经济的持续快速发展提供了良好的思想和舆论环境。

针对制度建设和思想建设之间的关系，江泽民指出：“既要加强思想政治建设，提高党员干部发扬党的优良传统和作风的自觉性与坚定性，又要建立健全一套管用的制度和机制，推进作风建设制度化、规范化。”② 为解决党内违纪和腐败问题，他强调要牢牢构筑思想和制度两道防线。“要把严格执纪执法和加强思想教育结合起来，建立并完善思想道德建设和党纪国法约束两道防线，努力把党内违纪违法行为和腐败现象逐步减少到最低限度。”③ 2002 年江泽民在党的十六大报告指出：“一定要把思想建设、组织建设和作风建设有机结合起来，把制度建设贯穿其中”。“制度建设”作为一个独立的党建领域，被上升到与思想建设、作风建设和组织建设并列的全面从严治党的关键支柱的重要地位。在党的建设各个领域之间的关系中，制度建设的贯穿和纽带作用日益凸显。

（四）把制度建设摆在党的建设总体布局的突出位置的阶段

胡锦涛继承和发展了邓小平和江泽民重视制度建设的重要思想，首先，在完善民主集中制方面，党的十六大党章明确规定：“凡属重大问题都要按照集体领导、民主集中、个别酝酿、会议决定的原则，由党的委员会集体讨论，做出决定”。其次，在党内监督方面，2003 年，中共中央颁布了《中国共产党党内监督条例（试行）》，推动党内监督工作进入制度化的新阶段。最后，在反腐倡廉制度方面，2005 年和 2008 年中共中央分别出台了《建立健全教育、制度、监督并重的惩治和预防腐败体系实施纲要》和《建立健全惩治和预防腐败体系 2008—2012 年工作规划》，标志着我国反腐倡廉制度建设进入一个新的发展阶段。

---

① 武宪熙，王银生．“从群众运动”到“三讲”教育——党建方式的创新［J］．中共四川省委党校学报，2001（2）：30－33．

② 江泽民．论党的建设［M］．北京：中央文献出版社，2001：546．

③ 江泽民．论党的建设［M］．北京：中央文献出版社，2001：2414．

针对思想建党的重要性，胡锦涛强调指出："反腐倡廉建设必须从教育抓起，不断夯实党员干部廉洁从政思想道德基础，筑牢拒腐防变思想道德底线。"① 市场化改革在带来迅速的经济发展成果的同时，也带来了"功利主义""拜金主义""享乐主义"等一系列思想文化上的副产品，对党员和党员干部的思想带来了一定的侵蚀。针对党内存在的党员干部思想退化、道德滑坡、贪污腐败等一系列重要的问题，胡锦涛部署开展了"保持共产党员先进性和纯洁性"教育实践活动，通过加强对党员的党性教育和宗旨教育，来改善党员和党员干部的工作和生活作风，重新密切了党和群众之间的血肉联系，捍卫了中国共产党全心全意为人民服务的执政宗旨。

针对思想建设和制度建设之间的关系，2003 年，胡锦涛在党的十六届三中全会上强调要进一步加强和改进党风廉政建设，需要把制度建设和思想建设结合起来。针对贪污腐败问题产生的制度根源和思想根源，他指出："注重思想道德教育，加强廉政法制建设，完善监督制约机制，建立健全与社会主义市场经济体制相适应的教育、制度、监督并重的惩治和预防腐败体系。"② 胡锦涛进一步强调了制度建设在党的建设总体布局中的突出位置和重要作用。党的十八大修改党章时，调整了党的建设"五位一体"总体布局的次序，将制度建设放在更加重要的位置，进一步凸显出制度建设的重要地位。党的十八大报告中指出："要把制度建设摆在突出位置，充分发挥我国社会主义政治制度的优越性"。

(五) 坚持思想建党和制度治党紧密结合的新阶段

习近平总书记在继承以前历代党的中央领导人的制度建设思想的基础上，提出了制度治党的重要思想。2014 年 10 月，习近平总书记在党的群众路线教育实践活动总结大会上第一次明确提出"制度治党"的新概念和新要求。党规党纪是中国共产党进行制度治党的重要依据。2015 年 10 月 8 日，习近平总书记指出："我们现在要强调的是扎紧党规党纪的笼子。"王岐山同志也曾强调："把权力关进制度的笼子，首先要扎牢党规党纪的笼子。"

党的十八大以来，中共中央制定和出台了《中国共产党问责条例》《中国

---

① 十七大以来重要文献选编：中 [G]. 北京：中央文献出版社，2011：416.

② 十六大以来重要文献选编：上 [G]. 北京：中央文献出版社，2004：481.

共产党党内监督条例（试行）》《中国共产党廉洁自律准则》等一系列重要的党内法规和制度，为党员和党员干部树立了行为的高线和底线，逐渐健全了中国共产党管党治党的制度体系。习近平总书记的“制度治党”思想与以前党的历代领导人的制度建设思想的区别体现在以下两个方面：一是旗帜鲜明地提出，中国特色社会主义法治最根本的原则就是坚持中国共产党的领导下的法治，党内法规建设是中国特色社会主义法治的应有之义，执政党的依法执政和治国理政就是“制度治党”；二是提出了健全和完善党规法规体系建设的目标和举措。2013 年 5 月，《中国共产党党内法规制定条例》与《中国共产党党内法规和规范性文件备案规定》共同发布，党内法规制度建设从此有了新的遵循。2013 年 8 月，中共中央通过了《中共中央关于废止和宣布失效一批党内法规和规范性文件的决定》，对党内法规和规范性文件进行集中清理，这在我们党历史上是第一次，是党的制度建设的一项基础工程。

进入 21 世纪以来，党情、国情和社情都发生了巨大的变化，在全球化、市场化和信息化等时代发展趋势的影响下，党员的入党动机不纯粹、党内思想价值观念的多元化、党员干部的腐朽和特权思想等状况都对中国共产党的思想建党工作提出了严峻的挑战和新的问题。针对思想建党的重要性，习近平总书记深刻指出，对党员、干部来说，“思想上的滑坡是最严重的病变”“思想上松一寸，行动上就会散一尺”①，为了解决一些党员和党员干部中存在的思想滑坡、精神上“缺钙”、理想信念不坚定以及世界观、人生观、价值观这个“总开关”松动等一系列问题，党的十八大以来，中国共产党组织开展了“三严三实”“两学一做”“不忘初心、牢记使命”主题教育等思想实践活动，通过上述活动，中国共产党的党性修养得到锻炼和提高，对共产主义和中国特色社会主义的理想信念逐渐坚定，党内政治生态和党员的精神境界得到了显著的提升。

针对思想建党和制度治党之间的关系，2014 年 10 月习近平总书记在党的群众路线教育实践活动总结大会上第一次明确指出了“坚持思想建党和制度治党紧密结合”这一重要思想，并将“坚持思想建党和制度治党紧密结合”作为实现全面从严治党的八项基本要求之一。他指出：“从严治党靠教育，也

① 习近平．在党的群众路线教育实践活动总结大会上的讲话［N］．人民日报，2014－10－09.

靠制度，二者一柔一刚，要同向发力、同时发力”①。2016年10月，党的十八届六中全会公报进一步明确指出：“坚定推进全面从严治党，坚持思想建党和制度治党紧密结合”。习近平总书记在党的十九大报告中对坚持全面从严治党提出明确要求，“必须以党章为根本遵循，把党的政治建设摆在首位，坚持思想建党和制度治党同向发力”。在十九届中央纪委二次全会上，习近平总书记把“坚持思想建党和制度治党相统一”作为全面从严治党的六条经验之一提出来，强调“要坚持思想建党和制度治党相统一，既要解决思想问题，也要解决制度问题，把坚定理想信念作为根本任务，把制度建设贯穿到党的各项建设之中”。思想建党和制度治党紧密结合，是对党的建设历史经验的深刻总结，深化了我们党对全面从严治党的规律性认识，丰富发展了马克思主义党建学说，具有重大理论价值和实践意义。“坚持思想建党和制度治党紧密结合”作为习近平总书记全面从严治党的重大战略部署，开创了中国共产党党建思想的新境界和中国从严治党实践的新局面。

① 习近平．在党的群众路线教育实践活动总结大会上的讲话［N］．人民日报，2014-10-09.

六、思想建党和制度治党相结合过程中亟待突破的瓶颈问题

自从2014年10月习近平总书记在党的群众路线教育实践活动中正式提出了“坚持思想建党和制度治党紧密结合”的重要要求以来，中共中央制定并颁布了《中共中央政治局关于改进工作作风、密切联系群众的八项规定》《中国共产党廉洁从政若干准则》等思想建设、作风建设领域的党内法规，通过建立健全干部培训教育制度规范了思想建党的过程和巩固了思想建党的效果，思想建党和制度治党相结合取得了较为显著的效果。但是需要指出的是，思想建党和制度治党相结合的工作仍旧存在一定的问题，一个典型的表现，就是一些党员和党员干部由于主客观因素的限制，忽视在思想建党和制度治党紧密结合上下功夫，存在着重思想轻制度、重制度轻思想的“两张皮”现象①。之所以在部分党员和党员领导干部中存在理想信念滑坡、作风不良及大量贪腐等问题，其中一个重要根源就是“思想建党与制度治党存在隔离，没能同时、同向发力，导致传统思想建党力不从心、制度治党执行力不足”②。

（一）党员和党员干部对思想建党和制度治党相结合的思想认识存在偏差

党员和党员干部是思想建党和制度治党相结合这一重要从严治党举措的实施者，他们对思想建党和制度治党之间关系的思想认识水平和态度如何直接影响到思想建党和制度治党相结合的实践效果。虽然习近平总书记在重要讲话中多次强调了思想建党和制度治党相结合的重要性，但是受到传统的从

---

① 谢忠平，张亚勇. 中国共产党思想建党和制度治党的历史经验［J］. 中共天津市委党校学报，2016（4）：9－15.

② 牛月永. 构建思想建党与制度治党协同机制的思考［J］. 领导科学，2015（20）：32－34.

严治党方式的影响，一些党员和党员干部对思想建党和制度治党相结合的重要性和现实意义仍旧缺乏足够的重视，存在着片面强调制度治党或思想建党的重要性的倾向。在具体实践当中仍然存在思想建设和制度建设融合不够的问题，突出表现为两种情况：一种情况是过于强调制度力量，忽视甚至放弃思想教育，形成制度惯性和制度依赖，制度压倒一切，迷信制度主义，导致制度成本过高，许多制度成为摆设。另一种情况恰恰相反，过于突出思想教育的效果，不自觉地陷入“精神万能论”的误区①。“制度万能论”“思想政治教育过时论”“思想认识是人的行动的第一原因”等错误的思想认识在一些党员和党员干部中仍旧有一定的市场。上述错误的思想认识人为地割裂了思想建党和制度治党之间的紧密联系，导致持此种态度和认识的党员和党员干部容易忽视在思想建党和制度治党紧密结合上下功夫，这是当前全面从严治党实践中仍旧存在重思想轻制度、重制度轻思想与“两张皮”现象的思想认识根源。忽视思想建党和制度治党相结合所带来的问题体现在，“不能很好地发挥思想引领作用，以致制度约束有些软弱无力；不能很好地发挥制度约束作用，以致思想教育有些‘空对空’”②。

重视从思想上建党是毛泽东同志领导中国共产党建设时期中国共产党的优良传统。在物质条件匮乏和政治局势严峻的历史条件下，毛泽东同志强调内因是事物变化发展的主要原因，他主张充分调动人的主观能动性和人民群众的首创精神来进行革命和建设工作，主张通过意识形态宣传和思想政治教育来解决党内存在的官僚主义作风等现实问题。毛泽东重视思想建党的思想在革命和建设时期取得了显著的效果，这是中国共产党进行政党建设的宝贵经验和历史传统，对以后党员和党员干部进行政党建设工作产生了深远的历史影响，在某种情况下也造成了一定的路径依赖和思维惯性，特别是在忽视民主和法制建设的时期，重视思想建党而忽视制度建设的倾向容易产生思想建设和作风建设代替制度建设的问题，给党和国家的事业带来了严重的损害。改革开放以来，一些党员和党员干部由于知识结构和思维惯性等因素的影响，对思想建党和制度治党相结合的重要性缺乏充分的认识，认为片面强调制度

① 刘明．新形势下思想建党和制度治党融合互动研究［J］．求实，2016（11）：36－43．

② 龚晨．大力推进思想建党和制度治党相结合——基于广西贺州样本的调查［J］．领导之友，2017（3）：58－63．

建设的做法没有抓住党内出现的主观主义、官僚主义等问题的深层次原因，在思想认识问题不解决的情况下，制度规范本身仍旧可能成为产生现实问题的土壤。这些干部片面主张大力开展思想政治教育活动，但是却忽视了思想建党本身的局限性，对制度建设的重要性缺乏充分的认同。殊不知，思想建设虽然是党的建设的一个重要领域，为制度治党提供方向和指导，但是在新的党情、国情和社情的条件下，忽视制度建设也容易带来思想建党缺乏载体和保障的问题。改革开放以来，为加强作风建设、克服不正之风，党进行过多次集中教育活动，方向正确，力度不小，确实也取得了相当的成绩。但是在一些地方和单位，出现过两个“抛物线现象”，即活动是“发动——高潮——回落”；群众心理是“希望——振奋——失望”。究其原因，是许多具体制度不够健全，给歪风邪气留有生存空间，思想教育的成果就难以巩固。随着活动结束，一些干部旧病复发，不正之风便会反弹①。

改革开放以后，邓小平和江泽民等党和国家领导人逐渐深刻地认识到制度建设的重要性，制度建设在党的建设“五位一体”总体布局中的地位也不断提升。党的十八大以来，中国共产党围绕着思想建设、作风建设、反腐倡廉建设、组织建设等党建领域相继出台了《中共中央政治局关于改进工作作风、密切联系群众的八项规定》《中国共产党廉洁从政若干准则》《中国共产党党组工作条例（试行）》等重要的党内法规和制度，党员和党员干部对制度治党的重要性的认识显著提高。但是与此同时，高度强调制度建设的重要性也带来一个现实的问题，即一些党员和党员干部产生了“制度万能论”“思想政治教育过时论”等一些错误的思想认识，将主要的精力放在制定和执行相关的制度上，而忽视了或变得不善于做耐心细致的思想政治工作。正如习近平总书记所说：“一个时期以来，党内一些规章制度得不到有效执行或执行得不够好的一个重要原因，就是有些党员干部认为，在市场经济条件下强调思想政治工作过时了，因而片面强调制度建设而轻视和放松了思想建设，使部分党员干部特别是少数领导干部的特权思想、人治思维严重，没有制度自觉，做不到制度面前人人平等、制度执行没有例外。”② 有学者通过对广西地区思

① 姚桓．论思想建党与制度治党相结合［J］．中共福建省委党校学报，2015（5）：4－8．

② 习近平．在党的群众路线教育实践活动总结大会上的讲话［N］．人民日报，2014－10－09．

想建党和制度治党实践的调查研究发现，“由于思想教育的弱化、宗旨意识的淡化、理想信念的退化，一些党员干部理论素养、思想意识、能力素质、作风养成，未能与全面从严治党新常态的新要求相吻合，对全面从严治党的新思想、新论断、新举措等未能了然于胸，有甚者急于采取‘立竿见影’的庸俗的实用主义，轻视思想政治工作，对一些制度上的规定执行简单化、片面化”①。现实中，不少人片面推崇“唯制度论”，否定我们党长期形成的思想建党的政治优势，把制度看成从严治党的唯一途径，好像只要有了制度，就可以实现政治清明、人民幸福，把思想建党看得一文不值。在某些人的意识中，理想、信仰、道德、荣誉、尊严等，都是软弱无力的，思想政治工作是“高大上”，没有实质意义，利益才是唯一有价值的，制度建设之外的思想工作都是“虚头巴脑”的，把加强党性修养和道德教育看成是脱离实际的“说教”，对于讨论党员干部的理想信念、精神追求等问题不感兴趣，甚至公开抵制。上述“唯制度论”忽视了人的主观能动性和加强人的思想政治道德建设的重要性，人为地割裂了思想与制度、制度与文化之间的密切联系，对于党的全面从严治党事业造成了一定的危害。②

（二）思想建党和制度治党相结合的重要结合点不太精准

思想建党和制度治党相结合作为习近平总书记全面从严治党的一个重要的新举措，对于各级党组织及其成员都是一个新的考验。思想建党和制度治党如何才能紧密结合？习近平同志强调，“要同向发力、同时发力。坚持同向发力、同时发力，既要使加强制度治党的过程成为加强思想建党的过程，也要使加强思想建党的过程成为加强制度治党的过程。”③ 但是党员和党员干部在进行思想建党和制度治党相结合时仍旧面临着如何才能做到要“同向发力、同时发力”的重要问题。从解决问题要抓主要矛盾和矛盾的主要方面的马克思主义哲学出发，思想建设和制度建设是两个重要而广阔的党建领域，如何

① 龚晨. 大力推进思想建党和制度治党相结合——基于广西贺州样本的调查［J］. 领导之友，2017（3）：58－63.

② 于洪生. 责任意识：制度治党与思想建党的连接点［J］. 党政论坛，2016（10）：7－9.

③ 习近平. 在党的群众路线教育实践活动总结大会上的讲话［N］. 人民日报，2014－10－09.

在两者的交叉中寻找最佳结合点，然后以点带面推动思想建党和制度治党相结合的整体过程，是当前亟待研究和解决的一个重要问题。

“政党纪律以其权威性和强制性规范党组织和党员的行为，政党道德以其说服力和劝导力提高党组织和党员的思想觉悟。”思想建党与制度治党不能是两张皮，各干各的，而要相辅相成、辩证统一，共同构成全面从严治党的有力举措①。虽然党员和党员干部对思想建党和制度治党相结合的宏观方向有一个大致的把握，但是由于制度建设贯穿于党的政治建设、思想建设、作风建设、组织建设、反腐倡廉建设等党的建设的各个领域，党的制度又可以划分为基本制度、具体制度和实施机制等不同的层次，因此思想建设与哪一个党建领域的制度建设相结合，与何种层次类型的制度或者哪一个具体制度相结合才能够成为思想建党和制度治党相结合的重要结合点并发挥带动作用，目前仍旧是一个尚未明确的重要问题。从思想建党和制度治党相结合实践的角度看，思想建党和制度治党相结合的重要结合点的不明确，带来了思想建党和制度治党相隔离的重要问题②，这具体体现在：一方面思想建设和制度建设两个领域都有了显著的进展，另一方面在思想建党和制度治党相结合的举措上又鲜见一些具体可行的实践举措。针对思想建党和制度治党相结合中存在的结合点不明确和衔接机制不够紧密的问题，习近平总书记指出，“思想教育要结合落实制度规定来进行，抓住主要矛盾，不搞空对空，不断提高思想教育的制度化、规范化水平。”从思想建党和制度治党相结合研究的角度看，对于思想建党和制度治党之间的关系，目前学术界的研究主要是从宏观层面上明确思想建党为制度治党指明方向和提高指导，制度治党为思想建党提供保障和巩固思想建党的成果。除了少量学者从严肃党内政治生活③和责任意识的角度④探寻思想建党和制度治党相结合的重要结合点以外，对思想建党和制度治党相结合的重要结合点的研究仍旧是思想建党和制度治党相结合研究中的

---

① 黄家茂，王海军．全面从严治党视域下制度治党的基本路径探析［J］．湖湘论坛，2016（2）：38－44.

② 牛月永．构建思想建党与制度治党协同机制的思考［J］．领导科学，2015（20）：32－34.

③ 何克祥．严格党内生活：实现思想建党和制度治党紧密结合的重要结合点［J］．宁夏社会科学，2016（2）：37－41.

④ 于洪生．责任意识：制度治党与思想建党的连接点［J］．党政论坛，2016（10）：7－9.

薄弱环节。推动思想建党和制度治党相结合实践的持续健康发展，更重要的是要从微观结合点寻找和中观衔接机制建设的角度对思想建党和制度治党相结合进行精细化研究。

（三）缺乏保障思想建党和制度治党相结合的重要机制

“徒善不足以为政，徒法不足以自行”①。全面从严治党要实现内化于心、外化于行的目标，就需要依靠思想建党与制度治党的充分衔接。全面从严治党的深入推进需要将思想建党和制度治党紧密衔接起来。构建思想建党和制度治党相结合的意识养成机制、过程监督机制、效果考核与问责机制等重要机制，对于推进思想建党和制度治党相结合工作持续健康发展具有重要的意义。

从现阶段各级党组织及其成员进行思想建党和制度治党相结合实践的角度看，保障思想建党与制度治党相结合的机制体系涉及认识到思想建党和制度治党相结合的重要性和主动探寻思想建党和制度治党相结合的具体举措的意识养成机制、对各级党组织及其成员思想建党和制度治党相结合的具体成效进行考核的考核机制和根据考核结果予以相应奖惩的问责机制三个主要组成部分。

首先，从思想建党和制度治党相结合的意识养成机制的角度看，党员和党员干部的制度意识和制度认同虽然从性质上看属于思想建党层面的内容，但是却直接关系到制度建设的积极性和制度执行的效果。目前现阶段的思想建党与制度治党相结合工作没有形成意识养成机制体现在思想建党与制度意识的养成相隔离、制度治党与制度价值的输入相隔离两个方面。具体而言，思想建党与制度意识的养成相隔离体现在，一些地方官员为了尽快“出政绩”，热衷于通过多种形式开展党员干部的思想道德教育活动，虽然弄得“轰轰烈烈”，但由于没有及时将思想建党的成果通过制度建设巩固下来而陷入“一阵风”“形象工程”的窘境，不仅难以发挥德治效果，还造成不良社会影响②。制度建设与制度价值的输入相隔离体现在，虽然一些地区的党组织在形式上也制定了一系列党内法规和制度，但是这些党内法规和制度的制定有时

① 孟子·离娄上.

② 田旭明．论依规治党与以德治党的协同互动［J］．理论探索，2017（2）：81－86.

是出于与中央出台的相关制度相互配套的考虑，有些则是党员领导干部的政绩驱动使然，真正出于党员和党员干部的制度意识而产生的内生性党内法规和制度在整个制度体系中还相对比较匮乏。

其次，从思想建党和制度治党相结合的成效考核机制的角度看。在现有党的建设活动中，制度和规矩细则的出台，以及对领导干部的制度化考核较为普遍，且已经进入正轨，但在领导干部德性考核方面，很多部门和地区都尚未建立一套可操作的指标体系，这使得德治相关工作往往“挂在墙上、写在纸上”，难以真正施行①。在对各地党组织的党建责任进行考核的体制中，一些党组织在对思想建党与制度治党的考核中明显存在着两套体系、两套标准，这就客观上造成思想建党与制度治党在治党管党体系中的割裂状态，不利于二者整体合力的形成②。

最后，从思想建党和制度治党相结合的问责机制的角度看，2016 年中共中央颁布的《中国共产党问责条例》规定了“党的领导弱化、党的建设缺失、全面从严治党主体责任监督责任落实不到位、维护党的纪律不力、推进党风廉政建设和反腐败工作不坚决不扎实”等六种问责情形，其中“党的领导弱化”和“维护党的纪律不力”涉及制度执行不力等制度治党方面的问责情形，“党的建设缺失”涉及“党性教育特别是理想信念宗旨薄弱、作风建设流于形式”等思想建党方面的问责情形，但是对于思想建党与制度治党没有紧密结合这种情况是否要进行问责，《中国共产党问责条例》中也没有作出明确的规定。实践层面，制度治党或思想建党工作未必能够自然而然地相结合，不可能取得良好的制度效果与思想成效，更不可能针对思想建党和制度治党相结合不力的党组织及其成员进行问责的缺失，在一定程度上会影响思想建党和制度治党相结合工作的实际效果。

（四）缺乏思想建党和制度治党相结合的宏观指导原则

思想建党和制度治党相结合是习近平总书记根据全面从严治党的内在要求而提出的系统推进党的建设的重要党建方略。从系统论的角度看，思想建

① 田旭明．论依规治党与以德治党的协同互动［J］．理论探索，2017（2）：81－86.

② 张书林．思想建党与制度治党：目标任务与耦合生态［J］．学习与实践，2015（11）：42－51.

党和制度治党相结合涉及思想建设和制度建设两个重要而广阔的党建领域，需要处理思想建设和制度建设两者之间的关系甚至思想建党与制度治党与其他各个党建领域之间的复杂关系。思想建党和制度治党相结合工作的深入开展，需要从宏观层面加强顶层设计和明确指导原则。正确而明确的指导原则是保障思想建党和制度治党相结合工作有序进行的重要条件，为各级党组织开展卓有成效的思想建党和制度治党相结合工作指明了正确的方向。

“徒善不足以为政，徒法不能以自行”，“明主之所导制其臣者，二柄而已矣。二柄者，刑德也”①。注重道德和法律作用的结合既是古人治国的重要经验，也是今天我们党治国理政的高度自觉和基本方略。依法治国和以德治国相结合是我国基本的治国方略。习近平总书记在中共中央政治局第三十七次集体学习时曾指出：“法律是准绳，任何时候都必须遵循；道德是基石，任何时候都不可忽视。在新的历史条件下……必须坚持依法治国和以德治国相结合，使法治和德治在国家治理中相互补充、相互促进、相得益彰，推进国家治理体系和治理能力现代化。”② 由于作为我国的执政党，中国共产党的治国理政与依法执政具有内在的一致性，因此坚持依规治党与以德治党相结合也应当成为中国共产党管党治党的基本方略。习近平总书记在第十八届中央纪律检查委员会第六次全体会议上的讲话中指出：“坚持依规治党和以德治党相统一，坚持高标准和守底线相结合，把从严治党实践成果转化为道德规范和纪律要求”。③ 以德治党、依规治党是当前治党管党的两大主体战略。说到底，以德治党的实质是思想建党，依规治党的实质是制度治党。因此，若要形成思想建党与制度治党的整体合力，就必须自觉坚持以德治党与依规治党相结合，致力于在形成以德治党与依规治党的整体合力上下功夫④。思想建党与制度治党在概念范畴上分别属于以德治党与依规治党的子范畴，从全面从严治党的顶层设计的角度讲，坚持以德治党与依规治党相结合应当成为思想建党与制度治党相结合这一具体党建举措的宏观指导原则。但是从目前思想

① 韩非子·二柄第七.

② 习近平在中共中央政治局第三十七次集体学习时强调 坚持依法治国和以德治国相结合 推进国家治理体系和治理能力现代化［N］. 人民日报，2016－12－11.

③ 习近平在第十八届中央纪律检查委员会第六次全体会议上的讲话［N］. 人民日报，2016－05－03.

④ 张书林. 思想建党与制度治党：目标任务与耦合生态［J］. 学习与实践，2015（11）：42－51.

建党与制度治党相结合实践的角度看，一方面习近平总书记和学术界虽然高度强调和论述了以德治党与依规治党相结合对于实现全面从严治党的重大意义，但是并没有在正式的党内法规和制度的层面上将以德治党与依规治党相结合确立为坚持思想建党与制度治党相结合的宏观指导原则。目前在官方的政策性宣传中，还没有明确推进思想建党和制度治党相结合的工作在何种指导原则下进行。另一方面，目前学术界对思想建党与依规治党之间的关系、制度治党与依规治党之间的关系都进行了大量的论述，但是以德治党与依规治党相结合是一个比思想建党与制度治党相结合更为宏大的研究议题，如何构建以德治党与依规治党的具体衔接机制、通过构建以德治党与依规治党的衔接机制来带动思想建党与制度治党相结合工作的具体进展这一问题没有得到充分的研究。受此影响，通过以德治党与依规治党相结合来指导思想建党与制度治党相结合工作的具体开展目前仍缺乏具体的实践意义。

七、推进思想建党和制度治党相结合的有效路径

推进思想建党与制度治党相结合工作的深入发展，建立在正确认识与解决现阶段思想建党与制度治党相结合工作存在的现实问题的基础上。基于此，探寻推进思想建党与制度治党相结合的有效路径，就需要从有针对性地解决思想建党与制度治党相结合的现实问题中寻找突破口，只有这样才能做到对症下药。

（一）通过开展思想政治教育纠正“唯制度论”“唯思想论”等错误认识

思想政治教育是中国共产党解决党员和党员干部中存在的思想认识，提高党员和党员干部的思想认识水平的一种主要手段。毛泽东指出，“我们要建设大党，我们的干部非学习不可。学习是我们注重的工作，特别是干部同志，学习的需要更加迫切。”① 习近平总书记也强调了思想政治教育对于实现思想建党目标的重要性，他在河北调研指导党的群众路线教育实践活动时强调，“在学习教育上，千万不能有差不多就行了的思想，而是要认认真真学、原原本本学、联系实际学、深入思考学，通过学习教育真正解决好世界观、人生观、价值观这个‘总开关’问题。”② 通过开展思想政治教育来解决党员和党员干部的思想中存在的“唯制度论”和“唯思想论”等错误的思想认识，可以从以下两个方面入手：

第一，将党史和国史教育作为思想政治教育的重要内容，结合不同的历

① 张西立. 思想建党永远在路上［J］. 中国高等教育，2016（22）：16－17.

② 习近平关于党的群众路线教育实践活动论述摘编［M］. 北京：中央文献出版社，2014：35.

史发展阶段中国共产党加强自身建设的经验与教训，在对党员和党员干部的思想动态进行跟踪和掌握的基础上，对“唯制度论”者加强思想建党优良传统的教育，对“唯思想论”加强现代政党治理方式和治理体系的教育。有效开展思想政治教育活动的前提是对党员和党员干部头脑中存在的思想认识问题进行了解和分类，然后为不同的教育对象提供有针对性和差异性的教育内容。具体而言，一方面，针对持“唯制度论”观点的党员和党员干部，要加强中国共产党重视思想建党的宝贵历史经验和优良传统的教育，明确思想建党在目前全面从严治党的系统工作中仍旧处于首要的和关键的地位，通过对“古田会议”“三湾改编”“延安整风”等中国共产党开展的重要思想建党活动的背景、过程和成效的重温，切实提升党员和党员干部对思想建党手段对解决人的思想认识问题和巩固党内思想的团结等方面的重要作用。另一方面，针对持“唯思想论”观点的党员和党员干部，要开展现代政党治理思想与治理体系的形势教育，使广大党员和党员干部逐渐了解依规治党和制度治党是现代政党治理方式的发展方向，并且充分认识到依规治党和制度治党对于规范思想建党的过程和巩固思想建党的成果具有重要的作用。

第二，将使党员和党员干部因为辩证地认识到思想建党和制度治党各自的作用及其不足而自觉地将思想建党与制度治党紧密结合起来，作为开展思想政治教育的目标，破除党员和党员干部对思想建党或制度治党的单方面崇拜。开展思想政治教育要从思想与制度之间的关系、道德与法律之间的关系等基本的概念关系入手，为党员和党员干部全方位地呈现思想与道德、制度与法律的作用领域、调整对象、效力范围，使广大党员认识到思想建党与制度治党在作用领域和功能上的互补性。开展思想政治教育要使党员和党员干部认识到，思想建党主要作用于人的主观世界改造，依靠人的道德自律与思想内化来发挥效果，虽然具有触及人的灵魂等优势，但是由于思想政治教育与说教等思想建党方式缺乏刚性的约束力和外在的保障措施，因此片面强调思想建党而忽视制度治党容易产生思想建党的效果难以得到保障的问题。开展思想政治教育要使党员和党员干部认识到，制度治党主要作用于规范人的外在行为，它以成文规范的形式来解决人的行为的规范问题，但是它却无法解决制定制度时的价值倾向是否合理、制度执行的积极性是否充足、制度意识与制度认同是否具备等思想认识方面的问题。思想建党是柔性的，它不能脱离制度的载体，没有制度形式，就无法表达；没有具体的制度保障，思想建设就成为空洞的说教。制度建设不能没有思想的指导，脱离了具体思想指导的制度建设，制度建设就失去了方向①。诚如习近平总书记所言："法律是成文的道德，道德是内心的法律"②。法律与道德、思想与制度之间的相互配合和不可分割的关系，决定了我们必须采取思想建党与制度治党相结合这一举措，而不能偏废其一。

（二）将责任意识与责任制度融合互动作为思想建党与制度治党的结合点

思想建党与制度治党作为两个相互关联与相互影响的重要党建领域，两者之间具有广阔的交叉面。从解决问题要抓住主要矛盾和矛盾的主要方面这一马克思主义哲学原理出发，找准思想建党与制度治党相结合的关键结合点是推动完成整个思想建党与制度治党相结合工作的关键突破口。思想建党中的思想涉及一系列政治思想、政治价值、政治观念和政治意识，制度治党中的制度又涉及根本制度、基本制度和具体制度等不同的层次，找准思想建党与制度治党相结合的重要结合点需要将思想建党中的某一个重要的思想意识与制度治党中的某一个具体的党内制度具体性和有机地结合起来。

《布莱克维尔政治学百科全书》认为责任是指"与某个特定的职位或机构相连接的职责，这种职责意味着那些公职人员应当向其他人员或机构承担履行一定的工作和职能"③，责任感指的是党员干部对自己、他人以及社会、组织所肩负义务的认识、情感、信念，以及遵守相关制度规范、主动承担义务的自觉态度④。重视责任分配的清晰具体、责任意识的严格树立、责任落实的坚强有力、责任追究的严肃有力是中国共产党从责任体系出发进行政党治理的显著特征。中国共产党是一个讲责任、敢担当的责任型政党。2014 年习近平总书记在党的群众路线教育实践活动总结大会上指出："历史和现实特别是这次活动都告诉我们，不明确责任，不落实责任，不追究责任，从严治党是

---

① 姜裕富. 思想建党和制度治党：从严治党的双重维度［J］. 中共成都市委党校学报，2015（5）：22－25＋53.

② 习近平在中共中央政治局第三十七次集体学习时强调 坚持依法治国和以德治国相结合 推进国家治理体系和治理能力现代化［N］. 人民日报，2016－12－11.

③ ［英］戴维·米勒、韦农·波格丹诺. 布莱克维尔政治学百科全书［M］. 邓正来译. 北京：中国政法大学出版社，2002：701.

④ 于洪生. 责任意识：制度治党与思想建党的连接点［J］. 党政论坛，2016（10）：7－9.

做不到的"①。刘云山在从严治党从严管理干部调研座谈会上也强调："有了责任，才会有压力、有动力，才会以讲认真、敢碰硬的精神做好工作。"② 从政党责任与思想建党之间关系的角度出发，责任意识作为党员和党员干部对其职责的主观感知，属于思想建党的内容中政治意识性成分的重要内容。思想建党的一个重要目标就是培养党员和党员干部对中国共产党、对国家和对社会民众的责任感。从政党责任与制度治党之间关系的角度出发，"制度是一个社会的游戏规则，更规范地说，它们是为决定人们的相互关系而人为设定的一些制约"③。制度的本质是规范组织成员的行为规则，它本身蕴含着对组织成员的权利与义务、权力与责任的权威性的分配。在党内制度体系中，确定责任主体、明确责任内容和责任履行情况进行考核与问责的责任清单制度、党风廉政建设责任制、岗位责任制和问责制度等都是制度治党的重要依据。正如有学者所说："思想建设，体现的是意识领域的责任理念；制度治党，体现的是实体化的责任履行。"④ 责任制度是责任意识的外在的载体和实现的机制，责任意识是责任制度内在的依据和体现的价值。责任感是连接法律制度与思想道德的中间桥梁。从责任意识与思想建党、制度治党与责任制度、责任制度与责任意识三者之间的关联和互通出发，责任意识与责任制度相结合可以成为思想建党与制度治党相结合的重要结合点。将责任意识与责任制度相结合作为思想建党与制度治党相结合的重要结合点，可以从以下两个方面入手：

第一，通过加强责任清单制度建设使党员和党员干部明确自己应当承担的职责内容，进而强化党员和党员干部的责任意识。责任先于公共权力而产生，权力本身意味着责任。党员和党员干部的责任意识的培养建立在他们对自己为什么承担责任和承担哪些责任等事项的认识和理解的基础之上。明确各项职责的承担主体，强调履行职责的重要性，与"法定职责必须为"的责

---

① 中共中央纪律检查委员会，中共中央文献研究室编. 习近平关于严明党的纪律和规矩论述摘编［C］. 北京：中央文献出版社，中国方正出版社，2016：118.

② 坚持思想建党制度建党相结合 推动从严管党治党成为新常态［N］. 人民日报，2014－11－23.

③［美］道格拉斯·C. 诺斯. 制度、制度变迁与经济绩效［M］. 杭行译，上海：上海三联书店，2008：19.

④ 余礼信. 责任治党：新时期制度治党有效实现路径的探索［J］. 求实，2016（9）：21－29.

任清单制度相契合，加强责任清单制度建设是培养党员和党员干部的责任意识的重要途径。具体而言，一方面，从明确责任内容的角度看，加强责任清单制度建设应当建立在对各级党组织及其成员的法定职责进行细致梳理和精细化分类的基础上，围绕着党组织和党员、党员领导干部、党员干部和普通党员等不同类型的责任对象，以及领导责任和个人责任、直接责任与间接责任等责任类型，明确每一类对象所应当承担的具体责任。另一方面，从明确承担责任的理由的基础上，在加强责任清单制度的建设时应当以党的执政宗旨、党内法规以及国家宪法与法律等制度规范为依据，明确党员和党员干部具体承担某一种责任的法律依据与政治理由。从而在梳理清单制度和责任事项的法律来源的过程中，提高党员和党员干部对其职责内容的理解水平与认同度，进而提高他们贯彻执行上述职责的积极性与主动性。

第二，对失职失责的党员和党员干部进行严肃的责任追究，通过加强党内问责制度建设来倒逼责任意识的树立；通过健全党风廉政建设责任制来督促党委、纪委及其组织成员主动贯彻落实其主体责任和监督责任。首先，从党内问责制建设的角度看，党内问责制是中国共产党全面从严治党的制度利器，充分体现出中国共产党“有权必有责、有责要担当、失责必追究”的责任意识、担当精神和严格要求①。2016 年，《中国共产党问责条例》的颁布是党内问责制建设上的里程碑事件，标志着中国共产党管党治党的责任体系逐渐清晰具体、责任追究的力度逐渐加大。以责任为本位建立责任体系、责任传导机制，以责任追究落实全面从严治党责任的同时，倒逼责任意识、担当精神的强化，是党中央全面从严治党的重要方略②。加强党内问责制建设，需要以责任为核心指向，将问责内容聚焦于党员和党员干部所应当履行的法定职责，将问责情形指向党员和党员干部贯彻落实其法定职责不积极和不力的情况。通过对责任主体进行严格的责任追究维护责任的制度威严，有助于党员和党员干部树立对政党责任的敬畏之心和重视之感，进而在内心的思想层面树立责任意识。其次，从健全党风廉政建设责任制的角度看，党风廉政建设责任制通过明确责任体系的划分和严格履责后果的追究来倒逼责任意识的

① 王岐山．用担当诠释忠诚，失责必问［N］．新华每日电讯，2016－6－8．

② 肖泳冰．以责任为本位全面推进依规治党和以德治党相结合［J］．中国特色社会主义研究，2016（5）：100－106．

树立。责任意识的树立体现在党委对其主体责任、党委及其监督责任的主动贯彻落实的过程之中。习近平总书记在中国共产党第十八届中央委员会第三次全体会议上强调，“落实党风廉政建设责任制，党委负主体责任，纪委负监督责任”。这就明确了党委及其组织成员、纪委及其组织成员所应当承担的责任内容与责任类型，规定了党委及其组织成员履行主体责任不力以及纪委及其组织成员履行监督责任不力的追责情形以及严厉的问责后果，通过对履行主体责任和监督责任不力的党员和党员干部进行严肃的问责来推动党员和党员干部对其所掌握和行使的权力负责，激发其责任意识和担当精神。

（三）建立健全思想建党与制度治党的具体衔接机制

思想建党与制度治党相结合的过程涉及党员和党员干部认识到思想建党与制度治党相结合的重要性和必要性、党员和党员干部及时将思想建党的成果转化为具体制度、对党员和党员干部贯彻落实思想建党与制度治党相结合这一重要举措的成效进行考核以及对贯彻落实思想建党与制度治党相结合这一党建方略不力的党员和党员干部进行严肃的问责等四个方面的内容。基于此，建立健全思想建党与制度治党相结合的具体衔接机制，可以从以下四个方面入手：

1. 借助思想建党手段构建制度意识的培育机制

古人云：“徒善不足以为政，徒法不足以自行。”完整的制度治党过程，包括制度的制定、执行与反馈这样一个完整的闭合循环。制度制定的科学合理与否、制度执行的积极与有力与否、对制度执行情况的监督与问责情况的严格与否，在很大程度上都由制度制定者、制度执行者与制度约束对象的制度意识有关。所谓制度意识是人们对现行制度及各种制度现象的观点、知识和心理的总称，集中表现为对制度规则的尊重、信任、遵守、维护的意识和行为，即制度的权威意识、执行制度的意识和维护制度的意识①。制度意识虽然属于人的思想这一范畴，但是它却对提高党员和党员贯彻执行党内法规和制度的积极性、构建监督与制约权力行使的健全的制度体系具有积极的影响。制度认同的塑造和制度权威的维系作为改造人的主观世界的重要内容，需要借助于“两学一做”“不忘初心、牢记使命”主题教育和民主生活会等思想

① 包心鉴．强化制度意识与廉政文化建设［J］．中国党政干部论坛，2006（2）：17－19.

建党的途径来实现。通过思想建党手段来培育党员和党员干部的制度意识，可以从以下两个方面入手：

首先，从思想建党手段的角度看，各级党组织要通过组织党员和党员干部开展习近平总书记制度治党思想专题学习会、以制度治党为主题的党史重温会、制度治党举措专题讨论会等丰富多彩的活动形式，逐渐让广大的党员和党员干部认识到制度治党的理论意义与现实价值。除了采取学校教育、专题学习会等传统的教育方式以外，培育党员和党员干部的制度意识还要着力实现课堂教育机制、家庭陶冶机制与社会实践机制的耦合，实现党员干部制度治党价值认知、价值认同和价值践行的统一。具体而言，各级党组织要扩大党员和党员干部对党内法规和制度的制定和修订等“立法过程”的参与，通过实际的参与与献计献策来提高党员和党员干部对其参与制定和修订的党内法规和制度的认同感，进而提高他们的制度意识。① 另外，各级党组织要通过严肃党内政治生活，通过做严做实党员组织生活会制度、党员领导干部民主生活会制度等制度规范，解决党内制度被虚置的问题，维护党内法规和制度的制度威严，从而树立党员和党员干部对党内法规和制度的敬畏之心，进而帮助他们树立制度意识。

其次，从思想建党的内容的角度看，制度意识包括制度权威意识、制度平等意识、制度约权意识等丰富的内涵②。制度治党的目标是从严治权，各级党组织在开展思想政治教育时，要将制度约权意识、制度权威意识、制度平等意识作为重要的教育内容并有机地结合起来。从制度权威意识培育的角度看，各级党组织要引导党员和党员干部树立党内法规和制度的权威性，将党内法规和制度作为党员和党员干部获取权力的正当性来源以及行使权力的约束性规范。党员领导干部要带头践行民主集中制等制度规范，在制度规范的约束范围内来负责任地行使权力，以此树立党员和党员干部的制度权威意识。从制度监督意识培育的角度看，制度教育不仅要纳入党内组织生活和干部教育培训的重要内容，还必须进一步加强对党员干部尤其是领导干部遵守制度与维护制度的考核，加大对违反制度行为的查处力度，坚持“全覆盖、无禁

---

① 牛月永. 构建思想建党与制度治党协同机制的思考［J］. 领导科学，2015（20）：32－34.

② 包心鉴. 强化制度意识与廉政文化建设［J］. 中国党政干部论坛，2006（2）：17－19.

区、零容忍”，一有苗头就要及时加以制止和制裁，这样才能形成正确的导向，形成震慑，从反面增强党员的制度意识①。从制度平等意识培育的角度看，各级党组织要引导党员和党员干部树立在党内法规和制度面前人人平等的理念，通过制度执行的无例外和制度约束与惩戒对象的全面覆盖来维护党员和党员干部之间平等的法律地位，以此来防止党员领导干部特权思想的产生。

2. 借助制度治党手段构建思想建党成果的巩固机制

从思想的特征来看，人的思想认识问题具有变化性与反复性。针对这一问题，毛泽东指出：“房子是应该经常打扫的，不打扫就会积满了灰尘；脸是应该经常洗的，不洗也就会灰尘满面。我们同志的思想，我们党的工作，也会沾染灰尘的，也应该打扫和洗涤。”② 在改革开放之前，中国共产党侧重于通过开展“三反”运动、“五反”运动和思想整风运动等政治运动的方式来解决党员和党员干部中存在的思想认识混乱、容易受到资产阶级思想的侵蚀等问题。这些思想建党活动虽然在短期内有助于解决党员和党员干部中存在的上述思想问题，但由于政治运动具有时间上的间歇性与不可持续性等特征，因此以政治运动为载体开展的思想建党活动也经常面临着思想建党的成果难以巩固和长期保存的问题。在整风运动等政治运动结束之后，党员和党员干部中存在的思想混乱等问题又会反复发生。正如有学者所指出的那样：“新中国成立以来我们党出现的几次较大的失误，一个很重要的原因就是没有把一些重大的理论创新成果及时有效地转化为党的制度，或者党的制度没有得到切实巩固，被一些错误思想轻易突破和扭曲。”③ 鉴于此，建立思想建党成果的巩固与长期保存机制就尤为重要。与政治运动相比，制度具有稳定性和长期性的特征，有利于思想建党成果的巩固与长期保存。将思想建党的成果及时转化为相应的党内法规和制度，正是实现思想建党过程的规范化和保障思想建党成效的长效性的重大举措。思想建党的成果、经验和经常性要靠制度治党来凝练、保障和巩固，要化理论为制度，化宗旨为规矩，否则就难以落

---

① 何克祥. 把思想建党与制度治党紧密结合起来［J］. 理论探索，2016（5）：41－45＋94.

② 毛泽东选集：第3卷［M］. 北京：人民出版社，1991：1096.

③ 谢忠平，张亚勇. 中国共产党思想建党和制度治党的历史经验［J］. 中共天津市委党校学报，2016（4）：9－15.

地生根①。借助制度治党手段构建思想建党成果的巩固机制，可以从以下两个方面入手：

第一，建立健全党员和党员干部教育培训与学习制度，保障思想建党过程的持续性和规范性。思想政治教育是一个长期的和潜移默化的过程，要保障思想建党取得良好的效果，需要开展定期的和持续的干部教育培训与学习活动作为保障。通过不断地积累和深化每个阶段的思想政治教育与学习培训的效果，带来党员和党员干部的思想政治水平和精神境界的极大提升。为了保障思想建设的经常、持久并取得预期效果，各级党组织要不断建立健全党员和党员干部教育培训与学习制度，定期组织党员和党员干部到各级党校，（社会主义学院）、干部培训学院等机构接受专门的和系统的学习与教育，深化党员和党员干部对习近平总书记的系列重要讲话精神和“四个全面”战略布局、供给侧结构性改革、“一带一路”建设等重要党建思想、经济思想的理论认识水平。除了开展专门系统的学校教育以外，各级党组织还要不断完善党委中心学习组制度，领导干部在职自学制度和干部理论学习考核制度②，通过不断加强思想建党的制度平台建设，来保障对党员和党员干部的教育与培训的持续性和长期性，不断地巩固和深化思想建党的效果。

第二，各级党组织要及时地将思想政治教育的成果转化为相关的党内法规和制度，以党内法规和制度的形式来巩固和长期保存思想建党的成果。党内法规和制度是党的意志的集中体现和外在的变化，其中蕴含着中国共产党丰富的政治思想成果和管党治党的成熟的经验。建党初期，针对党内存在的党员阶层成分复杂、思想混乱等问题，毛泽东同志高度强调开展思想政治教育等思想建党方式的重要性。1929 年，古田会议创造性地确立了思想建党、政治建军的根本原则，为我们党和军队赋予了政治灵魂③。后来，中国共产党成立的政治委员制度、党代表制度和党支部制度等政治制度都是对上述思想建党成果的巩固和体现。党的十八大以来，中国共产党为了加强党员和党员干部的党性修养和改善党员与党员干部的思想作风，组织开展了“三严三实”

① 姚桓. 从严治党需将思想建党与制度治党结合［J］. 学习月刊，2015（13）：15－16.

② 谢忠平，张亚勇. 中国共产党思想建党和制度治党的历史经验［J］. 中共天津市委党校学报，2016（4）：9－15.

③ 于洪生. 责任意识：制度治党与思想建党的连接点［J］. 党政论坛，2016（10）：7－9.

"两学一做"等群众路线教育实践活动，各地区党组织在开展上述群众路线教育实践活动过程中涌现出一系列好的做法和经验，亟待上升为相关的制度规范加以宣传和推动。在党的先进性教育活动之后，中央就及时制定下发了四个保持党员先进性长效机制的文件；在党的群众路线教育实践活动中，各地也制定了很多联系服务群众的制度机制①。这些举措都是将思想建党的成果转化为相应的党内法规和制度并长期保存下来的重要措施。借助制度治党手段构建思想建党成果的巩固机制，需要加大思想建党的成果与制度建设之间的转化力度，党内法规和制度的制定主体要自觉地将成熟的思想政治成果及时地制定为相应的党内法规和制度，以防止思想建党成果的流失，减少或杜绝思想建党与制度治党相互隔离的情况。

3. 构建思想建党与制度治党统筹考核机制

政绩考核机制是指引党员和党员干部行动的风向标，它通过考核指标的设置和考核权重的配置来表明组织的工作重心和政策侧重点，为党员和党员干部积极实现组织的目标和优先的政策提供激励机制。2014 年 10 月 8 日，习近平总书记在党的群众路线教育实践活动总结大会上指出："坚持从巩固党的执政地位的大局看问题，把抓好党建作为最大的政绩。"② 党建责任制建立以后，虽然思想建党与制度治党成为党建责任制的考核内容，但是针对思想建党与制度治党的考核中存在的思想建党与制度治党分类考核，两种考核机制缺乏相互融通的现实，容易导致党员和党员干部缺乏主动将思想建党与制度治党紧密结合起来的积极性与主动性，而主要侧重于进行思想建党与制度治党某一方面的工作。由此可以看出，建立思想建党与制度治党统筹考核机制对于推动党员和党员干部将思想建党与制度治党紧密结合起来的重要性。思想建党与制度治党既然是治党管党的两翼，就要同步、同时、同向考核，以此保证治党管党"展翅高飞"③。建立思想建党和制度治党统筹考核与问责机制，能够为推进思想建党和制度治党相结合的工作提供正面的激励机制，以

① 谢忠平，张亚勇．中国共产党思想建党和制度治党的历史经验［J］．中共天津市委党校学报，2016（4）：9－15.

② 习近平．在党的群众路线教育实践活动总结大会上的讲话［N］．人民日报，2014－10－09.

③ 张书林．思想建党与制度治党：目标任务与耦合生态［J］．学习与实践，2015（11）：42－51.

考核的正面激励作用提升各级党组织及其组织成员推进思想建党和制度治党相结合工作的积极性和能动性。建立健全思想建党与制度治党统筹考核机制，可以从以下两个方面入手：

第一，健全对思想建党成效的定量考核机制，补齐思想建党与制度治党统筹考核机制中的短板。与有形的制度与制度建设相比，思想由于主要涉及人的主观意识和观念层面而难以观察和衡量，因此思想建党的成效更难以量化地衡量，更难以考核。在对党员和党员的政绩考核体系中，对思想建党的考核由于缺乏像制度建设那样定量化的考核指标，也缺乏像经济发展、社会稳定等硬指标那样的重要地位，因此从整体上看目前针对思想建党的考核机制尚未充分建立起来。健全对思想建党成效的定量考核机制，首先需要建立衡量思想建党成效的可以观察和测量的量化指标。可以将党员和党员干部开展和参与思想建党活动的数量、规模和质量作为重要的衡量指标，这是因为开展思想建党活动的数量和规模可以在一定程度上衡量党员和党员干部为实现思想建党目标所付出的努力和对思想建党的重视程度，而开展思想建党活动的质量可以在一定程度上衡量党员和党员干部参与思想建党活动的成效。衡量思想建党活动的质量，要从衡量参与思想建党活动的党员和党员干部在思想建党活动中的收获和进步入手，通过重点对象访谈、随机抽查、问卷调查等多种方式，向思想建党的对象询问其在思想建党活动中是否有收获、思想建党活动是否达到了预期的活动效果。通过对访谈对象、问卷调查对象的行为的长期的观察，来从侧面证实思想建党活动是否取得成效以及取得多大成效。其次，健全对思想建党成效的定量考核机制，需要找准定量考核的对象，除了在笼统意义上将党委、纪委等党组织作为考核对象以外，还要牢牢抓住党委宣传部门、党校、社会主义学院、干部培训学院等体制内的专门的和系统的思想政治教育主体，加强对开展的思想建党活动成效的考核。同时还要加强思想建党考核结果的运用，将考核结果作为党委宣传部门、党校、社会主义学院等机构的党员和党员干部的业绩评定、奖励处分和选拔任用的重要依据。

第二，建立健全思想建党与制度治党统筹考核机制，需要将考核内容同时涵盖思想建党与制度治党两个方面。从考核内容的角度看，各级党组织在开展对党员和党员干部的政绩考核时，要高度重视党员和党员干部对党建责任制的落实情况，各级党组织既需要考核党员和党员干部本身的思想政治水平、道德伦理状况和他们为实现思想建党目标所开展的思想建党活动及其所取得的成效，同时也需要考核党员和党员干部对党内法规和制度的主观态度与情感、对党内法规和制度的执行情况，为实现制度治党目标制定、修订、废止了哪些党内法规和制度以及这些新制定或新修订的党内法规和制度的实际运行情况。

第三，建立健全思想建党与制度治党统筹考核机制，需要构建考人与考事相结合、定性考核与定量考核相结合的整体性考核机制①。一方面，各级党组织在对党员和党员干部思想建党的绩效进行考核时，需要采取以定性考核为主、定量考核为辅的综合考核方法，重点考核党员和党员干部的思想政治水平和伦理道德状况，同时还要兼顾到党员和党员干部所开展的思想建党活动的数量和质量。另一方面，各级党组织在对党员和党员干部制度治党的绩效进行考核时，需要采取以定量考核为主、定性考核为辅的综合考核方法，重点考核党员和党员干部所制定的党内法规和制度的数量、对党内法规和制度的贯彻执行情况，同时还要兼顾到党员和党员干部的制度意识和制度认同等思想认识状况。

第四，建立健全思想建党与制度治党统筹考核机制，需要在考核指标权重的配置上提高思想建党与制度治党相结合的重要举措在考核指标体系中的权重。推动思想建党与制度治党的融合互动，调动党员和党员干部探索将思想建党与制度治党紧密结合起来的党建举措的积极性，是建立健全思想建党与制度治党统筹考核机制的一个重要目标。基于此，党员和党员干部将思想建党与制度治党结合起来的重要举措相对于单纯加强思想建党或制度治党某一方面的建设而言，更有利于实现将思想建党与制度治党紧密结合起来的重要目标，因此对这种党建举措的考核指标也应当具有更高的权重。具体而言，对于党员和党员干部加强思想建设、作风建设领域的制度建设的举措，通过思想建党手段培育党员和党员干部的制度意识、制度权威与制度认同的举措，要提高它们在考核指标体系中的权重。

① 牛月永．构建思想建党与制度治党协同机制的思考［J］．领导科学，2015（20）：32－34.

4. 构建思想建党与制度治党一体问责机制

问责机制是一种由问责主体和问责对象构成的一种社会关系，在此关系中，问责对象（行动者）有义务对其行为进行解释和辩护，问责主体则会根据问责对象的陈述提出问题和作出判断，作为此判断的结果，问责对象可能会面临着不利的后果①。中国共产党将源自西方的问责理论与我国的政党政治现实相结合，创造性地建立了党内问责机制。“所谓党内问责制，是指在政党内部要求党的领导机关和党的领导干部对其职责履行情况进行说明与解释，并对其违反职责要求的行为承担党内责任的制度”②。问责主体、问责对象、问责情形、问责方式和问责后果是问责机制的主要构成要素。构建思想建党与制度治党一体问责机制，可以从以下两个方面入手：

第一，从问责情形的角度看，构建思想建党与制度治党一体问责机制，需要将思想建党与制度治党相结合不力作为一项问责情形，明确思想建党与制度治党相结合不力的具体情形并将其作为具体的问责事由，通过严肃的责任追究倒逼党员和党员干部将思想建党与制度治党紧密结合起来的责任感与主动性。首先，在制定《中国共产党问责条例》的实施细则或者修订《中国共产党问责条例》时，可以尝试改变目前《中国共产党问责条例》从“党的领导弱化、党的建设缺失、全面从严治党主体责任监督责任落实不到位、维护党的纪律不力、推进党风廉政建设和反腐败工作不坚决不扎实”等六个方面列举问责情形的方式，围绕着党的政治建设、思想建设、作风建设、组织建设、制度建设和反腐倡廉建设这六个党建领域，把握住把思想建党与制度治党紧密结合起来这一习近平总书记提出的全面从严治党的重要党建方略，该从政治建设、思想建设、制度建设、作风建设、组织建设和反腐倡廉建设、思想建党与制度治党相结合七个方面陈述和列举问责情形。这样既可以在最大限度上继承和发展目前党内问责制中各项问责情形的具体内容，又与各个党建领域一一对应，有助于各级党组织准确地发现和矫正全面从严治党系统工作中的薄弱环节。除此以外，将思想建党与制度治党相结合作为一种问责情形，有助于改变目前一些党组织和党员干部中存在的重制度轻思想或重思

① Mark Bovens. Analysing and Assessing Accountability: A Conceptual Framework. European Law Journal [J]. 2007, 13 (4): 447-468.

② 王一星. 中国共产党党内问责制研究 [D]. 中共中央党校博士学位论文，2009.

想轻制度两种错误思想，以及重视制度建设而忽视思想建设这一现实问题，以协同推进思想建党与制度治党的问责压力倒逼各级党组织和党员干部将思想建党与制度治党紧密结合起来的工作动力。其次，要明确思想建党与制度治党相结合不力的各种具体情形，将“忽视思想建设领域的制度建设”“在思想建党活动中忽视对党员和党员干部的制度意识、制度权威的培养”作为更为具体的问责事由，找准思想建党与制度治党相结合不力这种问责情形的问责对象。从思想建党与制度治党相互补充和相互配合的角度看，思想建党与制度治党相结合包含借助思想建党手段克服制度治党中存在的现实问题和用制度治党手段克服思想建党中的现实问题两个重要的方面，涉及思想建党领域的制度建设和制度治党领域的思想建设两个层面。从思想建党领域的制度建设的角度看，为了规范思想建党的过程和巩固思想建党的成果，在进行重要的思想政治教育活动和群众路线教育实践活动之后，中共中央和各级党组织都会出台相应的制度和规范性文件来巩固和强化思想建党的效果。反之，在思想建设和作风建设的过程中忽视相关的制度建设，没有出台和规范有力地贯彻执行干部教育培训制度、党委中心组学习制度以及保持群众路线教育实践活动效果的长效机制的党员和党员干部，应当成为具体的问责对象。从制度治党领域的思想建设的角度看，“徒法不足以自行”，制度的制定、执行、反馈等环节都离不开人的因素，都与制度制定者、制度执行者和制度约束对象等制度相关人的制度意识等思想状况密切相关。良好的制度意识和制度认同，能够提高制度制定的科学性和制度执行的积极性。鉴于此，将思想建党与制度治党紧密结合起来，应当借助思想建党手段来培育制度制定者、制度执行者和制度约束对象的制度意识、制度认同，在党内培育良好的制度文化。反之，在制度治党过程中，只重视出台相关的党内法规和制度，忽视了制度意识和制度认同的培育的重要性的党员和党员干部，应当成为思想建党与制度治党相结合不力这种问责情形的具体问责对象。

第二，从问责方式的角度看，构建思想建党与制度治党一体问责机制，需要以监督执纪“四种状态”为依据，根据思想建党与制度治党相结合不力的具体情形的性质和后果的严重程度，来决定问责方式的选取，综合运用多种问责方式提高党内问责的精准性与威慑力，以问责的压力倒逼党员和党员干部主动将思想建党与制度治党结合起来的责任感和担当精神。针对党内存在的压力传导不下去、责任贯彻落实不到位的问题，习近平总书记强调：“动员千遍不如问责一次”。党内问责制在推动党员和党员干部贯彻落实思想建党与制度治党的党建责任制的过程中具有重要的作用。从问责方式的角度看，构建思想建党与制度治党一体问责机制，各级党组织应当综合利用质询、诫勉谈话、通报批评、记过、降职、降级、免职等由轻到重的问责方式，将党员和党员干部贯彻落实将思想建党与制度治党紧密结合起来这一重大党建方略的绩效表现与他们的工资福利的改善、职位的晋升等利害事项勾连起来，使政绩考核制度、职位晋升制度、工资福利制度等制度都成为党内问责制发挥奖惩效力的制度平台。要将问责方式的选取与“监督执纪四种状态”结合起来，根据党员和党员干部贯彻执行思想建党与制度治党相结合的具体情形与后果，来决定问责方式的严厉程度。对于消极执行或者形式上执行思想建党与制度治党相结合这一党建方略的党员和党员干部，可以考虑给予“监督执纪四种形态”中的“第一种形态”与“第二种形态”中的诫勉谈话、警告、记过、记大过等党纪轻处分。对于根本不贯彻执行或者暗中抵制思想建党与制度治党相结合这一党建方略的党员和党员干部，可以考虑给予降职、降级、免职、撤职等“监督执纪第三种形态”中的党纪重处分。通过将党员和党员干部失职失责情形的性质和后果的严重程度与问责方式的严厉程度相挂钩，既体现党内问责制“惩前毖后，治病救人”的问责原则，又实现预防与惩治的双重功能，以问责的压力倒逼党员和党员干部主动将思想建党与制度治党结合起来的责任感和担当精神。

第三，加强思想建党与制度治党统筹考核的考核结果在党内问责中的运用，将思想建党与制度治党统筹考核的考核结果作为党组织启动问责程序的重要依据，以此加强统筹考核机制与一体问责机制之间的有机衔接。将考核机制和问责机制相结合，一方面有助于提高政绩考核机制的威慑力，减少无问责的考核所来的政治考核制度的形式主义倾向；另一方面，有助于提高问责机制的针对性，减少无考核的问责所带来的问责的随意性和扩大化，以免伤害党员和党员干部进行思想建党和制度治党的积极性。加强政绩考核结果在党内问责中的运用，从主体的维度来看，当党委组织部门对其考核的对象拥有管理权限时，党委组织部门既是进行政绩考核的主体，同时也是根据政绩考核结果决定是否给予相应问责的问责主体。对于党委组织部门没有管理权限的党员领导干部，需要加强党内有管理权限的问责决定机关、提出问责处理建议的问责提议机关与负责政绩考核活动的组织机构之间的协调与配合，即加强党委与其组织部门、党的纪检机关与党委组织部门之间在考核与问责活动中的信息共享、人员交流与协同工作。党委组织部门作为党员领导干部思想建党与制度治党相结合工作的绩效的主要考核机构，它在党内问责活动中应当发挥提供问责线索的作用和协助启动问责程序的重要作用，负责向对考核对象有管理权限的党的纪检机关提供思想建党与制度治党相结合不力的党员领导干部的具体情况，然后再由党的纪检机关结合党委组织部门提供的线索和材料，对思想建党与制度治党相结合不力的党员领导干部提供具体的问责处理建议，最终由相应级别的党委这一党内有干部管理权限的问责决定机关作出正式的问责处理决定。

（四）确立思想建党与制度治党相结合的指导原则：以德治党与依规治党相结合

在十八届中央纪委六次全会上，习近平总书记指出，全面从严治党，要“坚持依规治党和以德治党相统一”，“既要注重规范惩戒、严明纪律底线，更要引导人向善向上，发挥理想信念和道德情操引领作用”①。依规治党与以德治党相结合，体现了治标与治本兼顾、自律和他律互补，既是对我国传统政治智慧的继承和创新，也是对我们党管党治党理论的丰富和发展。以德治党和依规治党是习近平总书记提出的党的建设两个重要的指导原则，前者与人的思想认识有关，与思想建党相衔接；后者与规范人的外在行为的制度规范有关，与制度治党相衔接。坚持以德治党和依规治党相结合对推进思想建党和制度治党相结合的工作具有契合性和指导性，可以成为思想建党和制度治党相结合的指导原则。

第一，从加强对各级党组织思想建党与制度治党相结合工作的顶层设计与宏观指导的角度出发，尽快将以德治党与依规治党相结合正式确立为思想建党与制度治党相结合工作的指导原则。思想建党与制度治党相结合工作的指导原则，是各级党组织开展思想建党与制度治党工作的一个旗帜，为党员和党员干部将思想建党与制度治党紧密结合起来提供了行动的方向。党的十八大以来，习近平总书记强调党员和党员干部要有“四个意识”，自觉向中央

① 习近平．在第十八届中央纪律检查委员会第六次全体会议上的讲话［N］．人民日报，2016－05－03．

看齐、主动维护党中央的权威，自觉以中央的旗帜立场、决策部署、担当精神为标杆，向党中央看齐，做到中央怎么说，我们就怎么做；中央怎么要求，我们就怎么干①。由此可见，中共中央在思想建党与制度治党等党建领域的宏观指导原则和顶层制度设计，是推动各地党组织大力开展思想建党与制度治党相结合工作的行动依据和指导思想。指导原则就如同中国共产党开展思想建党与制度治党工作的一面纲领，"一般说来，一个政党的正式纲领没有它的实际行动那样重要。但是，一个新的纲领毕竟总是一面公开树立起来的旗帜，而外界就根据它来判断这个党。"② 从以德治党与思想建党之间在内容上的一致性与概念范畴上的涵盖性，依规治党与制度治党之间在内容上的一致性与概念范畴上的涵盖性这两点出发，在中共中央层面应当尽快将以德治党与依规治党相结合的基本治党方略运用到思想建党与制度治党的具体工作之中来，并用以指导思想建党与制度治党相结合的具体工作。将以德治党与依规治党相结合正式确立为思想建党与制度治党相结合工作的宏观指导原则，既需要习近平总书记和中共中央通过出台相关党内法规和规范性文件的形式予以明确和正式地确定下来，也需要各地党组织发挥主动性和创造性，认真学习习近平总书记关于以德治党与依规治党相结合的重要讲话精神，深刻理解习近平总书记全面从严治党思想的深刻内涵，自觉主动地将其作为自身开展思想建党与制度治党相结合工作的宏观指导。

第二，建立健全以德治党与依规治党之间的具体衔接机制，通过以德治党与依规治党之间具体有效的衔接来带动和指导各级党组织思想建党与制度治党相结合的工作。既然以德治党与依规治党相结合是思想建党与制度治党相结合工作的指导原则，那么以德治党与依规治党之间的衔接与结合状况就会直接影响到思想建党与制度治党相结合工作的效果。建立健全以德治党与依规治党之间的具体衔接机制，可以从以下两个方面入手：首先，抓住党员领导干部这个关键少数，构建制度他律与思想自律并重的从严治权机制。以德治党与依规治党相结合是中国共产党全面从严治党的基本方略，全面从严治党的目标是从严治权，突破口是从严治吏。基于此，以德治党与依规治党

① 杜家毫．坚持依规治党与以德治党相结合 推动全面从严治党向纵深发展［J］．中国纪检监察，2017（1）：51－53．

② 马克思恩格斯选集：第3卷［M］．北京：人民出版社，2012：350．

相结合也必须以完善权力监督与制约体系为目标，抓住党员领导干部这个关键少数，构建规范党员领导干部负责任地行使权力的制度约束体系与思想自律体系。具体而言，构建制度他律与道德自律并重的从严治权机制，需要将扎紧管党治党的制度笼子与提高党员领导干部的思想道德水平同时发力、同向并进。围绕着党风廉政建设这个重大议题，通过发挥思想政治教育手段的教化作用与制度建设的限权作用，将构建“不能腐”的制度笼子与构建“不想腐”的思想道德笼子结合起来进行。其次，将《中国共产党廉洁自律准则》与《中国共产党纪律处分条例》有机地结合起来，构建行为的道德高线与纪律底线之间的衔接机制。构建行为的道德高线与纪律底线之间的有效衔接机制，需要抓住将道德要求融入制度建设之中和以制度规范守住道德底线这两个关键点，而《中国共产党廉洁自律准则》与《中国共产党纪律处分条例》正是将道德“制度化”和以制度规范守住道德底线的具体举措，因此将《中国共产党廉洁自律准则》与《中国共产党纪律处分条例》有机地结合起来应当成为以德治党与依规治党相结合的突破口。道德是最高的法律，法律是最低的道德。将道德内容融入党内法规之中体现出对党员和党员干部的高要求，发挥了扬善的功能。《中国共产党廉洁自律准则》强调了党员和党员领导干部所应当遵循的道德准则和伦理标准，从正面倡导层面上解决了党的道德的“应然性问题”，但要达到“实然性状态”则需要其他党规制度的保障，尤其是党的纪律。党内法规和政党纪律中蕴含着最低的道德，《中国共产党纪律处分条例》把违纪行为整合为政治纪律、组织纪律、廉洁纪律、群众纪律、工作纪律和生活纪律等6类，开出严明党纪的“负面清单”，构建了明晰有力的红线和不可触碰的底线①。《中国共产党廉洁自律准则》与《中国共产党纪律处分条例》分别从正面倡导与反面惩戒两个角度树立了党员和党员干部行为的“高线”与“底线”，道德高线与纪律底线之间的充分衔接有助于实现以德治党与依规治党相结合和弃恶扬善、内外兼修、双管齐下、标本兼治的管党治党目标。将《中国共产党廉洁自律准则》与《中国共产党纪律处分条例》有机结合起来，应当引导党员和党员干部在日常政治生活中同时树立看得见、够得着的道德高标准和纪律低标准，将两个标准都运用于对党员和党员干部的考核与奖惩之中。综合运用奖惩机制的行为导向作用，对达到道德

① 刘先春，王小鹏．论依规治党和以德治党相结合［J］．探索，2016（3）：85－89.

高标准的党员和党员干部进行奖励和表彰，树立为正面典型加以宣传和推广；对违反政治纪律和政治规矩的党员和党员干部根据其情节、性质和后果的严重程度予以相应的问责，对于违反政治纪律和政治规矩性质恶劣、后果严重的党员和党员干部要给予严厉的问责，并将其树立为反面的典型，以发挥警示的作用。

八、新时代思想建党与制度治党融合互动的三维分析框架

思想建党与制度治党相结合是新时代习近平总书记全面从严治党的重要方略。2017 年 10 月 18 日，习近平总书记在党的十九大报告中强调，“思想建党与制度治党同向发力，统筹推进党的各项建设”①。2017 年 10 月 24 日，《十八届中央纪律检查委员会向中国共产党第十九次全国代表大会的工作报告》（以下简称《十八届中央纪委工作报告》）指出，“坚持思想建党与制度治党相结合，提高管党治党能力水平”。如何在习近平新时代中国特色社会主义思想的指导下实现思想建党与制度治党全方位的融合互动，是一个亟待研究和解决的重要命题，涉及微观、中观和宏观等多个层面。基于此，本书采取系统分析方法，构建了思想建党与制度治党的“微观结合点——中观衔接机制——宏观指导原则”三维互动框架，从找准思想建党与制度治党的微观结合点、构建思想建党与制度治党的中观衔接机制和确立思想建党与制度治党相结合的宏观指导原则三个方面同时入手，为新时代推进思想建党与制度治党全方位融合互动提供具体的实施路径。

（一）文献综述与问题的提出

思想建党与制度治党相结合是一项系统工程，涉及微观、中观与宏观三个不同的维度。首先，从微观的角度看，思想建党的内容具体化为党员干部各方面的思想认识，制度治党的基础是每一项具体的党内法规和制度，从党员干部某一方面的思想认识与某一项具体的党内制度的融合互动出发，可以

① 决胜全面建成小康社会 夺取新时代中国特色社会主义伟大胜利——习近平同志代表第十八届中央委员会向大会作的报告摘登［N］. 人民日报，2017－10－19.

寻找思想建党与制度治党融合互动的微观结合点。其次，从中观的角度看，思想建党与制度治党作为全面从严治党系统工程中两个相互联系与相互影响的子系统，两者具有广泛的交叉面，在交叉面中能够找到保障思想建党与制度治党融合互动的重要机制。最后，从宏观的角度看，思想建设和制度建设是全面从严治党的两个党建领域，思想建党与制度治党融合互动作为一个具体的党建方略，它要接受以德治党与依规治党相结合这一全面从严治党的基本原则的宏观指导。由此可见，思想建党与制度治党融合互动，涉及找准思想建党与制度治党的微观结合点、构建思想建党与制度治党的中观衔接机制和确立思想建党与制度治党融合互动的宏观指导原则三个维度。

目前学术界对思想建党与制度治党融合互动的研究取得较为丰硕的研究成果，主要是从以下三个维度展开：

首先，从找准思想建党与制度治党的微观结合点的角度看，何克祥将严肃党内生活作为思想建党与制度治党相结合的重要结合点①。于洪生则从责任感是连接法律制度和思想道德的中间桥梁这一观点出发，将责任意识作为思想建党与制度治党的连接点。② 在相近的意义上，肖泳冰也认为以责任为本位是连接思想建党与制度治党的中介，是实现依规治党和以德治党相结合的逻辑基点。③

其次，从建立思想建党与制度治党中观衔接机制的角度看，张书林分析了建立思想建党与制度治党统筹考核机制对于实现思想建党与制度治党融合互动的重要作用，探讨了建立思想建党与制度治党统筹考核机制的具体原则。④ 牛月永在分析构建思想建党与制度治党协同机制的可能性与必要性的基础上，主张将构建利益保障机制、制度意识养成机制、思想教育监督机制和有效协同评价机制作为构建思想建党与制度治党协同机制的路径选择。⑤ 何克

① 何克祥. 严格党内生活：实现思想建党和制度治党紧密结合的重要结合点［J］. 宁夏社会科学，2016（2）：37－41.

② 于洪生. 责任意识：制度治党与思想建党的连接点［J］. 党政论坛，2016（10）：7－9.

③ 肖泳冰. 以责任为本位全面推进依规治党和以德治党相结合［J］. 中国特色社会主义研究，2016（5）：100－106.

④ 张书林. 思想建党与制度治党：目标任务与耦合生态［J］. 学习与实践，2015（11）：42－51.

⑤ 牛月永. 构建思想建党与制度治党协同机制的思考［J］. 领导科学，2015（20）：32－34.

祥则认为实现思想建党与制度治党融合互动的关键是建立彼此融入机制，将制度元素融入思想建党之中，将思想元素融入制度治党之中，从而实现思想建党与制度治党相互转化。①

最后，从加强全面从严治党的顶层设计的角度看，思想建党与制度治党融合互动工作需要确立宏观层面的指导原则。虽然有一些学者分析了以德治党与依规治党相结合与思想建党和制度治党融合互动的共通性②，提出了构建以德治党与依规治党相结合的具体衔接机制的重要性③，甚至指出“在依法治国与以德治国中实现思想建党与制度治党相结合”④，但遗憾的是，他们并没有明确地将以德治党与依规治党相结合作为实现思想建党与制度治党融合互动的宏观指导原则，也没有系统地阐释如何通过构建以德治党与依规治党衔接机制来带动和指导思想建党与制度治党融合互动的工作。

上述学者对思想建党与制度治党融合互动的研究主要从找准微观结合点或建立中观衔接机制等单一维度开展，为本书全方位地分析如何实现思想建党与制度治党之间的融合互动提供了研究的基础。思想建党与制度治党融合互动是一项系统过程，涉及宏观、中观和微观等多个层面。基于此，本书进一步采取系统分析方法，构建了实现思想建党与制度治党全方位融合互动的“微观结合点——中观衔接机制——宏观指导原则”三维分析框架。该分析框架的要旨在于，实现思想建党与制度治党全方位融合互动同时涉及找准思想建党与制度治党的微观结合点、构建思想建党与制度治党的中观衔接机制和确立思想建党与制度治党融合互动的宏观指导原则三个维度。从找准微观结合点这一维度出发，思想建党与制度治党是两个重要而广阔的党建领域，在思想建党与制度治党的广阔交叉面中找准思想建党与制度治党的重要结合点，对于推动思想建党与制度治党融合互动具有以点带面的重要作用。从构建中观衔接机制这一维度出发，建立思想建党与制度治党中观衔接机制，能够为推动思想建党与制度治党融合互动提供机制保障。从确立宏观指导原则这一

① 何克祥. 把思想建党与制度治党紧密结合起来 [J]. 理论探索，2016 (5)：41 - 45 + 94.

② 杨德山. 坚持依规治党与以德治党相结合 [J]. 中国特色社会主义研究，2016 (4)：96 - 101.

③ 刘先春，王小鹏. 论依规治党和以德治党相结合 [J]. 探索，2016 (3)：85 - 89.

④ 彭文龙，陈世润. 思想建党与制度治党相结合：中国共产党党建规律的伟大探索 [J]. 探索，2015 (2)：38 - 42.

维度出发，确立思想建党与制度治党融合互动的宏观指导原则，能够为各级党组织探寻思想建党与制度治党相结合的具体举措提供行动指南。

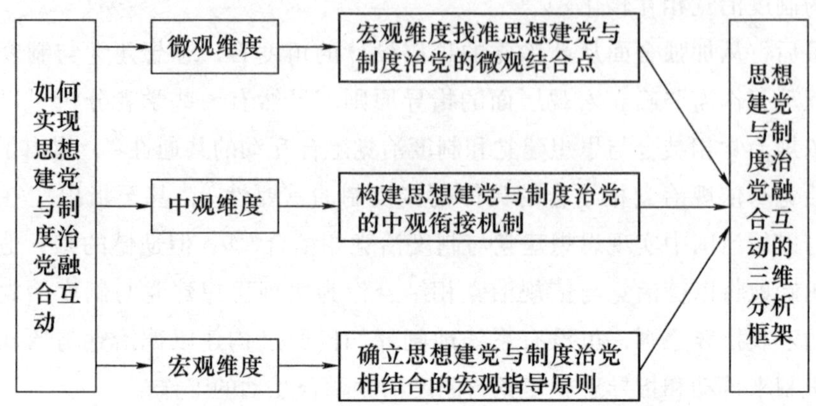

图1　思想建党与制度治党融合互动的三维分析框架

资料来源：本图系笔者制作。

（二）思想建党和制度治党的微观结合点：责任意识与责任清单制度融合互动

思想建党和制度治党融合互动作为习近平总书记全面从严治党的新举措，对于各级党组织都是一个新的实践考验。思想建设和制度建设是两个重要而广阔的党建领域，从解决问题要抓主要矛盾和矛盾的主要方面这一马克思主义哲学原理出发，在思想建党和制度治党相结合的交叉面中寻找重要结合点，能够以点带面地推动思想建党和制度治党融合互动的整体过程。

从当前思想建党和制度治党融合互动实践的角度看，由于一些党员和党员干部没有找准思想建党和制度治党的微观结合点，因此思想建党和制度治党相隔离的问题比较突出，这具体体现在，“一些地方官员为了尽快‘出政绩’，热衷于通过多种形式开展党员干部的思想德教育活动，但由于没有及时将思想建党的成果通过制度建设巩固下来而陷入‘一阵风’‘形象工程’的窘境，不仅难以发挥德治效果，还造成不良社会影响。”① 针对没有找准思想建党和制度治党融合互动的微观结合点这一问题，习近平总书记指出，“思想教育要结合落实制度规定来进行，抓住主要矛盾，不搞空对空，不断提高思

① 田旭明. 论依规治党与以德治党的协同互动［J］. 理论探索，2017（2）：81-86.

想教育的制度化、规范化水平。"①

从找准思想建党与制度治党的微观结合点的角度看，可以将责任意识与责任清单制度融合互动作为思想建党与制度治党的重要的微观结合点。这是因为：首先，责任意识与责任清单制度分别属于思想建党与制度治党中具体而又重要的内容，责任意识与责任清单制度的融合互动能够将思想建党与制度治党融合互动推向具体化。从责任意识的角度看，"所谓责任意识，是指个人对自己和他人，对家庭和集体，对国家和社会所负责任的认识、情感和信念，以及与之相应的遵守规范、承担责任和履行义务的自觉态度。"② 从性质上看，责任意识作为党员和党员干部对其职责的主观感知，是思想建党的具体内容。从责任清单制度的角度看，"制度是一个社会的游戏规则"③，对组织成员的权利与义务、权力与责任进行权威性的分配是制度本身的具体内容。责任清单制度具有明确责任主体、划分责任边界、督促责任意识的严格树立等制度功能，是中国共产党全面从严治党的制度体系中的重要组成部分。

其次，责任意识与责任清单制度具有融合互动的广泛的空间。"责任包含消极责任和积极责任两重涵义，它不仅意味着要做好分内应做之事，而且还包括因未做好分内之事所应受的谴责和惩罚。"④ "责任意识意味着一个行政官员感觉或理解义务，这是责任的主观形态。"⑤ 从积极责任的维度出发，责任意识有利于借助党员和党员干部对其责任的主动感知来推动他们积极做好分内之事，这与"法定职责必须为"的责任清单制度正是契合的。责任清单制度的建立，正建基于党员和党员干部积极履行其法定职责的规范性要求。责任意识与责任清单制度作为积极责任的两种不同的呈现方式，两者之间的融合互动促进了党员和党员干部对责任的贯彻落实。观念化的责任意识与实体化的责任清单制度的相互配合与相互补充，推动了思想建党与制度治党在具体环节上的融合互动。

将责任意识与责任清单制度融合互动作为思想建党与制度治党相结合的

---

① 习近平．习近平在全国宣传工作会议上的讲话［N］．人民日报，2013-08-21.

② 谭小宏，秦启文．责任心的心理学研究与展望［J］．心理科学，2005（4）：991-994.

③ ［美］道格拉斯·C．诺斯．制度、制度变迁与经济绩效［M］．杭行译，上海：上海三联书店，2008：19.

④ 张贤明．论政治责任［M］．长春：吉林大学出版社，2000：2.

⑤ Finer H. Administrative Responsibility in Democratic Government［J］. Public Administration Review，1941，1（4）：335-350.

重要的微观结合点，可以从以下两个方面入手：

首先，加强责任清单制度建设，使党员和党员干部明确自己应当承担的岗位责任的具体内容，提高他们对履行岗位职责的重要性的认识，进而强化他们的责任意识。责任是责任意识和责任清单制度共同的上位概念，英国法学家哈特（H. Hart）将责任划分为角色责任、因果责任、课责责任和能力责任四种具体的类型①，“角色责任又称职责责任或岗位责任，是指由于一个人的特定地位或职位而承担的一种职责”②。党员和党员干部因为在党政机关中担任一定的公职而具有自身的岗位责任，党员和党员干部的责任意识的培养，建立在他们对自己承担哪些岗位职责和为什么承担这些职责等事项的认识和理解之上。一方面，加强责任清单制度建设建立在完善岗位责任制的基础上。责任清单制度通过厘清与党员和党员干部在党政机关中所担任的公职身份有关的岗位职责，使党员和党员干部认识到自己应承担的法定职责的内容，进而有助于他们在深化对自己的角色责任的认识和理解的基础上生成责任意识。另一方面，责任清单制度对党员和党员干部的岗位职责的梳理需要以国家法律与党内法规为依据，梳理岗位职责的过程就是党员和党员干部体认自己应当履行的岗位职责的法理与政策依据的过程，这有助于提升他们对履行法定职责的重要性的认识，改善他们履行职责的自觉态度。除此以外，责任清单制度还将责任履行不到位作为追责情形，通过党内问责的压力来倒逼党员和党员干部贯彻落实责任清单制度的动力，进而督促他们树立责任意识和担当精神。

其次，理念是行动的先导，责任意识为党员干部制定和贯彻执行责任清单制度提供观念的支撑，提高党员干部的责任意识有助于增强他们制定党委责任清单制度的积极性，提升他们贯彻执行责任清单制度的内在动力。《十八届中央纪委工作报告》高度强调了党员干部的责任意识和担当精神的重要性，指出“担当是共产党人的脊梁精神，权力就是责任、责任就要担当，权力有多大、责任担当就要有多大”。一方面，从制度制定的角度看，新制度主义政治学认为，理念和制度之间是互嵌的关系，“制度总是按照嵌入其中并形成它

① Hart, H. L. A. Punishment and responsibility [M]. Oxford University Press, 1968: 211 - 212.

② 王若磊. 政治问责论 [M]. 上海：上海三联书店，2015：54.

的理念来思考的"①，执政者树立对民众负责的责任意识是他们制定和完善政党治理中的责任制度体系的动力来源。基于此，提升党员和党员干部的责任意识往往能够使他们更好地认识到建立健全责任清单制度的重要性，从而自发地投入党委权力清单制度与责任清单制度、党委责任清单制度与政府责任清单制度的协同推进的政治实践中去。另一方面，从制度执行的角度看，制度的生命力在于执行，制度相关人的主观意识是影响制度执行力的一个重要因素。责任清单制度贯彻落实的效果，不仅仅取决于党内问责制度的外在的压力，更取决于作为党内制度的执行主体的党员和党员干部的责任意识的树立。提高党员和党员干部的责任意识，有助于培养他们自觉自愿地贯彻落实自己的岗位职责的积极性与主动性，这正是责任清单制度贯彻执行的内在动力。

（三）思想建党与制度治党的中观衔接机制：统筹考核机制与一体问责机制

全面从严治党要实现"内化于心、外化于行"的目标，就需要依靠思想建党与制度治党的充分衔接。"建立思想建党和制度治党的衔接机制，思想教育启发的自觉性和制度提供的外在约束性便能更好地结合起来，从而产生聚合效应，从严治党的要求就能得到更好的落实。"② 奖励与惩罚是引导党员和党员干部行为的风向标，政绩考核机制和问责机制从正面的激励机制和反面的惩戒机制两个维度为党员和党员干部将思想建党与制度治党紧密结合起来提供内在的动力和外在的压力。

1. 构建思想建党与制度治党统筹考核机制

第一，构建思想建党与制度治党统筹考核机制，需要将考核内容同时涵盖思想建党与制度治党两个方面，并且加强对思想建党与制度治党融合互动的各项具体举措的成效的考核。一方面，各级党组织在考核思想建党的成效时，既要考核党员和党员干部的思想政治水平、道德操守状况，也要考核他们为了规范思想建党的过程和巩固思想建党的效果出台了哪些重要的党内法

① Rogers Smith. Ideas, Institutions, and Strategic Choice [J]. Polity, 1995, 28 (1): 135-140.

② 姚桓. 论思想建党与制度治党相结合 [J]. 中共福建省委党校学报, 2015 (5): 4-8.

规和制度。另一方面，各级党组织在考核制度治党的成效时，既要考核党员和党员干部为实现制度治党目标制定、严格贯彻执行，修订了哪些党内法规和制度及其所取得的实践效果，也要将党员和党员干部的制度意识与制度认同感作为一个重要的考核指标。除此以外，各级党组织还要明确思想建党与制度治党融合互动的各种具体情形，提高“加强思想建设领域的制度建设”和“运用思想建党手段培育党员和党员干部的制度意识”这两种思想建党与制度治党融合互动的具体情形在政绩考核指标体系中的权重。

第二，构建思想建党与制度治党统筹考核机制，需要构建考人与考事相结合、定性考核与定量考核相结合的整体性考核机制。一方面，各级党组织在对党员和党员干部思想建党的绩效进行考核时，需要采取以定性考核和考人为主、定量考核和考事为辅的综合考核方法，重点考核党员和党员干部的思想政治水平和伦理道德状况，同时还要兼顾到党员和党员干部所开展的思想建党活动的数量、规模及其质量。另一方面，各级党组织在对党员和党员干部制度治党的绩效进行考核时，需要采取以定量考核和考事为主、定性考核和考人为辅的综合考核方法，重点考核党员和党员干部所制定的党内法规和制度的数量与质量、党员和党员干部对党内法规和制度的贯彻执行情况，同时还要兼顾到党员和党员干部的制度意识和制度认同等思想认识状况。

2. 构建思想建党与制度治党一体问责机制

“问责机制是由问责主体和问责对象构成的一种社会关系，在此关系中，问责对象有义务对其行为进行解释和辩护，问责主体则会根据问责对象的陈述提出问题和做出判断，作为此判断的结果，问责对象可能会面临着不利的后果。”① 问责机制是中国共产党全面从严治党的一项重要的制度工具，《十八届中央纪委工作报告》强调，“要完善问责制度，强化责任担当”。构建思想建党与制度治党一体问责机制，可以从以下两个方面入手：

第一，从问责情形的角度看，构建思想建党与制度治党一体问责机制，需要明确思想建党与制度治党融合互动不力的各种具体情形及其责任对象，通过对思想建党与制度治党进行一体问责来倒逼党员和党员干部将思想建党与制度治党紧密结合起来的责任感与主动性。在《中国共产党问责条例》（以

① Mark Bovens. Analysing and Assessing Accountability: A Conceptual Framework [J]. European Law Journal, 2007, 13 (4): 447 - 468.

下简称《问责条例》）所规定的六种问责情形中，“维护党的纪律不力”涉及制度治党方面的问责情形，“党性教育特别是理想信念宗旨薄弱”涉及思想建党方面的问责情形，但是对于思想建党与制度治党没有紧密结合这种情况是否要进行问责，《问责条例》并没有作出明确的规定。党的十九大报告将全面从严治党的总体布局概括为“全面推进党的政治建设、思想建设、组织建设、作风建设、纪律建设，把制度建设贯穿其中”。鉴于此，在日后修订和完善《问责条例》时，可以尝试改变目前从“党的领导弱化、党的建设缺失、全面从严治党主体责任监督责任落实不到位、维护党的纪律不力、推进党风廉政建设和反腐败工作不坚决不扎实”六个方面列举问责情形的方式，围绕着政治建设、思想建设、组织建设、作风建设、纪律建设、制度建设和思想建党与制度治党融合互动这七个方面论述和列举问责情形。这样既可以继承和发展目前党内问责制中的各项问责情形，又与各个党建领域一一对应，有助于各级党组织准确地发现和矫正全面从严治党各子系统中存在的薄弱环节。其次，将忽视思想建设领域的制度建设、在思想建党活动中忽视对党员和党员干部的制度意识的培养这两种情况作为思想建党与制度治党融合互动不力的两种更为具体的问责事由，找准其问责对象。思想建党与制度治党融合互动涉及思想建党领域的制度建设和制度治党领域的思想建设两个层面。从思想建党领域的制度建设的角度看，在思想建设过程中忽视制度建设，没有及时地将思想建党的成果转化为相关的党内法规和制度的党员和党员干部，应当成为具体的问责对象。从制度治党领域的思想建设的角度看，在制度治党过程中忽视了制度意识和制度认同的培育的党员和党员干部，应当成为具体的问责对象。

第二，加强思想建党与制度治党统筹考核的结果在党内问责中的运用，加强统筹考核机制与一体问责机制之间的有机衔接。加强统筹考核机制与一体问责机制之间的有机衔接，从主体的维度来看，应当加强政绩考核主体和党内问责主体之间的信息共享、人员交流与分工协作。一方面，当党委组织部门对其考核的对象拥有干部管理权限时，党委组织部门既是进行政绩考核的主体，同时也是党内问责的主体。面对这种情形，党委组织部门应当将思想建党与制度治党统筹考核的考核结果，作为决定是否对党员和党员干部进行党内问责的主要依据。另一方面，当党委组织部门对党员干部没有管理权限时，需要加强党内有管理权限的问责决定机关、提出问责处理建议的问责提议机关与负责政绩考核活动的党委组织部门之间的分工协作。党委组织部门作为对党员干部将思想建党与制度治党融合起来的工作进行考核的专业机构，它在党内问责活动中应当发挥向党的纪检机关提供问责线索和协助启动问责程序的重要作用。党的纪检机关应当在党委组织部门提供的考核结果和问责线索的基础上，对思想建党与制度治党融合互动不力的党员干部进行调查取证，据此提出相应的问责处理建议。党内有干部管理权限的问责决定机关，应当在党委组织部门提供的材料和党的纪检机关的调查取证的基础上，将党员领导干部的政绩考核结果与他们的工资福利、职务和级别等利害事项勾连起来，通过对思想建党与制度治党融合互动的党员领导干部进行严肃的问责，来倒逼他们将思想建党与制度治党融合互动起来的积极性。

（四）思想建党与制度治党的宏观指导原则：以德治党与依规治党相结合

“党的十八大以来，习近平总书记强调党员和党员干部要有‘四个意识’，自觉向中央看齐、主动维护党中央的权威，自觉以中央的旗帜立场、决策部署、担当精神为标杆，向党中央看齐，做到中央怎么说，我们就怎么做；中央怎么要求，我们就怎么干。”① 由此可见，全面从严治党工作的深入开展，需要加强中央层面的顶层设计。确立思想建党与制度治党融合互动的宏观指导原则，才能为各地党组织探索将思想建党与制度治党融合起来的具体举措提供行动指南。

第一，将以德治党与依规治党相结合正式确立为思想建党与制度治党融合互动的宏观指导原则。“徒善不足以为政，徒法不能以自行。”依法治国和以德治国相结合是我国的基本治国方略，党的十九大报告强调，“坚持依法治国和以德治国相结合，依法治国和依规治党有机统一”，由于中国共产党的治国理政与依法执政具有内在的一致性，因此坚持依规治党与以德治党相结合也应当成为中国共产党进行政党治理的基本方略。《十八届中央纪委工作报告》指出，“依规治党和以德治党有机结合，思想建党与制度治党相互促进，是十八大以来管党治党兴党的重要经验，标志着我们党对执政党建设规律的认识进入新境界。”思想建党与制度治党相结合作为具体的党建举措，它对以

① 杜家毫．坚持依规治党与以德治党相结合　推动全面从严治党向纵深发展［J］．中国纪检监察，2017（1）：51－53.

德治党与依规治党相结合这一基本治党方略应当具有从属地位。从加强全面从严治党的顶层设计的角度讲，坚持以德治党与依规治党相结合应当成为思想建党与制度治党融合互动的宏观指导原则。将以德治党与依规治党相结合确立为思想建党与制度治党融合互动的宏观指导原则，既需要通过出台相关党内法规和规范性文件的形式正式确定下来，也需要各地党组织发挥主动性和创造性，认真学习习近平总书记关于以德治党与依规治党相结合的重要讲话精神，自觉主动地将以德治党与依规治党相结合作为自身开展思想建党与制度治党相结合工作的宏观指导。

第二，建立健全以德治党与依规治党的具体衔接机制，通过加强以德治党与依规治党的有效衔接来带动思想建党与制度治党融合互动的工作。全面从严治党的目标是从严治权，以从严治吏为突破口，建立健全以德治党与依规治党的具体衔接机制也应当抓住党员领导干部这个关键少数，以完善权力监督与制约体系为共同的目标，构建制度他律与思想自律并重的从严治权机制。“纪律和规矩是道德的保障，崇德向善必须与遵规守纪相辅而行。”构建制度他律与思想自律并重的从严治权机制，需要提高党员干部的思想道德水平与扎紧管党治党的制度笼子同时发力、同向并进。在以德治党与依规治党相结合的宏观指导下，通过强化不敢腐的震慑、扎牢不能腐的笼子和增强不想腐的自觉多管齐下，净化党内权力运行的政治生态。围绕着党风廉政建设这个重大议题，一方面要积极发挥思想政治教育手段的教化作用，积极贯彻落实习近平总书记党的十九大报告提出的“开展党的群众路线教育实践活动和‘三严三实’专题教育，推进‘两学一做’学习教育常态化制度化”，开展“不忘初心、牢记使命”主题教育等规范性要求，引导党员领导干部树立正确的权力观，在党内塑造廉政文化和责任文化，构筑党员领导干部“不想腐”的思想道德防线。另一方面，还要健全监督与制约权力的党内制度体系，根据权力越大责任越大监督越严格的原则，围绕着“三重一大”等重点领域和决策、执行、监督等权力运行中的关键环节织严织密党内制度体系，通过严密党内制度体系来加强对权力运行风险点的治理，构建“不能腐”的制度体系。除此以外，各级党组织还应当建立监督制度执行效果的考核与问责机制，通过构建“有责必究、问责必严”的党内问责制度，构建“不敢腐”的制度体系。其最终目标就是，“加强纪律教育，强化监督执纪问责，让党员、干部知敬畏、存戒惧、守底线，习惯在受监督和约束的环境中工作生活。”

总而言之，全面从严治党要实现“内化于心，外化于行”这一目标，就需要在思想建党与制度治党融合互动上下功夫。而探寻实现思想建党与制度治党融合互动的具体路径，又需要将思想建党与制度治党融合互动视为一项系统工程。从微观、中观和宏观三个方面同时入手，从思想建党与制度治党融合互动的“微观结合点——中观衔接机制——宏观指导原则”三维分析框架出发，将责任意识与责任制度融合互动作为思想建党与制度治党的微观结合点、构建思想建党与制度治党的统筹考核机制与一体问责机制、将以德治党与依规治党相结合确立思想建党与制度治党融合互动的宏观指导原则三个举措协同推进，才能保障思想建党与制度治党融合互动工作取得显著的成效，从而更好地实现全面从严治党。

实践篇

一、新时代思想建党面临的主要问题与相关对策研究

重视思想建党在全面从严治党中的重要作用，是习近平总书记党建思想的重要特点，系统阐释了坚定理想信念和补足精神之“钙”的重要作用，逐渐形成自己的思想建党思想，提出了“思想建党与制度建党必须紧密结合”①的重要论断。进入中国特色社会主义新时代以来，在全球化、市场化和信息化等时代发展趋势的影响下，中国共产党的思想建党工作面临一系列新情况、新问题和新挑战。

（一）新时代思想建党面临的主要问题

1. 思想建党的主体层面：结构性失衡

从思想建党的主体的成员数量与性质两个方面来看，思想建党的主体可以进一步划分为作为个体的思想建党主体与作为组织的思想建党主体、正式的思想建党主体与非正式的思想建党主体等类型。在对思想建党的主体进行类型学划分的基础上，可以发现目前思想建党的主体层面存在的结构性失衡问题主要体现在以下两个方面：

（1）重视思想建党的组织主体而忽视思想建党的个体主体

思想政治教育是中国共产党进行思想建党的主要手段，为了保障思想政治教育取得良好的效果，中国共产党成立了党委宣传部门、党校、社会主义学院、干部培训学院等专门性的和系统性的机构。从我国目前思想政治教育

---

① 习近平. 在党的群众路线教育实践活动总结大会上的讲话［N］. 人民日报，2014-10-9（2）.

工作的现状来看，存在着重视社会教化的作用而轻视个人学习作用的倾向①，侧重于强调党校等组织机构的思想建党主体的地位，在大多数情况下党员和党员干部只是作为被动的客体和接受教育的对象，他们的思想建党的主体地位并没有受到足够的重视。这主要体现在，在党的十八大以来中共中央出台的与思想建党相关的党内法规和制度中，除了《中国共产党廉洁自律准则》强调党员和党员干部在思想建党过程中要加强廉洁自律和党性修养建设以外，以《中国共产党干部教育培训工作条例（试行）》代表的多数党内法规主要立足于改善思想政治教育过程的规范化和制度化。从党内政治实践的角度看，在党内政治生活中，一些党员和党员干部之所在存在言行不一、“双面人”的问题，在很大程度上正是因为目前的思想建党活动侧重于强调加大对党员和党员干部进行外在的教育与灌输的力度，而忽视了党员和党员干部对思想建党的内容的内化。

（2）重视正式的思想建党主体而忽视非正式的思想建党主体

就思想政党的主体而言，目前党校、社会主义学院、干部培训学院等正式的思想建党的主体发挥主力军的重要作用，对家庭这一非正式的思想建党主体的作用尚没有得到充分的发挥。除了政党这一专门的和系统的思想建党主体以外，家庭在宣传党的政治文化和政治思想、教育家庭成员遵守党的道德和行为规范的过程中也承担着重要的政治社会化功能。特别是对于党员领导干部作为家长并且一个家庭中有多名党员的家庭而言，家庭也可以成为思想建党的重要主体和开展思想政治教育的重要场所。但是需要指出的是，在目前的思想建党实践中，思想建党的主体仍旧是以党校（行政学院）等专门性和系统性的思想政治教育主体为主，家庭在思想建党中的主体地位还停留在党的领导人的零星的论述这一层面，除了《中国共产党廉洁自律准则》将廉洁家风建设作为一项重要要求之外，与思想建党相关的正式制度和规范性文件中涉及家风建设的还比较缺少，这在一定程度上体现出家庭在思想建党中的重要作用并没有得到应有的发挥。

2. 思想建党的对象层面：在抓关键少数与厚植基础上存在问题

（1）党员领导干部言行不一削弱了思想建党的效果

全面从严治党的突破口是从严治吏，习近平总书记强调，“党要管党，首

---

① 王宗礼．论政治社会化及其功能发挥［J］．甘肃社会科学，2000（5）：33－35．

先是管好干部；从严治党，关键是从严治吏。”① 尽管中国共产党围绕着思想建党这一目标，开展了“两学一做”“三严三实”等一系列群众路线教育活动，党员领导干部中存在的主观主义、官僚主义等“四风”问题得到了一定程度的解决，但是在集中性的群众路线教育实践活动结束之后，党员干部中存在的思想滑坡，“总开关”松动，是非观、义利观、权力观、事业观扭曲，不良作风反弹回潮等问题又不断地涌现出来。党员领导干部中存在的脱离群众、生活作风问题、贪污腐败问题，为周围的党员和群众树立了反面的榜样，在一定程度上消解了社会民众对思想建党活动的严肃性和有效性的信心。

（2）针对普通党员和基层干部的思想建党活动有待加强

与党员领导干部相比，普通党员和基层党员干部的人数更多，与人民群众的联系和交往也更为密切，普通党员和基层党员干部在某种程度上直接代表着党的形象。目前在基层政治生活中存在的“小官巨贪”、普通党员和基层干部“门难进、脸难看、话难听、事难办”等问题对党的形象造成了严重的危害。习近平总书记指出，“当前，基层干部队伍主流是好的，但在一些地方、部门、单位，基层干部不正之风和腐败问题还是易发多发、量大面广”。针对基层党组织中存在的上述问题，针对普通党员和基层党员干部的思想建党活动应当得到加强和改善。但是在党的组织体系中，基层党组织建设相对于其他层级党组织整体上存在相对滞后的问题，特别是在落后地区的一些乡镇、农村，基层党组织薄弱的问题更为突出。这在很大程度上削弱了针对基层党组织的党员和党员干部进行切实有效的思想建党活动的效果。受到上述条件的限制，一些地方针对普通党员和普通党员的思想建党工作存在着形式化和走过场的问题，普通党员和基层干部的思想状况并没得到根本的改善。

3. 思想建党的内容层面：理想信念缺失

针对思想建党的具体内容，习近平总书记提出，“坚定理想信念是核心，加强道德建设是基础，强化意识形态建设是关键”②。理想信念作为政党文化中理想性成分的主要构成要素，是思想建党的核心内容。改革开放以来，市场化改革在释放社会活力和解放生产力的同时，也带来了功利主义、享乐主

---

① 十八大以来重要文献选编：上［M］. 北京：中央文献出版社，2014：350.

② 新华网. 习近平在党的群众路线教育实践活动第一批总结暨第二批部署会议上的讲话［EB/OL］. http://news.xinhuanet.com/photo/2014-01/20/c_119051500.htm. 2014-01-20.

义、利己主义等思想上的“副产品”，这对中国共产党艰苦奋斗、勤俭节约的优良传统带来了一定的冲击。一些党员干部沉迷于眼前的利益和物质生活享受，对实现共产主义的远大理想逐渐失去了信心，丧失了对崇高的社会理想的执着追求。针对这种情况，习近平总书记指出，“理想信念动摇是最危险的动摇，理想信念滑坡是最危险的滑坡。我们的党员干部特别是少数省部级以上的高级领导干部，出现精神迷茫、思想涣散、放弃信仰、随波逐流的情况，就是理想信念这个‘总开关’出了问题。”

4. 思想建党的方式层面：思想政治教育存在方式单一和“空对空”的问题

（1）思想政治教育方式相对单一

开展加强思想政治教育，是中国共产党在各个历史时期进行思想建党的主要方式。习近平总书记高度强调思想政治教育对于实现思想建党目标的重要性，他在河北调研指导党的群众路线教育实践活动时强调，“在学习教育上，千万不能有差不多就行了的思想，而是要认认真真学、原原本本学、联系实际学、深入思考学，通过学习教育真正解决好世界观、人生观、价值观这个‘总开关’问题。”① 在思想政治教育的各种方式中，传统的思想政治教育模式侧重于对党员和党员干部等教育对象进行外在的灌输和说教，强调“把社会主义思想和政治自觉性灌输到无产阶级群众中去”②。改革开放以来，受到义务教育的普及和高等院校的扩张、传播媒介的革新和教育方式的灵活化等因素的影响，传统的思想政治教育方式面临着挑战。“面临着新形势、新情况和新问题，在目前的思想政治教育中，一定程度上还存在着习惯于用老思路、老套路来应对新情况、新问题的现象，有时尽管竭尽全力、疲于奔命，但结果要么不对路子，要么事与愿违，甚至出现南辕北辙的结局。”③ 习惯于以“灌输”和“说教”为主导的思想政治教育方法，面临着本领恐慌的窘境。习近平总书记及时告诫，“广大党员和党员干部都要有本领不够的危机

① 习近平关于党的群众路线教育实践活动论述摘编［M］. 北京：党建读物出版社，中央文献出版社，2014：35.

② 列宁选集（第1卷）［M］. 北京：人民出版社，1995.

③ 顾海良. 思想政治教育学科建设的新起点——学习习近平系列重要讲话中阐发的思想政治教育思想［J］. 教学与研究，2014（9）：5－12.

感，都要努力增强本领，都要一刻不停地增强本领。”①

（2）思想政治教育存在“空对空”的问题

与一般的学校教育和家庭教育相比，思想政治教育主要向作为教育对象传授与党的基本路线方针政策、政治理论和政治思想有关的教育内容，因此教育内容的政治立场和价值倾向的正确性是一个重要的标准。但是思想政治教育内容的政治性与日常化、具体性之间并不是相互矛盾的。理论联系实践是中国共产党的优良传统，思想建党的内容中的宏大思想、抽象理论与作为受众的党员和党员干部的日常生活与客观实际相结合，是思想政治教育的内容被接受和认可的重要条件之一。但是反观当前的思想政治教育实践，受到传统的思想政治教育模式的影响，教育内容上有时偏好向人传授“高、大、上”的道理，而不顾及这种大道理与生活实践和经验的融通②。再加上，“一些单位和部门官僚主义、形式主义严重，导致思想理论宣传和教育内容空洞、形式单调，大话、空话、套话盛行”③。这种理论与实际相脱离、教育内容与教育对象的客观需要与日常生活相脱离的问题，导致思想建党的内容难以被党员和党员干部所接受，更遑论被他们所内化。针对这种思想政治教育内容空对空的问题，习近平总书记指出，“思想教育要结合落实制度规定来进行，抓住主要矛盾，不搞空对空。”④

（二）推进思想建党实践深入发展的实践路径

1. 均衡思想建党的主体结构

（1）充分发挥党员和党员干部在思想建党中的主体作用

思想建党只有内化于心，才能外化于行。在将思想建党的内容内化为自身的政治理念、政治思想和政治价值观念的过程中，作为个体的党员和党员干部的主动学习与自律自省发挥着不可替代的作用。尊重和充分发挥党员和党员干部在思想建党中的主体地位，一方面需要继续和发展中国传统文化中

---

① 习近平．在中央党校建校80周年庆祝大会暨2013年春季学期开学典礼上的讲话［N］．人民日报，2013-03-03.

② 王学俭，刘珂．融入日常生活：思想政治教育的微观建构［J］．思想教育研究，2015（2）：18-22.

③ 黄丽娟，蔡鑫桦．全面从严治党背景下如何巩固党的意识形态话语权［J］．廉政文化研究，2016（6）：8-14.

④ 习近平．在全国宣传工作会议上的讲话［N］．人民日报，2013-08-21.

的“自省”“慎独”等优秀的传统文化，强调党员和党员干部自身的自律、自警、自学在提高自己的思想政治水平和道德素养中的重要作用，改变党员和党员干部把自身看成思想政治教育的被动的客体，消极地等待来自党组织的教育的不利局面。习近平总书记就强调了思想建党中党员和党员干部自觉主动的学习与自省的重要意义，他明确指出：“党员干部要‘慎独’，主动加强自身的党性修养，做到四自——‘自重、自省、自警、自励’”。① 另一方面，还需要以《中国共产党廉洁自律准则》为载体，将思想建党过程和“三严三实”教育路线实践活动紧密结合起来。《中国共产党廉洁自律准则》强调党员和党员干部要自觉加强党性修养、廉洁自律，它以党内法规的形式，正式从个体层面的思想道德建设这一维度拓展了思想建党的主体结构。“三严三实”活动强调党员和党员干部要“严以修身、严以用权、严以律己”，它以群众路线教育实践活动的形式，为党员和党员干部对自己进行教育与自我反思提供了实践活动的载体。

第二，加强家庭廉政文化建设和党性修养教育，充分发挥家庭在思想建党中的主体作用，以家风建设引导和带动党风政风建设。家庭既是社会的细胞，也是政党进行思想建党的重要细胞。习近平总书记强调党员干部“要重视家庭建设，注重家庭、注重家教、注重家风，发扬光大中华民族传统家庭美德”②，家风关系到党风政风。加强家庭廉政文化教育和党性修养教育可以从以下两个方面入手：首先，家长要树立良好的生活与家庭作风，将思想政治教育融入家庭生活之中，对于与党员身份相关的道德规范、政治规范和行为规范都要带头落实、率先垂范，“帮助家庭成员在衣食住行、道德礼仪、家务劳动、礼尚往来等各个方面都扬荣抑耻，养成良好的生活习惯和品德修养”③。其次，对于党员领导干部作为家长、家庭成员中有多名党员的家庭，可以提倡开展非正式的党内组织生活，以此作为开展家庭廉政文化教育和党性修养教育的载体。与党组织开展的大规模的和正式的思想建党活动相配合，家长可以组织家庭成员开展家庭党内法规学习会、家庭廉洁用权问题讨论会等丰富多彩的活动，以此来提高家庭成员的党性修养和思想政治水平，将家

---

① 习近平. 之江新语［M］. 杭州：浙江人民出版社，2007：272.

② 习近平. 在2015年春节团拜会上的讲话［N］. 人民日报，2015-02-18.

③ 王学俭，刘珂. 融入日常生活：思想政治教育的微观建构［J］. 思想教育研究，2015（2）：18-22.

庭作为开展政党廉洁文化建设和党性修养教育的桥梁和纽带。

2. 坚持思想建党对象的全面覆盖和重点突出相统一

（1）抓住党员领导干部这个关键少数

抓住党员领导干部这个关键少数，对在思想建党活动中言行不一的党员领导干部进行严肃的问责，对带头践行社会主义核心价值观的党员领导干部进行相应的表彰和激励，充分发挥党员领导干部在思想建党中率先垂范的重要作用。“党是整个社会的表率，党的各级领导同志又是全党的表率”①。党员领导干部只有身体力行，言行一致，认真践行社会主义核心价值观，才能真正赢得人民群众的广泛认同和信服，才能厚植思想建党的群众基础。发挥党员领导干部在思想建党中的率先垂范作用，一方面需要将思想建党和制度治党结合起来，完善思想建党的考核与问责制度，以此改变思想政治教育等思想建党的软约束方式对党员领导干部的行为缺乏强有力的制约效果的局面。另一方面，要充分发挥正面典型塑造和激励机制的重要作用，对于带头践行社会主义核心价值观、模范遵守思想建党的一系列行为规范和道德要求的党员领导干部要树立为正面的典型，予以物质上的奖励、名誉上的表彰和政治上的晋升等激励。反之，则要对反面的典型进行严肃的问责，以发挥惩恶扬善和警示的重要作用。

（2）加强对普通党员和基层党员干部的思想政治教育与实践教育

加强基层党组织的组织建设，充分发挥基层党支部和基层党校在思想建党过程中的战斗堡垒作用，改变基层党组织薄弱的局面。从组织建设的角度看，加强基层党组织的组织建设应当从加强基层党支部建设和加强基层党校、干部培训学校建设两个方面入手，通过加强基层党委对党支部的领导和完善党支部的组织机构和人员构成，将基层党员都吸纳进基层党组织的组织体系之中，接受党的民主生活会等思想政治教育活动的洗礼。通过加强基层党校和干部培训学校等机构的组织建设和制度建设，改变以往主要侧重于对党员领导干部进行全面系统的干部培训和教育，而对基层干部和普通党员的培训和教育相对薄弱的局面。

3. 凸显思想建党的核心内容：坚定理想信念

思想建党的关键内容是坚定共产党人的理想信念，“解决好世界观、人生

---

① 邓小平文选：第 2 卷［M］. 北京：人民出版社，1994：81.

观、价值观这个‘总开关’问题”①。坚定党员和党员干部的理想信念可以从以下两个方面入手：

第一，坚定党员和党员干部的理想信念要将宣传和教育思想建党的内容中的政治认知性部分作为基础。树立共产主义的远大理想，坚定社会主义道路的历史选择，建立在对毛泽东思想和马克思主义中国化理论体系的掌握和了解的基础之上，需要用马克思主义理论来武装党员和党员干部的思想。习近平总书记指出：“只有学懂了马克思列宁主义、毛泽东思想、邓小平理论、‘三个代表’重要思想、科学发展观，特别是领会了贯穿其中的马克思主义立场、观点、方法，才能心明眼亮，才能深刻认识和准确把握共产党执政规律、社会主义建设规律、人类社会发展规律，才能始终坚定理想信念。”②

第二，坚定理想信念需要以深入开展社会主义核心价值观教育为关键。深入开展社会主义核心价值观教育，首先要将全心全意为人民服务作为社会主义核心价值体系的主要内容，进一步加强党的执政宗旨的教育和党章教育，使广大党员和党员干部明确中国共产党作为无产阶级政党的根本属性、根本利益以及与西方自由民主国家的政党的根本区别，树立以人为本的执政理念。其次，还需要以践行社会主义荣辱观、弘扬中华民族的优良传统美德和深入开展群众路线教育实践活动等具体的价值观念和实践活动为载体，将社会主义核心价值观植入党员和党员干部的日常观念之中，转化为影响其日常行为和日常交往的具体行为规范。

4. 丰富思想建党的方式

(1) 丰富思想政治教育的方式方法

思想教育主体在进行思想灌输与说教的同时，还要创新思想政治教育的具体形式，多开展启发性教学和引导式教学。针对目前思想政治教育中存在的以灌输和说教为主，方式比较单一的问题，党委宣传部门、党校等各类思想政治教育主体应当丰富和创新思想政治教育的形式，可以经常采取课堂讨论会、经验与心得交流会、案例分析会等丰富多彩的教学形式。与此同时，教育主体在课后和集中式的教学结束之后，还应当与教育对象多进行交流与

---

① 习近平. 在党的群众路线教育实践活动第一批总结暨第二批部署会议上的讲话 [N]. 人民日报，2014-01-21.

② 习近平. 在中央党校建校 80 周年庆祝大会暨 2013 年春季学期开学典礼上的讲话 [J]. 理论视野，2013 (3).

沟通，除了关心教育对象在公开场合和正式场合的表态和言行之外，还要更多地关心党员和党员干部内心真实的想法和思想上的动态，以此来解决党员和党员干部中存在的言行不一的问题。

（2）多开展实践教育活动

理论与实践相结合是中国共产党的三大优良传统之一，习近平总书记指出，在学习教育上，除了要在学校里和课堂面对书本和学习材料“认认真真学、原原本本学”以外，还要“联系实际学、深入思考学”①。“联系实际学”的要旨就是要将理论学习与开展实践活动结合起来。采取实践教育、知行合一的思想政治教育方式对于提升思想建党的效果的积极意义在于，通过持续开展“两学一做”“三严三实”等一系列群众路线教育活动，来深化党员和党员干部对思想建党的内容的理解；通过对党员和党员干部的行为的观察来评估思想建党的实践效果；通过党员和党员干部践行党的宗旨、党的思想规范的要求的具体行为来加速实现思想建党的目标。

“纸上得来终觉浅，绝知此事要躬行”。党委宣传部门、党校、社会主义学院等思想政治教育主体要重视采取知行合一的思想建党方式，在组织党员和党员干部开展理论教育和日常学习的同时，辅之以丰富多彩的实践教育活动。除了继续开展“两学一做”“三严三实”“不忘初心、牢记使命”主题教育等群众路线教育实践活动以外，中共中央和各地党委还要不断地创新教育实践活动的内容和形式，通过大力开展向优秀的党员和党员干部、社会道德模范等榜样学习的教育实践活动，来具象化思想建党的抽象要求，提高思想建党活动与人们的日常生活的相关性和亲和度。

---

① 习近平关于党的群众路线教育实践活动论述摘编［M］．北京：党建读物出版社，中央文献出版社，2014：35.

二、制度治党的内涵阐释、历史脉络与推进路径

2014 年 10 月 8 日，习近平总书记在党的群众路线教育实践活动总结大会上第一次明确提出“制度治党”的新要求，将“坚持思想建党和制度治党紧密结合”作为推进全面从严治党的八项要求之一①。2016 年 10 月，党的十八届六中全会公报进一步强调：“坚定推进全面从严治党，坚持思想建党和制度治党紧密结合”②。制度治党作为习近平总书记全面从严治党思想的重大理论创新，引起了学术界的密切关注。阐释制度治党的深刻内涵，梳理制度治党思想发展演进的历史脉络，寻找制度治党的实践路径，不仅能够丰富既有的制度治党研究，而且能够及时回应全面从严治党的现实需要。

（一）制度治党的内涵阐释

2014 年 10 月，习近平总书记在党的群众路线教育实践活动总结大会上第一次正式提出“制度治党”的概念。此后，“制度治党”的理论研究成果如雨后春笋，日益丰硕。制度治党成为关于全面从严治党的理论研究中一项新兴且迅速发展中的研究议题。阐释清楚“制度治党”的具体内涵，是开展制度治党理论研究的前提。习近平总书记的制度治党思想既是对以前制度建设的有益经验的总结和发展，也是反思改革开放之前的政治运动式政党管理方式弊端的产物。对“制度治党”内涵的深刻阐释，需要以制度建设和政治运动式政党管理方式作为参照物。

① 习近平．在党的群众路线教育实践活动总结大会上的讲话［N］．人民日报，2014－10－9（2）．

② 王立峰．制度治党，保障全面从严治党［J］．法制与社会发展，2016（6）：2.

1. 以制度建设为参照理解制度治党的内涵

在“制度治党”的概念出现之前，“制度建设”一直是党内讨论制度的重要性和作用的主流话语。江泽民同志提出“制度建设”这一概念之时，我国的制度体系仍处于快速发展的阶段，制定一系列规范市场、社会和权力的新制度成为当时制度建设的重中之重。受此影响，长期以来我们对于制度建设的认识局限于“制度供给”和制度执行两个层面。张荣臣认为：“党的制度建设，是指通过建立健全党内法规和制度，严格执行党的纪律，使党的工作和活动逐步实现规范化、科学化、制度化。”① 与之相类似，李春耕教授也认为制度建设科学化包含一个完整的制度体系、制定的制度要具有可操作性和要有一个强有力的监控系统三个特征②。

与之不同的是，“制度治党”的概念出现在全面从严治党和实现国家治理体系和治理能力现代化的新时代背景之下。制度治党是政党进入制度化阶段的一种治理形态，是以制度化的方式管理党内事务、规范党员行为，全面提升党的内部治理能力，实现政党运行的规范化、科学化③。制度治党的实质是政党制度化，“制度化是组织和程序获得价值观和稳定性的一种过程”④，政党制度化不仅包括组织结构的体系化和决策自主性的结构层面，还包括“价值输入”和具体化的态度层面⑤。与“制度建设”概念主要强调制度制定和制度执行不同，制度治党还强调制度文化的培育和制度权威的维系。深入政党制度化的价值层面，塑造制度的法理型权威是制度治党成功的关键。由此可见，制度治党是对以往制度建设思想的发展，拓展了制度在政党治理过程中发挥作用的环节，更加凸显出制度在政党治理中的权威性以及制度背后的文化支撑。

---

① 张荣臣. 加强党内制度建设和创新 [J]. 学习与思考，2006 (4)：3 - 5.

② 李春耕. 党的制度建设科学化与从严治党 [J]. 中国井冈山干部学院学报，2010 (5)：63 - 67.

③ 陈松友，刘帅. 制度治党：优化党内政治生态的现实性及路径选择 [J]. 河南社会科学，2016 (5)：32 - 36.

④ [美] 塞缪尔·P. 亨廷顿. 变化社会中的政治秩序 [M]. 王冠华等译. 上海：上海三联书店，1989：12.

⑤ Vicky Randall, Lars Svasand. Party Institutionalization in New Democracies [J]. Party Politics, 2002 (8): 2 - 13.

2. 反思运动式政党管理方式理解制度治党的内涵

新中国成立至改革开放之前，“反复出现的群众运动是中共政治自1933年以来的一个特征，也是中华人民共和国成立以来政府运作的一种主要方式”①。虽然政治运动作为一种政党管理方式曾发挥了积极的作用，但是其弊端也非常明显。首先，从治理效果的时效性的角度看，“由于目标置换、异化等因素的制约，从总体上看，政治运动总是间歇性发生，并从长期来看趋于消退”②。中国共产党虽然通过“三反”“五反”和思想整风等政治运动，在短时间内有效地治理了党内存在的官僚作风和腐败等问题，但是这种治理效果往往具有反弹性。运动式管党治党往往只能“治标”，“治本”需要建立健全监督制约权力的稳定制度和规范干部行为举止的长效机制，而这恰恰是政治运动所不能提供的③。制度具有稳定性和长期性的特点，制度的内容和效力相对比较稳定。依靠制度来加强政党治理恰恰具有长效性和治本的功能。其次，从其中蕴藏的治理风险的角度看，由于政治运动的执行中下级往往掺杂着“上有所好，下必甚焉”的层级逻辑，再加上缺乏正确引导的群众动员往往具有潜在的不可控制的风险，因此很多政治运动都蕴藏着决策失误和执行偏差的巨大风险④。与之相比，制度治党的出现正是以反复使用的社会规则减少领导人意志变动不居所带来的交易成本，以明确和公开的制度条文来确定制度执行的标准。

综上所述，“制度治党”的内涵可以从两个维度进行阐释：一是制度维度，强调以稳定性、公开化、权威性的党规与国法为制度依据，制度治党的内容不仅仅涉及健全党的制度体系并保障其得到贯彻执行这两个环节，培育制度文化和塑造制度权威也是其重要内容；二是治理维度，制度治党强调以稳定性和长效性的党内法规和国家法律而非政治运动作为规范党组织及其成员的行为、调整党内关系的重要的政党治理工具，用成熟的制度规范来管党

---

① ［美］詹姆斯·R. 汤森，布兰特利·沃马克. 中国政治［M］. 顾速，董方译. 南京：江苏人民出版社，2007.

② 冯仕政. 中国国家运动的形成和变异：基于政体的整体性解释［J］. 开放时代，2011（1）：73－97.

③ 李景治. 党风廉政建设和反腐败斗争应加大“治本”的力度［J］. 理论与改革，2016（2）：1－7.

④ 叶敏. 从政治运动到运动式治理——改革前后的动员政治及其理论解读［J］. 华中科技大学学报（社会科学版），2013（2）：75－81.

管人管事。

（二）制度治党思想发展演进的历史脉络

制度治党思想的提出经历了毛泽东进行制度建设的初步尝试，邓小平重视制度建设，江泽民明确提出“制度建设”的范畴，胡锦涛强调“制度建设”在党的建设“五位一体”总体布局中的重要性，再到习近平总书记提出“制度治党”新要求这样一条发展演进的历史脉络。从重视思想建党，到强调制度建设，再到明确提出“制度建设”范畴，最后提出“制度治党”的新要求，体现了我们党在制度建设问题上认识是逐步深化的，理论是不断发展的①。

1. 制度建设的萌芽阶段

毛泽东关于制度建设的重要论述和重大举措主要集中在党管军队、民主集中制和党内监督制度等方面。1929 年毛泽东总结秋收起义失败的教训提出了“把支部建在连上”的思想，建立了党代表制度。1938 年 9 月毛泽东在党的六届六中全会上从“个人服从组织、少数服从多数、下级服从上级、全党服从中央”四个方面阐释了民主集中制的内涵。1948 年 9 月毛泽东在《关于健全党委制》一文中指出，“党委制是保证集体领导、防止个人包办的党的重要制度”②。1949 年 11 月，中共中央颁布《关于成立中央及各级党的纪律检查委员会的决定》，1962 年 9 月，中共中央颁布《关于加强党的监察机关的决定》，党内监督制度不断发展起来。

毛泽东时期制度建设的基本特点是，“思想建党是毛泽东建党思想的突出特点”，虽然该阶段中国共产党进行了一些制度建设的初步尝试，但是党的制度建设总体上处于萌芽时期，各项具体制度还不完善。在此阶段，党的建设的重心主要集中在加强思想、作风和组织建设方面，制度建设的重要性并没有得到足够的重视。

2. 制度建设初步发展的阶段

邓小平关于制度建设的重要论述主要集中在强调制度的重要性、加强领

---

① 江金权. 形成制度治党新局面——八谈学习习近平总书记系列重要讲话精神［J］. 学习与研究，2015（2）.

② 毛泽东. 毛泽东选集：第四卷［M］. 北京：人民出版社，1991：1340.

导制度和组织制度的建设等方面。1980 年 8 月 18 日，邓小平在《党和国家领导制度的改革》的重要讲话中指出："我们过去发生的各种错误，固然与某些领导人的思想、作风有关，但是组织制度、工作制度方面的问题更重要。"① 针对以前重视思想建设而忽视制度建设的弊端，他明确提出："制度问题不解决，思想作风问题也解决不了"②。

邓小平关于制度建设的重大举措主要体现在以下方面：首先，在发展民主集中制方面，1982 年 9 月，党的十二大提出了在邓小平同志的领导下建立了集体领导和个人分工负责相结合的制度，民主集中制得到进一步的发展。其次，在发展干部人事制度方面，1982 年 2 月，中共中央作出了《关于老干部退休制度的规定》，废除了领导干部职务终身制。再次，在党内监督制度方面，1987 年中央纪律检查委员会制定并通过了《关于对党员干部加强党内纪律监督的若干规定（试行）》，党内监督的制度体系处于不断健全之中。

邓小平同志领导中国共产党开展制度建设的基本特点是，从制度认识的角度看，邓小平从吸取忽视制度建设的教训出发，充分认识到制度特别是组织制度和领导制度的重要性。从制度运行环节的角度看，为解决无制可依的问题，制度制定在此阶段的制度建设中占据着重要的地位，制度执行的问题还没有得到足够的重视。从制度体系涵盖的关键领域的角度看，党的建设主要集中在思想建设、组织建设和作风建设三个方面，制度建设并没有成为与之并列的一个独立的党建范畴。

3. 制度建设进一步发展的阶段

民主集中制是中国共产党的根本制度，江泽民针对民主集中制中存在的问题指出："解决贯彻民主集中制存在的问题，根本的是靠加强制度建设"③。1994 年 9 月江泽民在《中共中央关于加强党的建设几个重大问题的决定》中强调："注重制度建设，是这次全会决定的一个重要指导思想"④。2002 年江泽民在党的十六大报告指出："一定要把思想建设、组织建设和作风建设有机结合起来，把制度建设贯穿其中"。此外，制度执行的重要性得到进一步的重

① 邓小平．邓小平文选：第 2 卷［M］．北京：人民出版社，1994：333.

② 邓小平．邓小平文选：第 2 卷［M］．北京：人民出版社，1994：328.

③ 中共中央文献研究室．江泽民论有中国特色社会主义：专题摘编［G］．北京：中央文献出版社，2002：593.

④ 江泽民．论党的建设［M］．北京：中央文献出版社，2001：162.

视，江泽民指出：“要严格执行已有的行之有效的各项规章制度，加强对执行情况的督促检查，对有章不循的要严格批评，限期改正，情节严重的要执行纪律”①。

江泽民加强制度建设的重大举措主要体现在以下方面：首先，在健全民主集中制方面，1994 年 9 月，江泽民在《中共中央关于加强党的建设几个重大问题的决定》中提出，要进一步贯彻执行民主集中制。其次，在深化干部人事制度方面，1995 年 2 月和 2000 年 6 月中共中央分别颁布并出台了《党政领导干部选拔任用工作暂行条例》和《深化干部人事制度改革纲要》，健全了党的干部人事制度体系。再次，在完善党内监督制度方面，1993 年 2 月，根据党中央、国务院的决定，中央纪委和监察部机关合署办公，整合了党的纪检监察机关的力量。最后，在反腐倡廉制度方面，1997 年 4 月，中央纪律检查委员会颁布《中国共产党党员领导干部廉洁从政若干准则（试行）》，1998 年 11 月，党中央、国务院印发《关于实行党风廉政建设责任制的规定》，从廉洁从政和责任追究等方面健全了反腐倡廉制度体系。

江泽民同志领导中国共产党开展制度建设的基本特点是，从制度意识的角度看，江泽民在认识到制度重要性的基础上，在党的十六大报告中进一步提出了“制度建设”的范畴，并将其上升到与党的建设“四位一体”总体布局的战略高度。从制度运行环节的角度看，在重视制度制定的同时更加强调制度执行的重要性。从制度体系涵盖的关键领域的角度看，反腐倡廉制度建设作为党的建设的一个重要方面初步凸显出来，在整个制度体系中的重要性有所提升。

4. 制度建设趋于完善的阶段

胡锦涛关于制度建设的重要论述主要集中于进一步完善民主集中制、健全反腐倡廉制度体系、强调制度执行的重要性等方面。首先，在健全民主集中制方面，2007 年 10 月胡锦涛在党的十七大报告中指出：“严格党内民主集中制，健全集体领导与个人分工负责相结合的制度，反对和防止个人或少数人专断”②。其次，在制度执行和反腐倡廉制度方面，2009 年 9 月胡锦涛在

① 中共中央文献研究室. 十四大以来重要文献选编：中［G］. 北京：人民出版社，1997：1593.

② 胡锦涛. 高举中国特色社会主义伟大旗帜，为夺取全面建设小康社会新胜利而奋斗［N］. 人民日报，2007－10－25（2）.

《中共中央关于加强和改进新形势下党的建设若干重大问题的决定》中进一步强调："坚持用制度管权、管事、管人，完善防治腐败体制机制，提高反腐倡廉制度化、法制化水平"①。最后，在凸显制度建设的重要地位方面，2012 年 11 月，胡锦涛在党的十八大报告中强调："要把制度建设摆在突出位置，充分发挥我国社会主义政治制度的优越性"。②

胡锦涛加强制度建设的重大举措主要体现在以下方面：首先，在完善民主集中制方面，党的十六大党章明确规定：凡属重大问题都要按照集体领导、民主集中、个别酝酿、会议决定的原则，由党的委员会集体讨论，作出决定。其次，在党内监督方面，2003 年，中共中央颁布了《中国共产党党内监督条例（试行）》，推动党内监督工作进入制度化的新阶段。最后，在反腐倡廉制度方面，2005 年和 2008 年中共中央分别出台了《建立健全教育、制度、监督并重的惩治和预防腐败体系实施纲要》和《建立健全惩治和预防腐败体系 2008—2012 年工作规划》，标志着我国反腐倡廉制度建设进入一个新的发展阶段。

胡锦涛同志领导中国共产党开展制度建设的基本特点是，从制度认识的角度看，党的十八大修改党章时调整了党的建设"五位一体"总体布局的次序，进一步凸显出制度建设的重要地位。从制度运行环节的角度看，从更加强调用制度管权管人管事，制度治党的特征初步显现。从制度体系涵盖领域的角度看，反腐倡廉制度的重要性凸显出来，党的十七大修订的党章提出了"反腐倡廉建设"的范畴并将其上升到党的建设"五位一体"总体布局的高度。

5. 制度治党的新阶段

新论述强调了制度执行的重要性和构建反腐倡廉的制度体系等方面。首先，在思想建党和制度治党相结合方面，2014 年 10 月习近平总书记将"坚持思想建党和制度治党紧密结合"作为推进全面从严治党的八项要求之一③。

---

① 中国共产党第十七届中央委员会第四次全体会议. 中共中央关于加强和改进新形势下党的建设若干重大问题的决定 [Z]. 2009-9-18.

② 胡锦涛. 坚定不移沿着中国特色社会主义道路前进 为全面建成小康社会而奋斗——在中国共产党第十八次全国代表大会上的报告 [R]. 北京：人民出版社，2012.

③ 习近平. 在党的群众路线教育实践活动总结大会上的讲话 [N]. 人民日报，2014-10-9 (2).

2016 年 10 月，党的十八届六中全会公报进一步强调："坚持思想建党和制度治党紧密结合"。其次，在制度执行方面，2014 年 10 月习近平总书记指出，"要增强制度执行力，制度执行到人到事"。最后，在构建反腐倡廉制度体系方面，2015 年 1 月习近平在十八届中央纪委五次全会上指出，"着力营造不敢腐、不能腐、不想腐的政治氛围"。

习近平总书记制度建设的重大举措主要体现在以下方面：首先，在完善干部人事制度方面，2014 年 1 月，《党政领导干部选拔任用工作条例》公布，2016 年 6 月中共中央政治局会议通过《关于推进领导干部能上能下的若干规定》，从领导干部的选拔任用和退出机制等方面推动了干部人事制度的完善。再次，在健全反腐倡廉制度体系方面，2013 年 12 月中共中央印发了《建立健全惩治和预防腐败体系 2013—2017 年工作规划》，为新时期的反腐败工作提供了宏观指导。2015 年 9 月中共中央通过了《中国共产党廉洁自律准则》，是构建"不想腐"机制的重大举措。最后，在深化党内监督制度方面，2014 年 6 月和 2016 年 10 月中共中央政治局分别审议通过了《党的纪律检查体制改革实施方案》和《中国共产党党内监督条例》，推动了党内监督制度体系进一步完善。2019 年 5 月，党的十八届六中全会审议通过了新修订的《中国共产党党内监督条例》，对党内监督的指导思想、基本原则、监督主体、监督内容、监督对象、监督方式等重要问题作出规定，为新形势下强化党内监督提供了根本遵循。

以习近平同志为核心的党中央开展制度建设的基本特点是，从制度认识的角度看，习近平总书记在强调制度重要性的同时认识到制度本身的局限性，将"思想建党和制度治党紧密结合"作为推进全面从严治党的有效路径。从制度运行环节的角度看，他更强调把权力关进制度的笼子中，用制度管权管事管人。从制度体系涵盖的关键领域的角度看，习近平总书记在党的建设"五位一体"总体布局的基础上，更加强调不同的党建领域之间相互配合，"思想建党和制度治党紧密结合"尤其重要。与制度建设主要回答"建设一个什么样的党，怎样建设党"的问题不同，习近平的制度治党思想深入取得和巩固管党治党成果的政党治理阶段。与制度建设主要强调建章立制不同，习近平的制度治党思想更强调凸显制度执行的实效以及制度文化的塑造。

表1 习近平制度治党思想发展演进的历史脉络

发展阶段	重要论述
制度建设的萌芽阶段	“思想建设是党的建设的首要任务”
制度建设初步发展的阶段	“领导制度、组织制度问题更带有根本性、全局性、稳定性和长期性”
制度建设进一步发展的阶段	“一定要把思想建设、组织建设和作风建设有机结合起来，把制度建设贯穿其中”
制度建设趋于完善的阶段	“要把制度建设摆在突出位置，充分发挥我国社会主义政治制度的优越性”
制度治党的新阶段	“坚持思想建党和制度治党紧密结合”

资料来源：本表系笔者制作。

（三）制度治党的推进路径

“制度是一个社会的游戏规则，更规范地说，它们是为决定人们的相互关系而人为设定的一些制约”①。作为政党治理的重要工具，制度具有调整党内关系、规范党组织及其成员的行为、维护党组织的权威等重要作用，制度治党的前提条件是有效发挥制度的上述积极作用。制度有效性的条件涉及制度相关人的思想和行为两个方面，贯穿制度制定、执行、保障和监督的制度运行全过程之中。基于此，研究制度治党的实践路径，需要从思想建党对制度治党的配合和制度运行流程的角度展开分析。

1. 思想建党、固本培元，培育治党的制度认同

思想建党有助于制度认同的培育，提升制度治党的效果。制度治党的关键是处理好制度和权力之间的关系，建立制度认同，以制度的法理型权威取代党员领导干部的人格化权威。制度认同是制度执行的心理基础。党员干部只有认同制度，才会认真学习制度、严格执行制度、自觉维护制度，把制度要求转化为自觉行动。制度认同的塑造和制度权威的维系作为改造人的主观世界的重要内容，需要借助于“两学一做”和民主生活会等思想教育的途径来实现。思想教育以马克思列宁主义、毛泽东思想等科学的理念作指导，能

① ［美］道格拉斯·C. 诺斯. 制度、制度变迁与经济绩效［M］. 杭行译. 上海：上海三联书店，2008：19.

够为制定内容合理的制度提供科学理论的指导和价值观念的引导。向党员传达制度重要性的观念以及制度建设的成功经验和失败教训是思想教育的一项重要内容，它能够培养全体党员特别是党员干部的制度意识和制度认同，提高他们执行制度的积极性。基于此，应当将制度建设融入思想教育之中，通过思想教育培养治党的制度认同。近年来，《中共中央政治局关于改进工作作风、密切联系群众的规定》（《中共中央八项规定》）、《关于在县处级以上领导干部中开展“三严三实”专题教育方案》《中国共产党廉洁自律准则》《关于新形势下党内政治生活的若干准则》等党内法规的颁布，充分体现了制度治党与思想建党并举、自律和他律双管齐下的“全面从严治党”原则精神，是将制度建设和思想教育融合起来，培养治党的制度认同的伟大尝试”①。

2. 建章立制、扎紧笼子，完善治党的制度体系

全面从严治党的“从严”既依靠严格的党内纪律和政治规矩，也依靠更加严格的制度体系。正如习近平总书记所说：“把制度的笼子扎紧一点，牛栏关猫是关不住的，空隙太大，猫可以来去自如”②。党内制度体系中存在漏洞和不相互衔接与配套的地方，正是党内权力腐败等问题不断发生的一个重要原因，正如亨廷顿所说：“腐化乃是缺乏有效的政治制度化的一种表征”③。从解决全面从严治党过程中遇到的权力腐败等重要问题出发，健全党的制度体系应当从以下三个方面入手：

首先，通过制度创新和制度试点等方式不断创新党内法规和制度，与原有党内法规制度相结合，使得党内制度体系更加严密，减少由制度漏洞所导致的腐败等重要问题的发生。其次，制度治党中的制度既包括党内法规、政党纪律，也包括国家法律。严密制度体系要根据党内法规和国家法律在面向对象、具体条文和严厉程度等方面的不同特点，建立党内法规和国家法律的衔接机制，坚持“法纪贯通、纪严于法、纪在法前”。最后，构建严密的制度体系，要根据全面从严治党中“全面”的要求，将制度建设覆盖到政治建设、

---

① 周敏凯，时晓建．“全面从严治党”新常态阶段党建制度的创新及其特点［J］．学习与探索，2016（5）：61－64.

② 中共中央文献研究室．习近平关于党的群众路线教育实践活动论述摘编［G］．北京：中央文献出版社，2014：70.

③［美］塞缪尔·P. 亨廷顿．变化社会中的政治秩序［M］．王冠华等译．上海：上海三联书店，1989：53.

思想建设、作风建设、组织建设、反腐倡廉建设等党的建设的各个领域，严格党的政治纪律、组织纪律、工作纪律、财经纪律和生活纪律，建立覆盖所有权力行使主体和权力运行全过程的制度体系。

3. 运转流畅、重在实效，保障治党的制度运行

“天下之事，不难于立法，而难于法之必行”。制度执行对于制度治党同样重要。“制度的生命力在于执行，制度因素、制度执行者因素是影响制度执行效果的两个重要因素。”① 保障治党的制度运行，必须从提高制度的合理性和可操作性、提高制度执行者执行制度的意识和能力两个方面入手。

首先，从制度因素的角度看，提高制度执行力的关键是提高某一项具体制度内容的合理性和可操作性。提高党的制度的科学性，一方面要通过对党内法规和制度的清理和修订，减少不合时宜的党内法规和制度的数量。另一方面，在订立新的制度时，既要经过合法性审查和专家论证等环节确保新制度内容的科学性；也要扩大制度制定过程的参与范围，提高新制度的利益代表性。制度被执行的情况与制度内容是否具有可操作性密切相关，提高制度的可操作性，一方面需要在制定实体性规范时必须尽量确定量化的行为标准和考核指标，另一方面还应当在实体性规范的基础上制定详细的程序性规范和实施细则。

其次，从制度执行者的角度看，制度执行者是否具有执行该制度的意愿与能力直接影响到制度执行的效果，关系到制度实效的发挥。基于此，提高党内制度的执行力，发挥党的制度的效力，一方面应当通过“两学一做”、主题教育等思想政治教育途径培养党员的制度意识和制度认同，提高他们执行制度的积极性，使其自觉与消极执行制度、选择性执行制度等不良倾向作斗争。另一方面，应当通过赋予制度执行者充足的人力物力资源和相应的授权，提高其执行党内制度的能力，尤其是要着力解决基层党政机关之中存在的人力和财力不足、人员理解和执行制度的能力不高这一问题。

4. 权责一致、突出问责，彰显治党的制度威严

制度治党的威严以责任追究制度为后盾。制度治党的威严源自制度本身的严肃性和权威性，更进一步来讲，源自党的制度是否得到不折不扣的执行以及制度执行者是否因为制度执行不力承受惩罚性后果。不折不扣地执行中

① 麻宝斌，钱花花. 制度执行力探析［J］. 天津社会科学，2013（3）：53－58.

共中央和上级党委制定的制度是各级党组织及其成员的重要的政治责任，对制度执行不力的党组织及其成员进行责任追究正体现了权责一致的原则。制度治党以建章立制为准绳，以责任追究为后盾。彰显治党的制度威严必须充分认识到责任追究制度在党的制度体系中的重要地位，加强党内实体性制度、程序性制度和责任追究制度之间的衔接，通过建立有权必有责、有责必担当、失责必追究的党内问责制度，以责任追究的压力倒逼制度执行的动力。具体而言，彰显治党的制度威严，需要在加强党内问责制度建设的基础上，对各级党组织及其成员的制度执行情况进行定期的考察，将制度执行情况作为党内问责制度的问责内容，将制度执行不力作为追责情形，通过问责的程序化和制度化使失责必问、追究制度执行不力成为常态。2016 年 10 月中共中央颁布并实施了《中国共产党问责条例》，这正是加强党内问责制度建设，以责任追究制度解决党内存在的压力传导不足、制度执行不力等问题，彰显治党的制度威严的重大举措。

三、制度治党：推进全面从严治党的有效路径

全面从严治党是“四个全面”战略布局的重要组成部分，习近平总书记对全面从严治党的推进路径作出了一系列重要的论述。2014 年 10 月，习近平总书记在党的群众路线教育实践活动总结大会上第一次明确提出了制度治党的新概念，并将“坚持思想建党和制度治党紧密结合作为推进全面从严治党的八项要求之一”。2017 年 10 月 18 日，习近平总书记在党的十九大报告中指出，“必须以党章为根本遵循，把党的政治建设摆在首位，思想建党与制度治党同向发力，统筹推进党的各项建设”。制度治党贯穿于思想建设、政治建设等全面从严治党的各个党建领域之中，是统筹构建全面从严治党系统工程的有效路径。与思想建党相比，制度治党是一个新兴的概念和重大的研究命题，亟待从理论上加以研究和回应。从制度治党的视角审视全面从严治党的内涵、发展进路以及现实问题的破解之策，势必会对推进全面从严治党实践向纵深发展有所裨益。

（一）制度治党：契合全面从严治党的内在要求

对于全面从严治党的概念，学者们分别从对“全面”“从严”和“治”的内涵阐释的角度进行界定。“全面”是指“思想、组织、作风、制度和反腐倡廉等治党领域的全面涉及、治党对象的全面覆盖和治党周期的全过程”①。“‘从严’不仅是指作为政党管理手段的政党纪律的严格，而且包括党的制度体系的严密性。”② “治”主要是指依靠制度来管党治党的方式方法。

---

① 张荣臣．关于全面从严治党内涵及对策的思考［J］．人民论坛，2015（21）：14－17.

② 林尚立．从严治党战略的政治学思考［J］．党政干部文摘，2000（8）：46.

制度治党的关键是扎紧制度的笼子并确保党员干部按制度办事，陈家喜教授认为："作为政党治理的一种形式，制度治党是政党运用制度手段对党的组织、领袖和干部以及普通党员进行管理和约束，使其遵从党的组织纪律，保持对党忠诚的治理形态"①。制度治党强调以稳定性、公开化、权威性的党内法规与国家法律作为管理党组织及其成员的行为规范，树立党内法规和制度的法理型权威。从类别上看，制度治党中的"制度"有着丰富的内涵和广阔的外延，不仅包括党内法规，还包括国家法律；不仅包括法律和政治制度安排等"法律规范"，还包括党的政策、"红头文件"等"政策规范"。中国特色社会主义法治体系要坚持依法治国与依规治党的统筹推进，从制度角度入手加强全面从严治党，就要不断健全以党章为核心的党内法规制度体系，不断完善以宪法为核心的中国特色社会主义法律体系。"党章为本、宪法至上"这一理念在习近平总书记在党的十八届四中全会提出的建设中国特色社会主义法治国家的决定之中有着充分的体现。"'健全和完善党内法规体系'是中国特色社会主义法治的应有之义，制度治党的旨向目标就是执政党的依法执政，是中国共产党领导下的社会主义法治国家建设，党规与国法具有内在的一致性。"② 制度治党中的"治党"就是要实现政党治理方式从依靠领导人的个人意志来"治党"向依靠正式的法律制度规范来"治党"的转变，充分发挥党和国家制度体系的政党治理效能。具体来讲，就是以稳定性和长效性的党内法规和国家法律而非领导人的个人意志作为规范党组织及其成员的行为、调整党内关系的重要的政党治理工具，用成熟的制度规范来管党管人管事。通过加强制度建设将全面从严治党的成果巩固和升华起来，走出"人亡政息"的周期率。

全面从严治党和制度治党的内涵界定的上述特点启示我们，在分析制度治党和全面从严治党之间的关联时，应当对二者的构成要素分别进行分解，进一步在制度治党的各个特征与"全面""从严"和"治党"之间建立起逻辑关联。

---

① 陈家喜，黄慧丹. 制度治党的概念缘起与实施路径［J］. 江西社会科学，2015（3）：34－37.

② 王立峰. 党规与国法一致性的证成逻辑——以中国特色社会主义法治为视域［J］. 南京社会科学，2015（2）：68－75.

1. 制度治党：契合全面从严治党中“全面”的内在要求

（1）制度治党：契合治党领域全面涉及的内在要求

在改革开放之前，中国共产党在党管军队、民主集中制和党对政府的一元化领导等方面进行了制度建设的初步尝试。改革开放以后，邓小平更加强调制度建设的重要性，指出“制度问题不解决，思想作风问题也解决不了”①。进入21世纪，将制度建设融于各个党建领域之中，强调制度治党对各个党建领域的全面贯穿，成为全面从严治党的一个显著特征。从党的领导人的重要论述的角度看，2002年江泽民在党的十六大报告指出：“一定要把思想建设、组织建设和作风建设有机结合起来，把制度建设贯穿其中”。2011年7月胡锦涛在在庆祝中国共产党成立90周年大会上的讲话中指出：“必须始终把制度建设贯穿党的思想建设、组织建设、作风建设和反腐倡廉建设之中”。2017年，习近平总书记在党的十九大报告中强调，“全面推进党的政治建设、思想建设、组织建设、作风建设、纪律建设，把制度建设贯穿其中，深入推进反腐败斗争”。从制度建设实践的角度看，党的十八大以来，在习近平总书记的领导下，中共中央制定并颁布了《中共中央政治局关于改进工作作风、密切联系群众的八项规定》《中国共产党廉洁从政若干准则》等思想建设、作风建设领域的党内法规，《党政领导干部选拔任用工作条例》和《中国共产党党组工作条例（试行）》等组织建设领域的党内法规，《建立健全惩治和预防腐败体系2013—2017年工作规划》和《中国共产党巡视工作条例》等反腐倡廉建设领域的党内法规。制度治党对各个党建领域的涉及广度和深度进一步提升，实现了治党领域的全面涉及。

（2）制度治党：契合治党对象全面覆盖的内在要求

《辞海》将“制度”定义为“要求全体成员共同遵守的、按一定程序办事的规程或行动准则”②。从“要求全体成员共同遵守”这一规定可以看出，制度在适用对象上具有普遍性的特征，制度治党针对的是党员这一组织成员的共同身份，而不区分适用对象是精英、骨干还是普通党员，是隶属于党小组、党支部还是隶属于党委。从纵向上看，“在政党内部，由低到高则分布着

① 邓小平. 邓小平文选（第2卷）［M］. 北京：人民出版社，1994：328.

② 辞海编辑委员会. 辞海［M］. 上海：上海辞书出版社，2000：223.

党小组、支部、地区分部以及中央组织"①。民主集中制是中国共产党的组织原则，"下级服从上级""地方服从中央"的集中逻辑塑造了中央的层级权威，中共中央颁布的制度必须得到各级地方党组织和基层党组织的普遍遵守。从横向上看，中国共产党对国家政权机关和人民团体等各种"准官方"的社会组织具有高度的嵌入性，中共中央和各级地方党委制定的制度也必须得到辖区内国家机关、人民团体和国有企业等机构中的党组织及其成员的普遍遵守。制度在适用对象上所具有的普遍性特征，要求制度治党做到制度适用面前没有特权，制度约束面前没有例外，真正实现了治党对象的全面覆盖。

（3）制度治党：契合治党周期全过程的内在要求

罗伯特·古丁认为制度具有稳定性的特征，"社会制度无非就是稳定有序、承载价值并重复发生的行为模式"②。政党制度作为政治制度的一种重要类型，处于一个国家制度体系的核心位置，更不容易受到外部社会环境变化的直接影响。"当制度之外的世界发生变化时，政治制度仍然能够产生稳定和持续的影响作用"③。在改革开放之前，依靠政治运动的方式来管党治党是中国共产党从严治党的一个显著特征。中国共产党为了解决自身存在的思想认识不统一、领导干部腐败、官僚主义作风等问题，开展了整风运动、"三反"运动和"五反"运动等一系列政治运动，在有限的时间内取得了比较显著的效果。但是需要指出的是，在当今社会开展政治运动的环境和条件不仅早已发生改变，而且政治运动往往具有间歇性的特征，大多持续时间不长，有一个明确的起点和终点，无法保证政党治理的全天候。"虽然政治运动可能造成一种浩大的声势，但不能从根本上解决问题。或者说只能'治标'，难以'治本'。'治本'需要建立健全监督制约权力的稳定制度和规范干部行为举止的长效机制。而这恰恰是政治运动所不能提供的。"④ 与政治运动相比，制度具有稳定性和长期适用的特征，"领导制度、组织制度问题更带有根本性、全局

---

① Maurice Duverger. Political Parties: Their Organization and Activity in the Modern State [M]. London: Methuen Press, 1954: 90-116.

② Robert E. Goodin. The Theory of Institutional Design [M]. Cambridge: Cambridge University Press, 1996: 21.

③ Sven Steinmo, Kathleen Thelen, and Frank Longstreth. Structuring Politics: Historical Institutionalism in Comparative Politics [M]. Cambridge: Cambridge University Press, 1992: 18.

④ 李景治. 党风廉政建设和反腐败斗争应加大"治本"的力度 [J]. 理论与改革, 2016 (2): 1-7.

性、稳定性和长期性。”① 制度治党通过不断健全党内法规制度体系，弥补了政治运动式的管党治党方式所具有的上述缺陷，实现了全面从严治党的常抓不懈和保持长效，保障了治党周期的全过程。

2. 制度治党：契合全面从严治党中“从严”的内在要求

（1）制度治党：契合保障管党治党方式严厉性的内在要求

“制度是一个社会的游戏规则，更规范地说，它们是为决定人们的相互关系而人为设定的一些制约”②。这种制约性体现为制度对组织成员的权利和责任、奖励与惩罚等事项都作出了明确的规定。“当这些制度规范遭受违犯时，人们常常会受到某种制裁。”③ 政党制度作为政治制度的一种重要类型，是由惩戒作为维持手段的规则，以纪律处分、撤职和免职等强制手段作为后盾来保障实施。与思想建党等软约束方式不同，制度治党以其强制性特征保障了治党方式的严厉性，解决了全面从严治党失之于软的问题。具体而言，《中国共产党纪律处分条例》和《中国共产党问责条例》等党内法规制度确立了党员领导干部不得任性行使权力的“高压线”，为党政领导干部行使公权力建立了“底线标准”和“禁止规范”。《中国共产党问责条例》作为全面从严治党的重要制度工具，不仅规定了检查、通报、纪律处分等轻微的问责方式，而且还规定了改组、停职检查、调整职务、责令停职、降职、免职等严厉的问责方式，并且各种严厉的问责方式之间是可以合并使用的，充分体现出我国执政党治理的规范化和严厉性的特征。

（2）制度治党：契合构建管党治党的严密制度体系的内在要求

制度治党中的制度不是某一项单一的制度，而是由基本制度、具体制度和实施细则等不同层次的制度相互衔接和实体性制度、程序性制度、保障性制度和监督与问责制度等不同类型的制度相互配合构成的一个健全的制度体系。④ 党的十八大以来，在习近平总书记“制度治党”与“依规治党”思想的指导下，中共中央先后颁布或修订了《中国共产党党内监督条例》《中国共

① 邓小平．邓小平文选（第2卷）［M］．北京：人民出版社，1994：333.

② ［美］道格拉斯·C. 诺斯．制度、制度变迁与经济绩效［M］．杭行译．上海：上海三联书店，2008：19.

③ Daniel Bell. The End of Ideology: On the Exhaustion of Political Ideas in the Fifties [M]. Cambridge: Harvard University Press, 1988: 51.

④ 王立峰，吕永祥．新制度主义政治学视角下制度治党的现实梗阻与发展进路［J］．河南社会科学，2017（7）：46－51.

产党纪律处分条例》《中国共产党问责条例》《中国共产党党员领导干部廉洁从政若干准则》等一系列重要的党内法规和制度。除此以外，中共中央还颁布了《中国共产党党内法规制定条例》这一党内“立法法”，对党内法规的制定权限、制定原则、规划与计划、起草、审批与发布、适用与解释、备案、清理与评估等作出了明确规定，从此党内法规制度体系的健全与完善步入了快车道。党内法规制度体系的日益健全与完善，初步实现了“将权力关进制度的笼子里”的目标，大大提高了权力与监督体系的闭合性和有效性，在很大程度上解决了全面从严治党失之于宽、失之于松的问题。

3. 制度治党：契合全面从严治党中“治党”的内在要求

（1）制度治党：契合实现政党治理方式现代化转型的内在要求

“现代政党治理的方式多种多样，可以使用刚性的法规和制度，亦可以依赖于超凡魅力的精英和领袖，也可以遵循道德教化或者意识形态宣传。”① 对于世界范围内成熟的现代政党而言，政党制度化是一个普遍的发展方向，制度治党是现代政党治理方式的重要标志。制度治党的实质是政党制度化，政党制度化的一个重要衡量指标就是“政党的法定规范与其真实的权力结构之间的一致程度”②。在新中国成立之初制度和法制建设尚未成熟的很长一段时期，政党领袖扮演着克里斯玛型权威的角色，其政治权力往往难以受到党内法规的有力约束。改革开放以后，中国共产党看清了忽视制度建设的弊端，逐渐认识到民主和法制建设的重要作用，立足于通过加强制度和法制建设来塑造和维系党内法规制度的法理型权威。具体来讲，中国共产党建立健全了任期制度和领导干部退休制度、民主集中制的决策制度和决议规则，“逐渐具备了权力享有的非人格化、权力行使按照规则和程序进行和权力关系被整合进秩序之中等权力制度化的条件”③。在上述制度建设的影响下，人格化的政治权力和人身依附关系逐渐被制度的法理型权威所取代，政党治理方式实现了从传统向现代的转变。

---

① 陈家喜，黄惠丹．论政党治理视域中的全面从严治党［J］．社会主义研究，2016（3）：78－83.

② ［意］安德鲁·帕尼比昂科．政党：组织与权力［M］．周建勇译．上海世纪出版社，2013：66.

③ ［美］贾恩弗朗哥·波齐．国家：本质、发展与前景［M］．陈尧译．上海世纪出版社，2007：3.

(2) 制度治党：契合体现依规治党的治党思维的内在要求

区别于传统社会的人治方式，依法治国是现代国家具有共识性的基本治国方略。中国共产党深度嵌入国家政权之中，执政党的意志经过人大机关的法定程序能够转化为国家意志，党内法规和国家法律具有内容上的高度一致性，在形式上两者统一于中国特色社会主义法治体系的整体框架之中。依法治国是中国共产党治国理政的基本方略，依规治党是中国共产党管党治党的基本方略，党的十九大报告指出，要坚持"依法治国和依规治党有机统一"，并将之作为新时代坚持和发展中国特色社会主义的基本方略的重要内容。我国的党政领导干部具有交叉任职的特点，依法治国的方略很早就已经提出，政府官员在全面推进依法治国和建设法治政府过程中培养的法治思维和法治方式同样适用于他们以党员领导干部的身份所实施的党内履职行为之中。依法治国的治国方略反映到政党治理的方式上，就是要将依规治党作为管党治党的主要方式，推动党员领导干部既要模范遵守国家法律，更要严格贯彻执行宪法和法律，自觉树立尊法、守法、用法和护法的法治理念。积极推行制度治党，有助于树立党内法规和国家法律在规范党组织和党员的行为、协调党内各主体之间的关系等方面的权威地位，通过塑造党内法规和国家法律的法理型权威和培育遵纪守法的制度文化，来培育党员领导干部依规治党的管党治党思维。

(二) 制度治党：贯穿于全面从严治党的各历史阶段

从侧重于强调思想建党向重视制度建设转变，再到明确提出"制度治党"的新要求，反映出中国共产党全面从严治党思想发展演变的历史脉络。制度治党是贯彻于全面从严治党不同历史发展阶段的一条主线，是对现阶段强调将政治建设、思想建设、作风建设、组织建设和反腐倡廉建设贯穿于制度建设之中的党建新举措的理论概括，指明了全面从严治党的发展进路。

1. 制度建设的萌芽阶段

在新民主主义革命时期，严峻复杂的军事政治局势使得中国共产党无暇进行大规模的制度建设，再加上缺乏制度建设的相关经验，"思想建党成为毛泽东党建思想的显著特点"①。1942 年 5 月，毛泽东在延安文艺座谈会上针对

① 张书林. 思想建党与制度治党：目标任务与耦合生态 [J]. 学习与实践，2015 (11)：42－51.

很多党员组织上已经入党但思想上尚未入党的问题，将思想建党作为从严治党的主要手段，指出："掌握思想教育，是团结全党进行伟大政治斗争的中心环节"①。思想整风、政治运动和意识形态宣传成为当时中国共产党解决党内存在的官僚主义作风、腐败等问题的主要方式。虽然毛泽东时期中国共产党在党管军队、党委制和党对政府的一元化领导等方面进行了制度建设的初步尝试，初步明确了民主集中制的内涵，但是制度建设的重要性并没有得到足够的重视。1956 年以后，因为"反右"运动扩大化等政治运动的频繁开展，党的制度化进程被迫中断，已经建立的各项制度规范也大多陷入停顿或瘫痪之中。

2. 重视制度建设的阶段

改革开放之后，邓小平吸取了中国共产党忽视制度建设的沉痛教训，指出："我们过去发生的各种错误，固然与某些领导人的思想、作风有关，但是组织制度、工作制度方面的问题更重要"②。在此思想的指导下，中国共产党开展了卓有成效的制度建设。1982 年 2 月，中共中央颁布了《关于老干部退休制度的规定》，废除了领导干部职务终身制，建立了干部退休制度。1982 年 9 月，党的十二大在邓小平同志的领导下建立了集体领导和个人分工负责相结合的制度，民主集中制得到进一步的发展。1987 年中央纪律检查委员会制定并通过了《关于对党员干部加强党内纪律监督的若干规定（试行）》，党内监督的制度体系处于不断健全之中。需要指出的是，虽然邓小平高度强调了制度建设的重要性，但是此时的"制度建设"并不完全等同于"制度治党"，从制度在政党治理过程中发挥积极作用的环节来看，此时的"制度建设"主要着力于解决"无制可依"的问题，凸显的是"建章立制"这一制度制定环节，制度执行、对制度执行情况的评估、反馈和问责等制度运行环节在政党治理中的作用尚未得到足够的重视。除此以外，从"制度建设"在党建体系中的地位来看，此时的"制度建设"也并没有成为一个独立的党建范畴并上升到与思想建设、作风建设和组织建设并列的全面从严治党的关键支柱的地位。更为重要的问题是，为了实现经济现代化的目标，当党内面临着关于经济改革和政治制度创新的思想分歧时，邓小平是凭借自己的克里斯玛型权威，"以一种非制度化的方式来推

---

① 毛泽东．毛泽东选集［M］．北京：人民出版社，1991：1094.

② 邓小平．邓小平文选（第 2 卷）［M］．北京：人民出版社，1994：328.

动党的制度化进程的"①。由此可见，此阶段制度的法理型权威还没有树立起来，制度还没有上升到政党治理的根本方式的重要地位。

3. "制度建设"作为全面从严治党的关键支柱的阶段

江泽民和胡锦涛继承和发展了邓小平重视制度建设的思想，制度建设在从严治党总体布局中的重要性日益提升。改革开放促进了经济的迅速发展，同时也间接诱发了官员腐败、官僚主义作风等一系列问题，但是意识形态运动和思想整风等传统的思想建党方式并未有效地解决上述问题，从严治党需要寻找新的工具。中国共产党转而通过加强党内监督制度、反腐倡廉制度等党内法规制度体系的建设来解决上述问题。《中国共产党党员领导干部廉洁从政若干准则（试行）》《关于实行党风廉政建设责任制的规定》等党内法规的颁布，大大提高了从严治党的效果。2002 年江泽民在党的十六大报告指出："一定要把思想建设、组织建设和作风建设有机结合起来，把制度建设贯穿其中"。"制度建设"作为一个独立的范畴，被上升到与思想建设、作风建设和组织建设并列的全面从严治党的关键支柱的重要地位。

4. 制度治党新阶段

2014 年 10 月，习近平总书记在党的群众路线教育实践活动总结大会上第一次明确提出"制度治党"的新概念，2016 年 10 月党的十八届六中全会公报将"坚持思想建党和制度治党紧密结合"作为全面从严治党的重大战略部署，制度治党在全面从严治党系统工程中的地位不断提升。党规党纪是中国共产党进行制度治党的重要依据。2015 年 10 月 8 日，习近平总书记指出："我们现在要强调的是扎紧党规党纪的笼子。"王岐山同志也曾强调："把权力关进制度的笼子，首先要扎牢党规党纪的笼子。"制度有国家法律制度与党内法规制度之分。凸显党规党纪笼子，体现了纪法分开、纪严于法、纪在法前的新要求。2016 年 12 月，习近平总书记作出重要指示强调，加强党内法规制度建设是全面从严治党的长远之策、根本之策。我们党要履行好执政兴国的重大历史使命、赢得具有许多新的历史特点的伟大斗争胜利、实现党和国家的长治久安，必须坚持依法治国与制度治党、依规治党统筹推进、一体建设。要按照党的十八大和十八届三中、四中、五中、六中全会部署，认真贯彻落

① Shirk S L. The political logic of economic reform in Chin [M]. Berkeley: University of California Press, 1993: 323.

实《中共中央关于加强党内法规制度建设的意见》，以改革创新精神加快补齐党建方面的法规制度短板，力争到建党100周年时形成比较完善的党内法规制度体系，为提高党的执政能力和领导水平、推进国家治理体系和治理能力现代化、实现中华民族伟大复兴的中国梦提供有力的制度保障。

习近平总书记的“制度治党”思想与以前党的历代领导人的制度建设思想的区别体现在以下两个方面：一是旗帜鲜明地提出，中国特色社会主义法治最根本的原则就是坚持中国共产党的领导下的法治，党内法规建设是中国特色社会主义法治的应有之义，执政党的依法执政和治国理政就是“制度治党”；二是制度治党的实质是政党制度化，“政党制度化不仅包括组织结构的制度化和决策自主性的结构层面，还包括‘价值输入’和具体化的态度层面”①。与以往“制度建设”概念侧重于制度供给与制度执行两个层面不同，制度治党没有仅仅停留在制度制定和制度执行这两个层面，制度文化的培育和制度权威的维系是其中更为重要的内容。制度治党强调以制度的法理型权威取代党员领导干部的人格化权威，契合依规治党的治党思想，指引出全面从严治党的发展方向。

（三）制度治党：破除全面从严治党现实障碍的有效路径

1. 制度治党：治理党内权力腐败问题的有效路径

党的十八大以来，虽然党和国家加大了党风廉政建设的力度，反腐败斗争也取得了较为显著的效果，但是正如党的十九大报告所指出的那样：“当前，反腐败斗争的形势依然严峻复杂”，党员领导干部贪污腐败的问题仍旧时有发生。党员领导干部贪污腐败作为一种滥用权力的现象，给深入推进全面从严治党的系统工程带来了严重的危害。党员领导干部的腐败行为不仅会影响到中国共产党在民众心目中的人民公仆形象，背离了中国共产党全心全意为人民服务的执政宗旨，而且还会对腐败官员所在的党组织特别是其周边的党员产生反面的示范效应，增加中国共产党全面从严治党的难度，严重时甚至会影响到民众对中国共产党实行全面从严治党战略的信心。习近平总书记在党的十九大报告中指出，“人民群众最痛恨腐败现象，腐败是我们党面临的

① Vicky Randall, Lars Svasand. Party Institutionalization in New Democracies [J]. Party Politics, 2002 (8): 5-29.

最大威胁”。当前我国的反腐败斗争形势依然严峻复杂，腐败治理的有效策略应当从对腐败成因的深入分析中去寻找。在制度反腐理论看来，经济转轨和制度建设初期存在的法律和制度体系的漏洞是导致某一领域腐败现象频繁发生的制度根源。“腐化乃是缺乏有效的政治制度化的一种表征”①，从腐败产生的制度根源出发，解决党内权力腐败的问题应当采取制度反腐的治本之策。制度反腐正是制度治党在反腐倡廉领域的具体运用，充分发挥了“将权力关进制度的笼子里”的腐败治理效能。

首先，制度治党有助于铲除产生腐败机会的制度土壤，发挥预防腐败的作用。“腐败机会是腐败行为发生的必要条件之一，它产生的主要原因是制度空白、相关制度之间缺乏配合、制度缺乏约束力等制度缺陷。”② 鉴于此，构建“不能腐”的有效机制，需要制度治党的积极配合，制度治党通过不断健全和严密党内法规制度体系，逐渐减少执政党内部产生腐败机会的制度土壤，日益扎紧“不能腐”的制度笼子。具体而言，第一，制度治党通过制度建设和制度创新等方式填补制度空白、解决政党治理过程中出现的无制可依的问题。为解决习近平总书记所提出的“牛栏关猫”的问题，中国共产党必须不断加大党内法规和制度建设的步伐，不断严密管党治党的制度笼子。第二，制度治党通过基本制度、具体制度和实施机制等不同层次的制度的同向发力，通过实体性制度、程序性制度、保障性制度和监督与问责制度等不同类型的制度的相互配合，构建起日益严密的制度体系，减少了相关制度之间缺乏配合而产生的腐败机会。正如习近平总书记所说：制度治党“既要有实体性制度，又要有程序性制度，既要明确规定应该怎么办，又要明确违反规定怎么处理”，要“注重实体性规范和保障性规范的结合和配套，确保针对性、操作性、指导性强”。③ 第三，制度治党通过提高制度内容的可操作性和制定详细具体的制度实施细则，提高了制度的执行力，切实发挥制度对权力主体的约束作用。“制度不在多，而在于精，在于务实管用，突出针对性和指导性。”④

---

① ［美］塞缪尔·P·亨廷顿．变化社会中的政治秩序［M］．王冠华等译．上海：上海三联书店，1989：53.

② 程文浩．预防腐败［M］．北京：清华大学出版社，2011：45.

③ 习近平．习近平谈治国理政［M］．北京：外文出版社，2014：379.

④ 习近平．在党的群众路线教育实践活动总结大会上的讲话［N］．人民日报，2014－10－09（2）.

提高党内法规和制度的可操作性和详细性，有助于为党员和党员干部提供明确具体的行为规范，为监督和约束他们的行为提供切实有效的制度依据。

其次，制度治党能够提高腐败主体的腐败成本，发挥惩治腐败的作用。在理性选择理论看来，政府官员也具有“经济人”的一面，他们是否从事腐败行为主要取决于自身对腐败行为的预期收益与成本进行理性算计的结果。从成本—收益分析的角度看，“腐败行为被发现率较低和腐败行为受惩处的概率和力度太小等腐败成本太低的问题是腐败现象发生的重要原因”①，在腐败预期收益相对稳定的情况下，提高政府官员的腐败成本是腐败治理的一项重要策略。从提高政府官员的腐败成本的角度看，制度治党能够通过党务公开制度建设提高党内腐败行为的被发现率，通过纪律检查体制改革和国家监察体制改革提高党内腐败行为被惩罚的概率和力度。具体而言，一方面，党务公开制度保障了党员的知情权和监督权，提高了党内权力运行过程的透明性和政治决策结果的公开性，在一定程度上解决了党员和党员干部、党员和党组织之间的信息不对称问题，有利于及时地发现各种腐败线索和证据，提高腐败行为的被发现率。另一方面，从党的纪律检查体制的角度看，党的纪律检查机关实行的双重领导体制容易导致它在立案、侦办和定罪量刑等环节上容易受到同级党委的干涉，这是造成党员领导干部的腐败行为被发现的概率和力度偏小的重要原因。针对上述问题，党的十八大以来中国共产党实施了“一案双报告”“三个以上级为主”等一系列纪律检查体制改革，在地方各级纪委书记的选拔任用和重大腐败案件的调查处置上更强调发挥上级纪检机关的作用，这些制度改革大大提高了党的纪检机关运行的垂直性和独立性，有利于减少来自同级党委的不良干预，从而更有效防止瞒案不报、大案小报、重案轻处等情况的发生，大大提高了腐败行为被惩处的概率和力度。从国家监察体制改革的角度看，为解决原纪检监察体制中存在的监察范围过窄，行政监察机关缺乏丰富的强制监察手段和党的纪检机关的“双规”措施适法性不足等问题，国家监察体制改革赋予新成立的监察委员会监督、调查和处置等监察职权，整合了原行政监察机关、预防腐败局以及检察院的反贪反渎等部门的反腐败职能，赋予监察委员会查询、冻结、留置和扣押等 12 项监察手

① Arvind K. Jain. Corruption: A review, Journal of economic surveys [J]. 2001 (15): 71 - 121.

段强制，对于提高腐败案件调查的有效性和腐败分子处置的威慑性具有重要的作用，大大提高了腐败分子被发现的概率和被惩处的力度。

2. 制度治党：治理党内思想建党成效不彰问题的有效路径

重视思想建党是中国共产党的一个显著特征，从毛泽东领导的思想整风运动，到邓小平领导的反对资产阶级自由化运动，再到习近平总书记领导的“三严三实”“两学一做”活动和“不忘初心、牢记使命”主题教育活动，思想建党的传统一直被中国共产党所继承和发展，成为全面从严治党的一种主要方式。习近平总书记在党的十八大报告中进一步强调，“思想建设是党的基础性建设”。需要指出的是，虽然思想建党在统一党内的思想、规范党员行为、调整党员之间的关系等方面发挥了积极的作用，但是现阶段的思想建党工作仍旧存在着一定的问题，党的十九大报告指出，“党内存在的思想不纯、组织不纯、作风不纯等突出问题尚未得到根本解决”，一个典型的表现就是一些党员领导干部理想信念缺失和宗旨意识淡薄的问题仍旧存在。思想建党工作之所以存在上述问题，与思想建党和制度治党相结合存在薄弱环节密切相关。由于思想建党诉诸的对象是人的主观世界改造，其作用的发挥依托于人的道德自律和思想政治觉悟，因此思想建党具有软约束的特征，依靠纯粹的道德说教和思想教育行动难以对不遵守党的思想路线的党员实施有强制力的惩罚，思想建党的成果难以得到保障。除此以外，一些党员干部由于知识结构和思维惯性等原因对思想建党和制度治党相结合的重要性缺乏充分的认识，对思想建党和制度治党相结合的衔接机制缺乏积极的探索，片面强调思想建党而忽视其他从严治党方式的配合，结果导致全面从严治党失之于软、失之于宽、失之于松。

基于制度治党与思想建党之间相互配合和相辅相成的互补关系，2014 年 10 月，习近平总书记在党的群众路线教育实践活动总结大会上指出：“从严治党靠教育，也靠制度，二者一柔一刚，要同向发力、同时发力”。2017 年 10 月 18 日，习近平总书记在党的十九大报告中指出，“必须以党章为根本遵循，把党的政治建设摆在首位，思想建党与制度治党同向发力，统筹推进党的各项建设。”制度治党能够有效弥补思想建党自身的局限，它在提高思想建党成效上的积极作用，主要体现在以下两个方面：

首先，制度治党将思想建党的成果以制度的形式固定下来，并以制度的强制性为后盾保障其得到贯彻执行，有利于解决全面从严治党失之于软、失之于松的问题。党的十八大以来，中共中央和各级地方党委先后开展了“两学一做”

“三严三实”“不忘初心、牢记使命”主题教育等一系列群众路线教育实践活动，着力于提升党员特别是党员领导干部的思想认识水平和政治道德素质，引导他们树立坚定的社会主义核心价值观念和远大的理想信念。这些思想政治教育活动虽然在短期内取得了一定的成果，但是思想建党的成果在思想政治教育活动结束之后往往面临着难以长久保持的困境。与思想建党主要依靠受众的自律和内化来巩固思想建党的成果不同，制度治党是党的意志的法规化和制度化，它是对思想建党的内容及其成果的外在化和具象化表达，能够依靠自身所蕴含的权利义务条款和奖惩机制使受众主动或被动地执行相关的制度规定，从而有效地保障了思想建党的成果的长期性和长效性。以制度治党的刚性约束和思想建党的软约束相互配合，可以在一定程度上解决全面从严治党失之于软、失之于松的问题。基于此，习近平总书记强调：“思想教育要结合落实制度规定进行，抓住主要矛盾，不搞空对空。要使加强制度治党的过程成为加强思想建党的过程，也要使加强思想建党过程成为加强制度治党的过程”。①

其次，制度治党是一种具有具体性和针对性的行为机制，思想建党和制度治党相结合能够有助于解决全面从严治党失之于宽的问题。思想建党的目标就是通过提高党员的思想政治水平和道德素养，来更好地指引和约束党员的行为，它事实上起到一种行为约束机制的作用。但是理想信念、价值原则和道德规范作为思想建党中“思想”的主要内容，往往具有一定的抽象性和模糊性，这种情况容易导致全面从严治党因为缺乏明确具体的行为规范而失之于宽。与之相比，制度治党往往依托于制度本身所具有的明确具体的权利与义务条款，对党员行为的内容和边界作出清晰的规定。例如，《中国共产党党员领导干部廉洁从政若干准则》对党员领导干部的良好标准和正面行为进行了详细的列举，树立了党员领导干部行为的“高线”；而《中国共产党纪律处分条例》对党员领导干部的负面行为及其处分进行了详细的列举，树立了党员领导干部行为的“底线”，两者从一正一反两个方面全方位地构建了党员领导干部的行为约束机制。以制度治党的具体性和明确性配合思想建党的原则性和抽象性，可以在一定程度上解决全面从严治党失之于宽的问题。

---

① 中共中央文献研究室编．习近平总书记重要讲话文章选编［G］．北京：中央文献出版社，2016：171－172.

四、新制度主义政治学视角下制度治党的现实梗阻与发展进路

自2014年10月从习近平总书记在党的群众路线教育实践活动总结大会上第一次正式提出“制度治党”的新概念以来，国内学术界对制度治党的研究便如雨后春笋般日益丰硕。目前学术界对制度治党的现实梗阻及发展进路的研究主要基于党建视角和国内视野。本书借鉴海外新制度主义政治学研究的相关研究成果，从新制度主义政治学中“制度—制度相关人—环境”三维分析视角出发剖析目前制度治党的现实梗阻及发展进路，以求对推进制度治党研究和实践的深入发展有所裨益。

（一）新制度主义政治学：制度治党的一种分析视角

“制度治党是政党运用制度手段对党的组织、领袖和干部以及普通党员进行管理和约束，使其遵从党的组织纪律，保持对党忠诚的治理形态。”① 制度治党是习近平总书记全面从严治党思想的重大理论创新，自2014年10月从习近平总书记在党的群众路线教育实践活动总结大会上第一次正式提出“制度治党”的新概念以来，国内学术界对制度治党的研究便如雨后春笋般日益丰硕。对制度治党的现实梗阻及发展进路的研究是制度治党研究中一个兼具现实导向和问题导向的重要课题，对探寻推进制度治党的有效路径具有重要的理论价值。鉴于此，对目前学术界关于制度治党的现实梗阻及发展进路的既有研究成果进行理论检视，发现其中的不足及其改进之处，对于推进制度治党研究和实践的深入发展势必会有所裨益。

---

① 陈松友，刘帅．制度治党：优化党内政治生态的现实性及路径选择［J］．河南社会科学，2016（5）：32－36.

第一，一些学者将研究的重点放在探讨制度治党的实施路径上，他们主要从应然层面上分析推进制度治党在制度设计、制度执行和制度文化等方面应当采取何种有效路径。杨志超从增强全党的制度意识和优化党内制度体系等五个方面入手分析了推进制度治党科学化的具体举措。① 于江则从坚持思想建党与制度治党同频共振、稳步推进民主决策机制和努力厚植风清气正的政治生态环境三个方面探讨了制度治党的实施路径。②

第二，还有一些学者将分析的触角延伸到制度治党的现实梗阻及其破解路径两个方面，提高了制度治党的实施路径的具体性和现实针对性。谢璐妍从党内制度体系的完善程度、制度执行的效力和对制度执行的监督力度三个方面分析了制度治党面临的现实梗阻与发展进路。③ 陈松友则从党内制度的制度设计、制度执行和制度文化等方面分析了制度治党面临的现实梗阻与发展进路。④

第三，还有一些学者将制度治党放在全面从严治党或政党治理的宏观视域之下进行研究，这在一定程度上解决了现有的制度治党研究缺乏具体的分析视角的问题。黄家茂和王海军将制度治党放到全面从严治党的宏观视域之下，从坚持思想建党和制度治党相结合、构建配套完善的党内法规制度体系等方面探讨了推进制度治党的实施路径。⑤ 陈家喜则侧重于制度治党中"治党"这一方面，从政党治理的视角分析了党内制度得不到遵从的原因以及推进制度治党的具体举措。⑥

关于制度治党的现实梗阻及发展进路的上述研究成果虽然在很大程度上揭示出制度治党难以推进的症结所在及其破解路径，但是在研究内容和分析视角的选取上也存在着一定的问题。就第一个研究层次而言，这些研究成果

---

① 杨志超. 新形势下推进制度治党科学化的理论思考 [J]. 理论与改革, 2017 (1): 89 - 93.

② 于江. 从"制度建党"到"制度治党"——基于历史、现实和路径的维度 [J]. 大连干部学刊, 2017 (1): 5 - 9.

③ 谢璐妍. 中国共产党制度治党探讨 [J]. 探索, 2015 (1): 37 - 39.

④ 陈松友, 刘帅. 制度治党: 优化党内政治生态的现实性及路径选择 [J]. 河南社会科学, 2016 (5): 32 - 36.

⑤ 黄家茂, 王海军. 全面从严治党视域下制度治党的基本路径探析 [J]. 湖湘论坛, 2016 (2): 30 - 37.

⑥ 陈家喜, 黄慧丹. 制度治党的概念缘起与实施路径 [J]. 江西社会科学, 2015 (3): 34 - 37.

对制度治党的实施路径的分析主要集中于应然层面，由于缺少对实然层面上制度治党运行中的现实困境的剖析，因此它们所提出的制度治党的实施路径往往缺乏现实针对性。就第二个研究层次而言，这些研究成果对制度治党的现实梗阻及发展进路的分析往往局限于对领导人的重要讲话进行文本解读和政策阐释，缺乏相应的分析视角和理论厚重感。就第三个研究层次而言，全面从严治党是一个比制度治党的内涵和外延都更加广阔的研究领域，并不具有分析视角的具体性和针对性。政党治理视角虽然契合制度治党中“治党”这一方面，但是制度设计、制度执行等“制度”方面的地位和作用并没有得到充分的彰显。

鉴于既有研究成果的上述局限，此处选取新制度主义政治学这一兼具现实针对性和理论厚重感的分析视角来剖析制度治党的现实阻塞及发展进路。运用新制度主义政治学分析制度治党的现实梗阻及发展进路的可行性体现在以下两个方面：

首先，新制度主义政治学的研究内容与制度治党具有契合性。一方面，“新制度主义政治学力图把旧制度主义关注制度在政治生活中的作用和行为主义关注政治行为两者结合起来”①，将制度理解成一种行为规则和约束掌权者行为的结构性背景，这与制度治党所强调的“将权力关进制度的笼子里”的目标是一致的。另一方面，新制度主义政治学还聚焦于对制度和文化之间关系的探讨，认为广义的制度不仅包括宪法、法律等正式的制度，还包括信仰、价值观念、习惯等非正式制度，这就凸显出制度背后的价值观念和文化支撑，与坚持思想建党与制度治党相结合的内在要求具有契合性。

其次，运用新制度主义政治学分析我国的政治制度具有适用性。国内一些知名学者运用新制度主义政治学对中国的政治制度和政治实践进行分析，这为从新制度主义政治学出发剖析制度治党的现实梗阻及发展进路提供了研究基础。杨光斌运用新制度主义政治学对中国政治变迁过程的研究②，陈明明

---

① Black J. New Institutionalism and Naturalism in Socio - Legal Analysis: Institutionalist Approaches to Regulatory Decision Making [J]. Law & Policy, 1997, (19): 51 - 93.

② 杨光斌. 制度范式：一种研究中国政治变迁的途径 [J]. 中国人民大学学报，2003，(3)：117 - 123.

用新制度主义来解释我国的现代化和市民社会问题①，何俊志运用历史制度主义对我国人大制度的研究②，这些研究成果提供这样的启示：对制度与行为、制度与文化、制度与权力之间关系的分析是各国政治制度建设中遇到的共性问题，而新制度主义政治学只是对上述问题的一种理论分析框架，这正是运用新制度主义政治学分析我国制度治党的现实梗阻与发展进路的适用性的前提。

运用新制度主义政治学分析制度治党的现实梗阻及发展进路的优势在于：首先，从分析视角的角度看，与全面从严治党、政党治理相比，新制度主义政治学在兼顾政党这一分析对象的同时，对制度层面也给予了足够的重视。其次，从研究内容的角度看，新制度主义政治学提出了制度有效性的一系列标准，这些标准为检视制度治党的现实梗阻提供了参照系，为探寻推进制度治党的有效路径提供了依据。

（二）制度有效性三维框架：新制度主义政治学关于制度治党的分析框架

改革开放以来，党和国家进行了卓有成效的制度建设，现阶段制度治党的关键已经不是通过建章立制解决制度空白的问题，而是切实提高党内法规和制度的运行实效的问题。制度有效性是新制度主义政治学中一个重要的研究课题，利普赛特认为："有效性指实际的政绩，即该制度在大多数人民及势力集团如大商业或军队眼中能够满足政府基本功能的程度。"③ 冯务中认为："所谓制度的有效性，就是某种特定的制度对于人的行为发生现实影响的效力。"④

针对制度有效性的影响因素，新制度主义学者马奇和奥尔森指出："人类行动、社会背景和制度以复杂的方式相互作用，对于政治生活来说，这些复杂的互动过程和意义的形成是十分重要的"⑤。制度产生于一定的环境之中，

① 陈明明. 比较现代·市民社会·新制度主义——关于20世纪80、90年代中国政治研究的三个理论视角［J］. 战略与管理，2001（4）：109-120.

② 何俊志. 结构、历史与行为：历史制度主义对政治科学的重构［M］. 上海：复旦大学出版社，2004.

③ ［美］利普赛特. 政治人：政治的社会基础［M］. 北京：商务印书馆，1993：53.

④ 冯务中. 制度有效性理论论纲［J］. 理论与改革，2005（5）：15-19.

⑤ James G. March, Johan P. Olsen. The New Institutionalism: Organizational Factors in Political Life［J］. American Political Science Review, 1984（3）：734-749.

并由相关的组织及其成员负责执行，因此制度运行的有效性不仅取决于制度本身的特质，而且还取决于制定、执行和适用制度的制度相关人以及制度所处的环境。基于此，有学者主张从制度自身层面、环境层面、制度相关人层面三个方面综合地评价制度的有效性①。与目前学术界对制度治党运行中的现实梗阻及发展进路的剖析主要集中在制度体系是否健全、相关制度是否配套等制度层面不同，制度有效性的三维分析框架更加全面地考虑到制度相关人、制度所处的环境等因素对制度治党的实效的影响。

1. 制度层面

法律是一种最基本的制度，正如法治的条件是“已成立的法律获得普遍的服从”和“大家服从的法律本身又是制订得良好的法律”② 一样，新制度主义政治学也认为制度本身的特质和制度执行是否有力是影响制度有效性的重要因素。首先，从制度本身的特质的角度看，制度治党中的制度是一种由不同层次和类型的制度组成的制度体系，不同层次的制度之间的相互衔接和同一层次的各项相关制度之间的彼此配合影响到整个制度体系的运行的有效性。其次，从制度执行的角度看，制度的价值和生命力在于被执行，制度治党的有效性依赖于通过党组织和党员对党内法规和制度的自觉遵守和主动执行，发挥制度作为管党治党的工具的重要作用。

2. 制度相关人层面

制度是由决策者制定并交由相关组织及其成员负责执行的一种行为规则，它从生成、维系、贯彻执行到发展变化的整个过程都离不开人的因素。“制度运行的效度不完全取决于制度的健全，而在很大程度上取决于制度的行动者；行动者虽然受制于所运行的制度以及该制度所在的更大制度空间，但行动者的积极行动依然是使制度得以运行和健全的关键”③。由此可见，制度相关人是制度有效性的一个重要影响因素。“所谓制度相关人是指在制度产生、运作、变迁过程中的利益相关人，它包括制度的制定者、执行者以及制度的约

① 蒯正明. 新制度主义政治学关于制度有效性的三维解读［J］. 理论与改革，2012（1）：11－14.

② ［古希腊］亚里士多德. 政治学［M］. 吴寿彭译，北京：商务印书馆，1997：199.

③ 林尚立. 行动者与制度效度：以文本结构为中介的分析——以全国人大预算审查为研究对象［J］. 经济社会体制比较，2006（5）：75－82.

束对象。”①

3. 环境层面

政治系统处于社会环境之中，政党与社会环境相互作用和相互影响，正如历史制度主义者瑟伦和斯坦默所言：“制度不但是政治的调节机制和过滤器，还受到更广泛的政治背景的调节”②。制度运行的有效性取决于制度与环境之间的契合程序，适应环境的发展变化是制度发挥实际功效的现实基础和客观条件。制度与环境之间的契合度体现在以下两个方面：一方面，制度与环境的契合度体现在随着环境的变化来不断调整和修订制度内容。“政治制度具有维持现状的倾向”③，只有定期进行制度的修订、重新解释和重新制定，才能降低制度僵化的风险，提高制度内容与环境的契合度。另一方面，制度与环境的契合度体现在政治精英主导的制度变迁的动力机制中社会环境和社会力量也能够发挥一定的作用。制度与环境之间的不均衡为制度变迁提供了外在的压力，制度环境的发展变化是制度变迁的影响因素之一。

（三）制度治党的现实梗阻

1. 党内制度失范

制度治党的关键是制定严密的党内制度体系并使党组织和党员按照规章制度办事，制度治党的现实梗阻首先体现为党内制度失范，表现在党内制度体系不够严密和党内制度执行乏力两个方面。

首先，党内制度体系不够严密，不同类型和层次的党内制度之间衔接不够紧密、配合不够充分，“牛栏关猫”的问题比较突出。制度治党中的制度是由基本制度、具体制度和实施细则等不同层次的制度相互衔接和实体性制度、程序性制度、保障性制度和监督与问责制度等不同类型的制度相互配合构成一个健全的制度体系。从应然层面看，党内制度体系应当具有系统性、衔接性和协调性，这是提高制度治党的制度合力的关键。但是目前党内制度体系

---

① 霍春龙. 新制度主义政治学视域下制度有效性研究［D］. 吉林大学，2008.

② Kathleen Thelen，Sven Steinmo. Historical Institutionalism in Comparative politics. Structuring Politics：Historical Institutionalism in Comparative Politics［M］. Sven Steinmo，Kathleen Thelen，and Frank Longstreth. New York：Cambridge University Press，1992：16.

③ Pierson P. Increasing Returns，Path Dependence，and the Study of Politics［J］. American Political Science Review，2000（94）：251－267.

中却存在着实体性制度数量多而程序性制度、保障性制度、监督问责制度相对缺乏的问题，以及具体制度和实施细则与基本制度的衔接不够紧密的问题。针对党内制度体系不够健全和严密的问题，习近平总书记指出，要“把笼子扎紧一点，牛栏关猫是关不住的，空隙太大，猫可以来去自如”。

其次，党内制度执行乏力，存在制度“稻草人”的问题。制度的生命力在于执行，制度治党的实效在很大程度上取决于制度是否被严格遵守和自觉执行。目前制度治党实践中存在的一个突出问题就是，一些重要的党内制度并没有得到有效的贯彻执行，制度“稻草人”和“纸老虎”的问题比较突出。正如2013年习近平总书记在河北调研指导党的群众路线教育实践活动时所言，“有些政策规定是约束性的，有些明确是刚性要求，却成了‘稻草人’，成了摆设。”① 例如，虽然《中国共产党章程》和《中国共产党党员权利保障条例》中都规定：“党员有权向所在党组织或者上级党组织提出罢免或者撤换不称职党员领导干部职务的要求”，但是在实际党内政治生活中，党员领导干部被罢免或撤职很少是因为党员提出了罢免或撤换的要求，党员的要求罢免或撤换不称职干部的权利经常面临着有名无实的诟病。

2. 制度相关人的制度意识薄弱

制度治党的实质是政党制度化，“政党制度化不仅包括组织结构的体系化和决策自主性的结构层面，还包括‘价值输入’和具体化的态度层面”②。但是长期以来，我们对制度治党的理解主要停留在制度制定和制度执行两个层面，忽视了制度治党中更为深层次的制度意识的塑造和制度权威的培育这两个层面。

首先，从制度的制定者和适用对象的角度看，作为主要的制度制定者和关键的制度适用对象，党员领导干部并没有足够尊重党内法规和制度的法理型权威，违反制度规范滥用权力的问题比较突出。全面从严治党的关键是从严治权和从严治吏，党员领导是否自觉遵守党内法规和制度直接关系到党内制度是否具有管党治党的足够的权威。“根据中纪委统计，十八大以来受过纪律处分的党政机关县处级以上干部，一把手占了30%以上。在35位省部级落

---

① 中共中央文献研究室．习近平关于严明党的纪律和规矩论述摘编［M］．北京：中央文献出版社，2016：1.

② Vicky Randall，Lars Svasand. Party Institutionalization in New Democracies［J］. Party Politics，2002（8）：5－29.

马高官中，超过60%的人担任过党政领导干部正职。”①

其次，从制度执行者的角度看，作为党内法规和制度的最主要的执行者，广大普通党员缺乏自觉遵守党内法规和制度、主动同违反党内法规和制度的行为作斗争的制度意识。党内法规和制度的执行不能仅仅依靠党的纪检机关等专门机构的力量，更重要的是依靠广大普通党员对党内法规和制度的自觉遵守和主动捍卫。但受中国传统文化中的官本位文化、关系文化以及党员的思想认识水平等因素的影响，一些党员特别是党员干部并没有树立起尊重制度的权威、自觉执行制度规范的制度意识，消极执行和选择性执行党内法规和制度的现象时有发生。

3. 制度与环境的契合度有待提高

制度与环境之间的契合度是影响制度运行的有效性的重要因素，但是目前的制度治党实践中不仅存在着一些党内法规和制度的内容滞后于环境的发展变化和时代发展需要的问题，而且在制度变迁的动力机制中制度环境的作用在很大程度上被忽视了。

首先，从制度内容与环境的契合度的角度看，环境具有复杂变动的特征，而制度却具有一定的稳定性甚至滞后性，再加上目前制度治党实践中对现有的党内法规和制度缺乏定期的和长效的清理机制，由此导致不适应时代发展需要、同党的基本路线方针政策与国家法律相抵触、已经被新的规章制度所涵盖的党内法规和制度仍旧占有较大的基数。“2012年6月，中央首次集中清理党内法规和规范性文件，1178件关于党内法规和规范性文件中有322件党内法规和规范性文件被废止，369件被宣告失效；剩余继续有效的487件还有42件需要进行适当修改。”② 这一数据从侧面暴露出，党内法规和制度滞后于环境发展变化和时代发展需要的问题仍旧比较突出。

其次，从环境因素在制度变迁的动力机制中的作用的角度看，党内的制度改革和制度创新主要依赖于党内政治精英的大力推动，制度环境在制度变迁过程中所起的作用在很大程度上被忽视了。“整体性的社会、经济和政治背景、领导权和包括规范、意识形态、文化在内的观念因素是影响制度变迁的

① 雨默. 一把手屡涉贪腐案敲响监管警钟［EB/ OL］. 新华网，2014-07-24.

② 肖金明. 论通过党内法治推动党内治理——兼论党内法治与国家治理现代化的逻辑关联［J］. 山东大学学报（哲学社会科学版），2014（5）：14-22.

三个关键变量"①，制度的维系与变迁既取决于政治精英的价值观念及其推动制度变迁的成本和收益，同时也受到制度环境的发展变化的重要影响。但是反观目前制度治党的实践，政治领导人的政治意图和精英阶层的大力推动是中国共产党进行制度改革和制度创新的主要动力，广大党员和普通民众的意愿、社会阶层结构和思想价值观念的变化等背景因素在制度变迁的议程设置中所起的作用是非常有限的。制度变迁的过程缺乏民众的充分参与以及与政治、经济、社会、文化环境的互动是目前党内法规和制度与环境的契合度不高的重要原因。

（四）破除制度治党现实梗阻的发展进路

1. 构建衔接严密、执行坚决的党内制度体系

首先，构建具有系统性、衔接性和协调性的党内制度体系，注重不同位阶的党内法规和制度之间的有效衔接以及不同类型的各相关制度之间的协调配合，扎紧制度的笼子。高位阶的党内法规和制度在内容上一般比较抽象和宏观，需要低位阶的党内法规和制度与其进行充分的衔接。不同位阶的党内法规和制度之间的有效衔接应当涵盖约束对象、生效时间和效力范围等方面，坚持环环相扣的原则。制度治党的有效运行不仅仅依靠实体性制度提供的实质正义，还依靠程序性制度提供的程序正义以及监督问责制度所提供的矫正正义。针对建立严密的党内制度体系这一问题，加强实体性制度、程序性制度、保障性制度和监督问责制度之间的相互配合是其中的关键，正如习近平总书记所说："既要有实体性制度，又要有程序性制度，既要明确规定应该怎么办，又要明确违反规定怎么处理，减少制度执行的自由裁量空间"。第一，不同位阶的党内法规和制度之间的有效衔接应当涵盖约束对象、生效时间和效力范围等各个方面，坚持"下位法"不得同"上位法"相抵触、在约束对象上不留空白地带和在适用事项上环环相扣的原则。第二，不同类型的党内制度之间的有机衔接应当同时囊括制度制定、制度执行和对制度执行情况的监督与问责等完整的制度运行流程，加强程序性制度和监督执纪问责制度的制定工作，尽力做到每一项实体制度的运行程序都要有具体和可操作的实施

---

① Michael J. Gorges. New Institutionalist Explanations for Institutional Change: A Note of Caution [J]. Politics, 2001 (21): 137 - 145.

细则，每一项实体制度的运行效果都要有相应的监督执纪问责。

其次，明确制度执行的责任归属，建立检查制度执行情况的常规性的监督问责机制，通过严肃问责倒逼制度执行责任的落实，维护管党治党的制度威严。“天下之事，不难于立法，而难于法之必行。”① 党内法规和制度的贯彻执行必须辅之以清晰的制度执行责任的归属和严肃的责任追究机制。具体而言，可以通过建立有责必担当、失责必追究的党内问责制度，以责任追究的压力倒逼制度执行的动力。党内问责制度的建设应当将制度执行情况作为一项重要的问责内容，将制度执行不力作为追责情形，通过对各级党组织及其成员的制度执行情况进行定期的检查和问责，坚决纠正有令不行、有禁不止的行为，使制度成为硬约束而不是橡皮筋，从而彰显管党治党的制度威严。

2. 培养党内领导干部和普通党员的制度意识

首先，培养党员领导干部的依规治党思维，树立党内法规和制度的法理型权威。依靠领导人的个人意志还是依靠党内法规和制度来管党治党，是区分政党治理方式是传统的，还是现代的重要标志。制度治党作为现代政党治理方式，其关键是处理好制度和权力之间的关系，使党内法规和制度成为全体党员特别是党员领导干部共同遵守的最高行为准则，成为党员领导干部获取权力和使用权力的最为权威的依据。党员领导干部的价值观念和处事方式是制度治党的风向标，培育党员领导干部的依规治党思维是塑造和维系党内法规和制度的法理型权威的关键。依规治党思维的培育需要扎根于党内法规和制度制定和运行的实践，体现为对违法违纪行为的制裁和对党内法规和制度的威严的维护。

其次，借助思想建党机制培养广大党员的制度意识，提高他们自觉遵守和主动捍卫党内法规和制度的积极性和主动性。制度意识的培育作为改造人的主观世界的重要内容，需要充分发挥思想建党机制的效能。从历史维度的角度看，中国共产党应当借助教育、学习等多种思想建党途径，让广大党员充分认识到自觉遵守党内法规和制度的重要性以及不遵守党内法规和制度的惨痛教训。从现实维度的角度看，中国共产党应当继续大力开展“两学一做”“三严三实”“不忘初心、牢记使命”主题教育等思想建党活动，逐渐培养党

① 中共中央宣传部. 习近平总书记系列重要讲话读本［M］. 北京：学习出版社，人民出版社，2014：182.

员对以《党章》为根本党内法规制度的守规意识和执规观念，从正面倡导广大党员自觉遵守和主动捍卫党内法规制度。

3. 提高制度与环境之间的契合度

首先，建立全面清理与重点清理相结合、定期清理与即时清理相结合的党内法规和制度清理机制，提高党内法规和制度的内容与环境的契合度。“法与时转则治，治与世宜则有功。”对党内法规和制度进行及时的清理，需要“把中央要求、实际需要、新鲜经验结合起来，制定新的制度，完善已有的制度，废止不适用的制度”。进行党内法规和制度的清理工作应坚持全面清理与重点清理相结合、定期清理和即时清理相结合的原则。一方面，在对思想建设、作风建设等各个党建领域的党内法规和制度进行全面清理的同时，重点清理那些颁布时间在改革开放以前的党内法规和制度。另一方面，在对党内法规和制度以5年或10年为一个周期进行定期清理的同时，在每一项新的党内法规和制度出台之前对该制度“上位”和“下位”的衔接制度以及处于同一位阶的配套制度进行即时的清理。

其次，在制度变迁过程中将自上而下的政治精英的主导与自下而上的普通党员和群众的参与结合起来，加大政治系统与社会力量、社会环境的互动，提高制度与环境的契合度。从动态的制度的发展变化过程出发，制度与环境的契合度取决于制度的变迁过程与政治社会环境的发展变化的步伐保持一致，将来自社会环境中的民众的意愿和诉求输入政治系统之中，经过政治精英的转换过程输出政治精英进行制度变迁的决策。基于此，提高制度与环境的契合度就需要从提高党内制度改革和制度创新过程的开放性和参与度入手，在坚持政治精英主导和推动的同时，充分考虑到政治社会环境的发展变化以及普通党员、民众的意愿，调动他们参与制度变迁过程的积极性和主动性。通过提高党内制度改革过程的民主化来提升制度运行的实效。

五、党内问责制的历史沿革、现实困境与前景展望

中华人民共和国的成立，是中国共产党历史发展中的一个里程碑事件，对党内问责制的发展也产生了重要的影响。作为执掌全国政权的执政党，中国共产党面临的一个重要挑战就是，“如何在利用公共权力实现自己的执政目标的同时，又防止自身因为执掌公共权力而被腐蚀变质”①。为应对“中国共产党长期执政与防止权力滥用的挑战”②，中国共产党逐渐将党内问责制作为防治公共权力滥用的一个重要的制度工具。中国共产党加强党内问责制建设的现实需要与实践探索贯穿于70年以来的历史发展过程之中。2019年是十九届中央纪委三次全会提出的《中国共产党问责条例》的修订之年，党内问责制的发展即将进入新的历史阶段。

（一）党内问责制的历史沿革

“问责”一词是一个舶来品。世界银行专家组给问责所下的定义是：“权力拥有者必须对其行为进行解释和承担责任。”③ 在问责研究专家谢尔德（Schedler）看来，“当A有义务告知B关于A（过去或将来）的行动和决定，并为它们进行辩护，一旦出现不当行为则将遭受惩罚，A就是对B负责的”④。党内问责制是具有中国特色的一种问责制度安排，它是指“在政党内

① 王长江. 现代政党执政规律研究［M］. 上海：上海人民出版社，2002：208－209.

② 周光辉. 当代中国决策体制的形成与变革［J］. 中国社会科学，2011（3）.

③ 世界银行专家组. 公共部门的社会问责：理念探讨及模式分析［M］. 宋涛，译. 北京：中国人民大学出版社，2007：83.

④ Andreas Schedler. Conceptualizing Accountability in The Self－Restraining State：Power and Accountability in New Democracies［M］. edited by Andreas Schedler，Larry Diamond &Plattner，M. F. Boulder and London：Lynne Rienner Publishers，1999，p. 17.

部要求党的领导机关和党的领导干部对其职责履行情况进行说明与解释，并对其违反职责要求的行为承担党内责任的制度”①。

从历史的维度看，新中国成立70年以来，党内问责制的发展经历了一个从假借“责任追究制”之名到树立党内问责制的独立地位、从党内问责制的地方探索到党政领导干部问责制的全国推广、从党政领导干部问责制一体运行到建立专门系统的党内问责制这一复合式和立体式的历史演进过程，总体上可以划分为以“责任追究制”之名行“问责制”之实的责任追究阶段、党内问责制的地方探索阶段、党政领导干部问责制的全国推广阶段和专门系统的党内问责制阶段四个时期。下面将以每个历史时期发生的重大事件、党和国家领导人的重要讲话和出台的重要制度文件等为线索，力求较为全面地勾勒出每个历史阶段党内问责制发展演进的历史脉络。

1. 以“责任追究制”之名行“问责制”之实的责任追究阶段（1949—2001年）

“问责是由问责对象和问责主体构成的一种互动关系，其中问责对象有义务向问责主体解释和辩护自己行为的合理性和正当性，而问责主体则负责对问责对象的解释进行质问和做出裁断。当问责主体对问责对象的解释不满意时，问责对象通常会面临问责主体施加的否定性评价等不利后果。”② 由于问责事由通常针对的是党组织和党员干部的失职失责行为，所以问责的后果通常伴随着责任追究。正如有学者所说：“缺乏有效的矫正和惩罚，问责就是不完整的。”③ 虽然“责任追究”与“问责”之间名称不同，但是责任追究却是问责制的核心构成要件和结果呈现形式。在“问责”概念传入我国之前，对失职失责的党组织和党员干部进行严肃处理，多是以“责任追究”的名义呈现出来的。

一些党员干部在担任党内领导职务和国家公职之后，受到公共权力的腐蚀性和思想懈怠等因素的影响，逐渐产生了官僚主义作风和贪污腐败等现实问题。针对上述问题，1951年年底中共中央在中国共产党和国家机关内部开

① 王一星. 中国共产党党内问责制研究［D］. 中共中央党校博士学位论文，2009.

② Bovens M. Analysing and Assessing Accountability：A Conceptual Framework［J］. European Law Journal，2010（4）：447－468.

③ R. Mulgan. Holding Power to Account：Accountability in Modern Democracies.［M］. Basingstoke：Palgrave MacMillan Press，2003：18－19.

展了“反贪污、反浪费、反官僚主义”的“三反”运动，不仅查处了刘青山、张子善等贪污腐败分子，而且还相继出台了《关于处理贪污、浪费及克服官僚主义错误的若干规定》《中华人民共和国惩治贪污条例》等制度规范，搭建起责任追究制的基本雏形。基于权责一致原则和对人民群众负责的政治态度，毛泽东同志高度强调对官僚主义作风和脱离群众、贪污腐败等问题进行责任追究的重要性。1951 年 12 月，毛泽东同志在《关于“三反”斗争必须大张旗鼓进行的指示》中强调“号召坦白和检举，轻者批评教育，重者撤职、惩办，判处徒刑（劳动改造），直至枪毙一批最严重的贪污犯”①，主张对党内贪污腐败分子进行严肃的责任追究。1956 年以后受到反右派运动扩大化等因素的影响，责任追究制建设逐渐陷入停顿之中。

改革开放之后，针对党员干部中存在的官僚主义问题，邓小平同志强调：“在管理方法上，当前要特别注意克服官僚主义。……在管理制度上，当前要特别注意加强责任制。”② 这里的“责任制”就是后来“责任追究制”的雏形。1979 年发生“渤海二号”沉船事故，次年，石油部部长被解除职务，主管石油工业的国务院副总理被记大过，这是因发生重大安全责任事故而追责高级领导干部的先例。1982 年党的十二大在审议通过的《中国共产党章程》中首次提出“责任追究”概念，强调对违反政党纪律的行为进行责任追究，“这是党内问责实践进入到责任追究制阶段的一个重要标志”③。针对 20 世纪末各地在追求经济迅速发展过程中时有发生的煤矿瓦斯爆炸等重大安全责任事故，国务院于 2001 年颁布《关于特大安全事故行政责任追究的规定》，要求对在防范和处理特大安全责任事故的过程中有失职渎职行为的地方人民政府主要领导人和政府有关部门正职负责人进行责任追究。除重大安全事故责任追究制以外，党风廉政建设责任制和法院错案责任追究制也是该时期两种重要的责任追究制类型。1995 年 9 月，河北省人大常委会审议通过《河北省人民代表大会常务委员会关于实行错案和执法过错责任追究制的决议》，随后江西省、海南省、内蒙古自治区等也纷纷出台了司法机关错案和行政执法错误责任追究制，这意味着责任追究制被进一步应用于司法领域。1998 年 11

① 中共中央文献研究室：毛泽东文集：第六卷 [M]. 北京：人民出版社，1999：191.

② 邓小平文选：第 2 卷 [M]. 北京：人民出版社，1994：141 - 142.

③ 杨云成. 党内问责制的历史沿革 [N]. 学习时报，2016 - 09 - 08 (4).

月，为加强党风廉政建设，中共中央出台了《关于实行党风廉政建设责任制的规定》，专设“责任追究”一章，明确了领导干部开展党风廉政建设的责任内容和七种责任追究情形，初步建立起专门的党风廉政建设责任追究制度。不仅如此，针对责任追究制存在的执行乏力等问题，2000 年 12 月，江泽民同志在十五届中央纪委五次全会上进一步强调：“对出现的重大腐败问题，不仅要追究直接责任人的责任，还要追究不尽职尽责或领导不力的领导干部的政治责任。”① 这就将责任追究的责任类型从直接责任扩展到直接责任和领导责任。

以“责任追究制”之名行“问责制”之实的责任追究阶段，是中国共产党基于对执政党建设规律和公共权力运行规律日益加深的理解，构建具有中国特色的党内问责制的萌芽阶段。一方面，从责任追究制的制度设计内容来看，虽然责任追究是党内问责制的核心构成要件和结果呈现形式，但是问责不等同于事后的责任追究，问责制是包括事前提醒、事中督责与查责和事后追责在内的一个完整的闭合循环。另一方面，从责任追究制的运行情况来看，虽然该阶段不乏因为重大安全责任事故而产生的责任追究事件，但受到责任追究制度建设尚处于起步阶段等因素的影响，这一时期责任追究实践只是零散地开展，很难满足对掌握公共权力的党员干部进行常态化监督的现实需要。

2. 党内问责制的地方探索阶段（2002—2008 年）

问责概念和问责制度正式传入中国内地，起初是受到 2002 年中国香港实行高官问责制的影响，这为中国内地探索建立地方问责制度提供了经验借鉴。2003 年中国发生“非典”疫情，由于应对“非典”疫情不力等原因，包括时任北京市市长和卫生部部长在内的一大批党政领导干部被严肃问责，掀起了中国的问责风暴。2003 年《长沙市人民政府行政问责暂行办法》的颁布，开了地方行政问责制建设的先河。2004 年，党的十六届四中全会在《关于加强党的执政能力建设的决定》中首次提出“依法实行问责制”，“问责制”概念首次出现在党的重要文件之中。2005 年 1 月，胡锦涛同志在十六届中央纪委五次全会上强调：“依法实行质询制、问责制、罢免制。”② 在中共中央要求

① 江泽民文选：第 2 卷［M］. 北京：人民出版社，2006.

② 中共中央文献研究室. 十六大以来重要文献选编：中［M］. 北京：中央文献出版社，2006：603.

建立问责制的号召和长沙市等地区先行建立地方问责制度的示范效应等因素的影响下，全国各地纷纷开展了地方问责制实践探索。

以2004年《天津市人民政府行政责任问责制试行办法》和《重庆市政府部门行政首长问责暂行办法》等地方行政问责制度陆续出台为标志，地方行政问责制探索如火如荼地展开。与之相对应，党内问责制的地方探索也随即展开。2005年8月，中共海丰县委颁布《海丰县基层党委问责试行办法》，开党内问责制地方探索的先河。2007年4月，中共洞口县委颁布《洞口县基层党建工作问责暂行办法》，将问责内容聚焦于党建工作而非行政事务，明确了问责情形和九种问责方式，进一步健全了地方党内问责制度。同年，中共庐江县委出台了《庐江县党委系统问责制暂行办法》，将问责对象从行政系统进一步扩展到党委系统。上述地方问责制实践探索，为在全国范围内推行党政领导干部问责制积累了经验，提供了鲜活的案例。

在问责制的地方探索阶段，各地构建的问责制度以行政问责制为主；党内问责制不仅数量很少，而且层次较低。造成这种现象的原因在于：首先，从经验借鉴对象来看，“非典”事件之后各地区在构建问责制度时，主要借鉴的是香港高官问责制的经验。而香港的高官问责制从属性上说属于行政问责制，各地区构建地方党内问责制缺乏现成的经验可以借鉴。其次，从控制政治风险的角度看，中国共产党是我国政治权力体系的领导核心，构建党内问责制涉及党的领导机关和领导干部这一政治体制改革的敏感领域，在中央没有明确表态的情况下，贸然构建党内问责制存在较大的政治风险。虽然2004年和2005年颁布的《党政领导干部辞职暂行规定》和《中华人民共和国公务员法》等党内法规与国家法律中都涵盖对失职失责的党员干部和公务员进行严肃问责的相关规定，但是它们并非专门的中央问责制度规范，这就为下一阶段中共中央建立全国性的党政领导干部问责制奠定了基础。

3. 党政领导干部问责制的全国推广阶段（2009—2015年）

以2009年6月中共中央政治局审议通过《关于实行党政领导干部问责的暂行规定》（以下简称《暂行规定》）为标志，问责制建设进入党政领导干部问责制的全国推广阶段。此后，各个省区市和中央部委分别以出台地方性党政领导干部问责的暂行规定和《暂行规定》的实施意见两种形式进一步推动了《暂行规定》的制度细化和制度执行。作为第一部规范党内问责工作的专门性中央党内法规，《暂行规定》的颁布不仅提高了党政领导干部问责的制度化水平，而且还将问责范围由以往的行政系统扩大到党委系统，有效地解决了以前党员领导干部权大责小的问题，实现了责任政党和责任政府建设的相辅相成。2010 年 3 月，中共中央颁布《党政领导干部选拔任用工作责任追究办法》，与《暂行规定》相互配套实施，进一步在选人用人上健全了党政领导干部问责的制度体系。按照《中央党内法规制定工作五年规划纲要（2013—2017 年）》关于“保证问责制度与党纪政纪处分、法律责任追究制度有效衔接”① 的相关规定，2015 年中共中央修订《中国共产党纪律处分条例》，进一步增强党纪处分与党内问责之间的衔接性，丰富了关于问责事由、问责方式和问责程序等事项的制度规定。

需要指出的是，虽然《暂行规定》在加强权力监督与建立责任政府等方面发挥了重要的作用，但是在实践中它也逐渐暴露位阶较低、问责对象边界不清和“抓行政问责多而抓管党治党问责少”② 等弊端。鉴于此，《中央党内法规制定工作五年规划纲要（2013—2017 年）》强调：“适时修订《关于实行党政领导干部问责的暂行规定》，进一步明确问责情形、规范问责方式。”③ 按照习近平总书记关于问责制建设的重大战略部署，加强党内问责制建设的基本方向是“问责的内容、对象、事项、主体、程序、方式都要制度化、程序化”④。这就为修订《暂行规定》指明了基本方向，也为 2016 年中共中央颁布《中国共产党问责条例》埋下了伏笔。

4. 专门系统的党内问责制阶段（2016 年至今）

为解决党内问责制度规范位阶低和多元分散等问题，进一步提升党内问责的制度化水平，2016 年 1 月王岐山在中央纪委十八届六次全会上强调，“研究制定《中国共产党问责条例》”。2016 年 6 月，中共中央政治局审议通过《中国共产党问责条例》，这标志着问责制建设进入专门系统的党内问责制阶段。《问责条例》的颁布具有重大的现实意义。首先，《问责条例》大大提高

---

① 中共中央文献研究室. 十八大以来重要文献选编：上［M］. 北京：中央文献出版社，2014：485.

② 中共中央文献研究室. 习近平关于全面从严治党论述摘编［M］. 北京：中央文献出版社，2016：235.

③ 中共中央文献研究室. 习近平关于全面从严治党论述摘编［M］. 北京：中央文献出版社，2016：285.

④ 习近平. 加强反腐倡廉法规制度建设 让法规制度的力量充分释放［N］. 人民日报，2015-06-28.

了党内问责法规的位阶和权威性，为党内问责实践提供了统一而权威的制度规范。其次，《问责条例》在问责对象上实行对党员干部进行专门问责和对各级党组织进行集体问责相结合，有效地解决了以往党政领导干部一体问责制容易产生的“集体决策往往找不到具体的责任人”① 的问题。再次，习近平总书记在十八届中央纪委五次全会上强调，对党员领导干部习惯于拍脑袋决策、拍胸脯蛮干的行为“要实行责任制，而且要终身追究”②。《问责条例》在问责的时效性上实行终身问责，“这意味着问责没有过去时、‘空窗期’，离岗、退休、提拔不再是‘免责符’”③，大大提高了党内问责制的长效性与威慑力。

为进一步贯彻落实《问责条例》，“目前已有 22 个省区市和 16 个中央国家机关出台《中国共产党问责条例实施办法》”④，进一步提升了党内问责制的系统性、具体性和可操作性。不仅如此，中共中央还先后完成《中国共产党纪律处分条例》《中国共产党党内监督条例》等与《问责条例》相衔接和配套的基础性党内法规的最新修订工作，党内问责的基础制度体系进一步成熟与完善。需要指出的是，虽然《问责条例》的内容较为科学合理，但是由于作为其“上位法”的《中国共产党章程》和作为其“同位法”的《中国共产党纪律处分条例》等党内法规都已经完成最新的修订工作，与之相衔接的《中华人民共和国监察法》也已经出台，出于提升党内法规体系的统一性、时效性以及实现依法治国与依规治党有机统一等现实考虑，《中央党内法规制定工作第二个五年规划（2018—2022 年）》强调，要“修订《中国共产党问责条例》等党内法规”。2019 年 1 月，十九届中央纪委三次全会公报透露，2019 年将修订《中国共产党问责条例》。2019 年 9 月，中共中央印发新修订的《中国共产党问责条例》，新修订的问责条例进一步明确各个党内问责主体的职责，进一步丰富了问责情形，进一步健全了问责调查程序、问责处置程序

---

① 张贤明. 当代中国问责制度建设及实践的问题与对策［J］. 政治学研究，2012（1）：11－27.

② 中共中央文献研究室. 十八大以来重要文献选编（中）［M］. 北京：中央文献出版社，2016：344.

③ 李自强，张欢. 动员千遍，不如问责一次：落实管党治党政治责任（下）［N］. 中国纪检监察报，2017－09－08（1）.

④ 石艳红. 如何理解党内问责的执纪“刻度”：“无限责任”考校忠诚担当［J］. 中国纪检监察，2017（13）：26－27.

和问责申诉程序，党内问责制度体系进一步发展完善。

（二）当前党内问责制运行中遇到的现实困境

自从2016年《中国共产党问责条例》颁布以来，党内问责制在严明党的纪律和维护党的廉洁等方面发挥了巨大的作用，失责必问、问责必严逐渐在全党成为普遍共识。在肯定成绩的同时，综合纪检监察机关的实地调研结果和党内巡视反馈意见可以发现，当前党内问责制在运行中存在问责主体缺位与越位并存、问责泛化影响党员干部的工作积极性和问责决定执行不到位导致党内问责“高举轻放”等现实困境。

1. 问责主体缺位与越位并存

从问责主体的角度看，按照《问责条例》第八条的相关规定，党内问责主体可以进一步精细化分类为“问责决定机关和问责提议机关两种类型”①，除纪委（纪检组）和党委（党组）等传统的问责主体以外，组织部门等党的工作部门等也被纳入问责主体的范围之内。在党内问责实践中，受到思想认识偏差、逃避履行主体责任和权力意志干扰等多种因素的影响，党内问责主体失范集中体现为问责主体缺位和越位两种现象并存。

第一，从问责主体缺位的角度来看，一些地方党组织特别是党的工作部门，或者因为习惯性地认为问责是纪委和纪检组的事情而很少主动开展问责活动，或者因为担心问责容易得罪周围的人而将问责工作推卸给纪委和纪检组。党内问责工作大多由纪委和纪检组开展，党委（党组）以及党的工作部门问责较少的问题比较突出。“安庆市纪委调研组发现，2017年安庆市纪委共问责市管干部59人，市委未直接作出过问责决定，市委各工作部门中仅有市委组织部问责2人，且均为市纪委调查后移送组织部处理。”② 四川省自贡市大安区纪委公布的统计数据也显示，当地纪检组织的问责案件和问责人数占全区问责总数的81%③。窥一斑而知全豹，安徽省安庆市和四川省自贡市发生的纪委（纪检组）在党内问责中“单兵作战”的问题，只是一些地区党内

① 吕永祥，王立峰．当前党内问责制存在的突出问题及其解决路径：基于问责要素的系统分析［J］．社会主义研究，2017（5）：105－111.

② 杨成．精准规范用好问责利器［N］．中国纪检监察报，2018－08－02（7）.

③ 邱明烨，陈春花，乾济萍．“软”问责，高举轻放为哪般［N］．中国纪检监察报，2018－08－02（4）.

问责实际主体较为单一这一问题的一个缩影。

第二，从“问责主体”越位的角度看，一些关注特定重要事项的督查组、检查组、巡视组乃至地方政府基于其科层制权威或党政领导干部的个人意志，直接将问责意见乃至问责决定呈交给法定问责主体，造成问责主体范围的“外溢”，对法定问责主体依法独立行使问责权力造成干扰。《中国纪检监察报》记者在采访中发现，党内问责中的越位干扰并非孤例，“有的地方发生重大安全事故，当地政府组织调查后，要求纪委对相关人等从严问责，并明确提出‘某某要开除党籍’‘某某要移送司法’；有的检查组、督导组在移交问题线索时，直接将具体处理意见一一列出，和盘端给纪委”①。事实上，按照《问责条例》的规定，地方政府乃至作为非常设机构的督查组、检查组和巡视组并非法定的党内问责主体，它们通过各种方式将自己的问责处理意见强加给党委（党组）和纪委（纪检组）等法定问责主体的行为明显属于越位问责的范畴，虽然出发点可能是好的，但是客观上会对党内问责的权威性和严肃性造成一定的削弱。

2. 问责泛化导致党员干部因为害怕问责而不敢为

按照“失责必问、问责必严”的问责原则，对失职渎职的党组织和党员干部进行严肃问责，是党内问责的应有之义。但是需要指出的是，并非党内问责的启动门槛越低、启动频率越高、问责处理结果越严厉，它所产生的政党治理效果就越好。西方问责理论专家在对问责制的积极效果和局限性进行深刻反思的基础上认识到，当问责制被施加的功能期许太多、启动频率过高时，就会出现“问责超载”现象，而“问责超载”的负外部性在于，它会迫使政府官员因为履行职责风险太高而选择不作为②。正如有学者所说：“问责制度过多过密反而会窒息政府官员的创造性和积极作为的能动精神。”③ 在我国这种“问责超载”现象就体现为，一些地区没有遵循“依规依纪、实事求是”等问责原则，出现问责泛化的问题。2019 年 1 月，中央脱贫攻坚专项巡视公布的巡视情况反馈通报指出，甘肃省、湖北省和江西省等多个省份分别

① 闫鸣. 各尽其责，不越位更不缺位［N］. 中国纪检监察报，2019-04-25（1）.

② Bovens M. Two Concepts of Accountability: Accountability as a Virtue and as a Mechanism［J］. West European Politics，2010（5）：946-967.

③ Frank Anechiarico，James B. Jacobs. The pursuit of absolute integrity: How corruption control makes government ineffective［M］. Chicago：University of Chicago Press，1996.

存在着“个别地方问责泛化”“有的问责追责简单化”“纪检监察机关执纪问责精准度不高”等问题①。从表现形式来看，问责泛化主要体现为问责对象泛化、问责事由泛化和问责结果任性化三个方面，村干部被凑数问责、扶贫手册涂改和出现标点错误被通报批评、上班玩手机被处分等事件成为媒体报道的问责泛化的典型案例②。

问责泛化增加了党员干部特别是基层党员干部被问责的风险，产生影响党员干部工作积极性等消极影响。“《人民论坛》的一份调查问卷显示，71.7%的受访者表示在与干部打交道办事时经常有‘为官不为’的切身体验。70%以上的受访者认为基层干部最容易出现‘为官不为’现象。”③ 基层党员干部为官不为的成因是复杂的。表面上看仅仅与党员干部的责任意识和担当精神相关，其背后则有着自身的行为逻辑，问责泛化在其中发挥着一定的消极作用。问责泛化导致党员干部因为惧怕问责而不敢为，其背后的行为逻辑在于：“在实际工作中，党员干部一旦受到纪律处分，即使政绩再好也很难被提拔使用；相比之下，占着位置做做样子不出事的干部，到了资历反而有机会被提拔。”④ 在基层党员干部中出现的这种有目的、有策略地逃避履行职责的现象，类似于乌尔里希·贝克（Ulrich Beck）所说的“有组织地不负责任”⑤。如何防止基层党员干部将为官不为视为一种理性化甚至制度化的行为选择，成为摆在各级党组织面前的一个重要问题。

3. 问责决定执行不到位导致党内问责“高举轻放”

问责决定的贯彻执行问题，直接影响到党内问责制的严肃性和权威性。《问责条例》第九条对问责处理决定的宣布、通报、归档等事项作出规定，为问责主体、问责对象及其所在单位等贯彻执行问责决定提供了法规依据。然而需要指出的是，在问责实践中，一些党组织和党员干部在贯彻执行问责决定时存在着“变通执行”“打白条”等问题。在《关于坚决纠正和防止纪律

---

① 中央脱贫攻坚专项巡视公布反馈情况［N］．中国纪检监察报，2019-01-30（3）．

② 米博华．精准有效用好问责利器［N］．中国纪检监察报，2019-04-15（2）．

③ 人民论坛问卷调查中心．部分官员不作为真实原因调查分析报告［J］．人民论坛，2015（15）：14-17．

④ 胡锦武，余贤红．干部“混日子”，不只是自身庸懒觉悟低［J］．廉政瞭望（上半月），2018（7）：42-43．

⑤ Gabe Mythen，Ulrich Beck．A Critical Introduction to the Risk Society［M］．London：Pluto Press，2004：60．

处分决定执行不到位问题的通知》印发之后，各地纪委对问责决定和纪律处分决定的贯彻执行情况进行了专项监督检查，发现一些地区和部门存在未按规定调整受处分人员职务职级与工资、处分决定材料入卷不规范、处分影响未按规定执行等问题。① 问责决定和纪律处分决定执行不到位带来的一个重要后果就是，党内问责中出现“高举轻放”的问题，典型的表现形式就是“软”问责多、“硬”问责少。

党的十九大后，首轮中央巡视在反馈巡视意见时指出，山东省存在“软”问责多、“硬”问责少的问题，海南省、中国邮政集团公司也存在落实“两个责任”不力和问责宽松软的问题。除该问责而不问责或拖延问责决定不执行这两种党内问责“高举轻放”的情形以外，还有一种更为微妙的现象就是党内问责“避重就轻”。一个典型例子就是，“四川省蒲江县农发局发生党员干部与销售商相互勾结，骗取国家农机补贴资金并收受‘感谢费’的严重违纪违法案件，13 名党员干部受到党内问责，其中 3 人还受到刑事处罚。所在单位发生如此重大的违纪违法案件，该局原副局长陈维新却仅被给予诫勉谈话这一党纪轻处分”[22]。这种党内问责“高举轻放”的现象，不仅直接影响到问责决定的严肃性，减弱问责决定对失职失责党员干部和党组织的惩戒和威慑功能，而且还会间接削弱党内问责制的权威性和公信力。

（三）党内问责制的发展前景

1. 推动党内问责主体积极履责与依法行权

第一，健全对党委工作部门责任分解、监督检查和责任追究的完整链条，督促其积极履行问责职责，解决问责主体缺位的问题。对失职失责的党员干部进行责任追究，既是党委工作部门的一项重要权力，也是其不可推卸的法定职责。首先，从责任分解的角度看，各级党委在对党委工作部门的主体责任进行精细化分解时，应当不断建立健全党委组织部门用人失察责任追究制、宣传部门意识形态安全责任制等部门责任制，压实党委工作部门的主体责任。意识形态和组织是中国共产党加强自身建设的两个关键向度②，也是加强党内

① 戴南. 抓整改严问责 不让处分执行“打折扣”［N］. 中国纪检监察报，2019－02－19（1）.

② Franz Schurmann. Ideology and organization in Communist China. ［M］. Berkeley：University of California Press，1968.

问责制建设的重点领域。一方面，党委宣传部门要不断健全意识形态安全责任制，对在思想政治教育和意识形态宣传中存在虚假宣传、传播谣言等情形的党员干部进行严肃问责，积极维护党内的思想统一和国家的意识形态安全。另一方面，党委组织部门要不断健全用人失察责任追究制，加强对用人失察、带病提拔等情形的问责，把党内问责贯穿于候选人提名、考察、选举等环节之中，不断健全提名责任制、考察责任制和任命责任制。其次，从监督检查和责任追究的角度看，各级党委应当建立健全对各党委工作部门履行部门责任情况的常态化监督检查和责任追究机制，形成责任分解、检查监督、倒查追究的完整链条。没有常态化的权力监督和严格的问责制度作为保障，党委工作部门责任制就容易成为一纸空文。各级党委应当对党委工作部门的问责效果进行定期检查和随机抽查，当党委工作部门中发生该问责却不问责的情形时，各级党委和上级主管部门除了追究相关责任人的直接责任以外，还要追究各党委工作部门负责人的领导责任，以倒逼各党委工作部门积极扮演党内问责主体的角色，积极履行其主体责任。

第二，建立健全干扰党内问责的登记、备案和责任追究制度，保障党内问责主体依法独立行使问责权力，解决越位问责的问题。依法独立作出问责决定是党内问责主体的一项法定职权，不应当受到督查组、巡视组和地方政府等非党内问责主体的不当干扰。从法定职责权限的角度看，虽然督查组、巡视组和地方政府可以向党内问责主体提供问责问题线索、建议其启动党内问责程序，但是它们无权将其问责意见乃至问责结果强加给法定的党内问责主体。为减少一些组织和个人基于其科层制权威和长官意志而对党内问责造成不当干扰，维护党内问责的独立性、严肃性和权威性，各级党委可以效仿司法体制改革的成熟做法，建立健全党员领导干部干预党内问责活动、插手问责案件处理的登记、备案与责任追究制度。党内问责主体在加强与督查组、巡视组、地方政府之间的信息共享与沟通协商的同时，应当按照依规依纪和实事求是的问责原则，独立而恰当地作出问责处理决定。当出现督查组、巡视组代替党内问责主体拟定问责意见甚至作出问责处理决定的情形时，党内问责主体应当对相关责任人及其具体事实进行详细登记与备案，在征求同级党委乃至上级党委同意的情况下可以向其派出机构如实告知上述事实，以期进一步规范督查组、巡视组等临时性组织的行为。

2. 完善容错机制与权利救济程序

第一，中国共产党在完善党内问责制的过程中应当将问责与容错、监督与保护均衡起来，为敢干事、真干事、干实事的党员干部解除后顾之忧。问责制作为一种督促党员干部正确履行职责的制度工具，其目标是防止党员干部不作为和乱作为，而不是阻挠党员干部积极作为。完善党员干部容错机制，要以习近平总书记“三个区分开来”的容错思想为基础，根据全面深化改革的实践需要，综合考虑“动机态度、客观条件、程序方法、性质程度、后果影响、挽回损失”六个要件来设置容错与免责情形，将问责与容错均衡起来。对此，一些地方党组织进行了有益的探索。《中共教育部党组贯彻落实〈中国共产党问责条例〉实施办法（试行）》就综合考虑不可抗力因素、领导干部的动机与目的、挽回损失的程度等因素，规定了容错与免责的具体情形。为有效解决当前一些党员干部因为问责泛化而不敢为的问题，中共中央在修订《问责条例》时实现问责情形的精细化设置，除规定常规问责的具体情形以外，还规定了免予问责或不予问责、从轻或减轻问责、从重或加重问责三种问责尺度适用的具体情形。新修订的《问责条例》第十条将“在推进改革中因缺乏经验、先行先试出现的失误”；“尚无明确限制的探索性试验中的失误”；“为推动发展的无意过失”；“在集体决策中对错误决策提出明确反对意见或者保留意见的”；“在决策实施中已经履职尽责，但因不可抗力、难以预见等因素造成损失的”。明确为对党员干部不予问责或免予问责的具体情形，对在全面深化改革情境下激励党员干部敢担当、敢作为将发挥有效的激励作用①。

第二，中国共产党应当进一步完善党内问责的申诉程序，为被错误问责的党员干部提供权利救济的制度化渠道。党员干部惧怕问责决定的一个重要原因就是，一些党组织和党员领导干部有时候迫于上级和舆论的压力或者为了尽早平息事端，会在未经过充分调查取证和问责提议机关提议的情况下，草率作出问责决定。在这种情况下，赋予党员干部在受到不公正、不合理的问责处理时向相关机关申诉的权利，对于激励广大党员干部积极作为就显得尤为重要。2016 年出台的《中国共产党问责条例》在设置问责程序时对问责对象的申诉与救济程序并没有做出专门的规定，这使得党员干部的申诉与救

① 中国共产党问责条例［N］. 人民日报，2019 - 09 - 05（003）.

济权利缺乏问责程序的有效保障。针对这种情况，重庆市和湖北省等地区在制定《中国共产党问责条例》的实施办法时，不仅规定问责对象在问责决定机关作出问责决定之前依法享有申诉和救济权利，而且还规定了问责对象的申诉与救济时限，这就进一步补充和健全了《中国共产党问责条例》中的问责程序，将《中国共产党问责条例》与《中国共产党章程》《中国共产党党员权利保障条例》等党内法规中有关党员申诉与救济权利的相关规定有机衔接起来。借鉴地方党内问责制探索的上述有益经验，中共中央在新修订的《中国共产党问责条例》中进一步健全了问责申诉程序，对问责申诉时限和流程作出了清晰具体的规定。新修订的《中国共产党问责条例》第二十条规定："问责对象对问责决定不服的，可以自收到问责决定之日起 1 个月内，向作出问责决定的党组织提出书面申诉。作出问责决定的党组织接到书面申诉后，应当在 1 个月内作出申诉处理决定，并以书面形式告知提出申诉的党组织、领导干部及其所在党组织。"①

3. 培育问责文化与构建问责主体的再问责机制双管齐下

第一，从政治文化的角度看，各级党组织要在党员干部中大力培育失责必问、问责必严的问责文化，以消解"好人主义"的消解影响，铲除党内问责"高举轻放"的不良文化土壤。关于党内问责"高举轻放"的思想根源，有专家指出："'软'问责表面上看是'力气'使得不够，其实质是缺少担当、不敢较真碰硬，奉行'好人主义'。"② 要消解党内存在的"好人主义"对党内问责的消极影响，就需要在各级党组织和党员干部中培育失责必问、问责必严的问责文化。一方面，在教育内容上，各级党组织要对党员干部加强理想信念教育、执政为民教育、秉公用权教育和法治道德教育，使他们区分公权与私利、公德与私德，避免党员干部因为受到人情关系和面子文化等好人主义的影响而出现滥用问责自由裁量权的情况，减少该问责不问责、应当重问责却轻问责等党内问责"高举轻放"情形的产生。另一方面，在教育的方式上，各级党组织要注意采取以案说纪、警示教育和典型宣传等灵活多样的教育方式，以党员干部的岗位、职位和层级为依据来有针对性地设置警

① 中国共产党问责条例 [N]. 人民日报，2019－09－05 (3).

② 邱明烨，陈春花，乾济萍."软"问责，高举轻放为哪般 [N]. 中国纪检监察报，2018－08－02 (4).

示教育内容，帮助党员干部树立责任意识和底线意识，使他们履职责知敬畏。

第二，从制度建设的角度看，各级党组织要不断健全对问责主体的再问责机制，抓住问责决定执行这一关键环节，通过定期检查、随机抽查和单位自查等方式，对贯彻执行问责决定中存在的“打白条”“搞变通”“打折扣”等情况进行严肃问责。“一切有权力的人都容易滥用权力，这是万古不易的一条经验。”① 从问责主体的角度看，党内问责“高举轻放”就是问责主体滥用问责权力特别是滥用问责自由裁量权的结果。不受监督与制约的权力，很容易存在着权力滥用的风险，问责权力也不例外。鉴于此，各级党组织就需要构建对问责主体的再问责机制，国外问责研究专家谢德勒（Schedler）称其为“第二序列的问责”②，其目标是营造一种问责主体也要接受监督与制约的循环问责的状态。具体适用到党内问责制度中，各级党组织在健全对问责主体的再问责机制时，要抓住问责决定执行者这一关键主体，着力扭转党内问责实践中存在的问责决定“重制定、轻执行”的不良倾向。在“上问下责”这一主要的问责渠道中，上级党组织要通过党内巡视巡察、开展党内问责决定执行情况专项检查和日常监督等多种方式，对问责决定是否及时送达和依法公开、问责决定执行者是否违规提前解除处分、问责对象的职务职级、工资待遇和评奖评优等事项是否受到问责决定影响等进行监督检查，严肃追究不严格执行问责决定的党员干部和党组织的相关责任，以对问责决定执行者的再问责压力，倒逼其依法规范执行问责决定的责任感和担当精神。

---

① 孟德斯鸠. 论法的精神：上［M］. 张雁深，译. 北京：商务印书馆，1961：154.

② S A. Conceptualizing Accountability in The Self Restraining State：Power and Accountabily in New Democracies［M］. edited by Andreas Schedler，Larry Diamond & Plattner，M. F. BoulderandLondon：Lynne Rienner Publishers，1999：25.

六、党内问责机制：推进全面从严治党的有效路径

2014 年 12 月，习近平总书记在江苏调研时指出："全面从严治党是推进党的建设新的伟大工程的必然要求。"① 2015 年 2 月"全面从严治党"被上升到党的"四个全面"战略布局的高度。2016 年 10 月党的十八届六中全会公报进一步强调"坚定推进全面从严治党"。这一系列重大论述为学术界开展关于全面从严治党的理论研究提出了研究课题。国内学术界关于全面从严治党的理论研究主要集中在全面从严治党的科学内涵、重要地位、理论价值、现实挑战和推进路径等几个方面，其中关于全面从严治党的推进路径的研究在整个全面从严治党研究中具有重要的地位，能否寻找一条推进全面从严治党的有效路径关系到全面从严治党工作的实际效果。基于此，对目前学术界研究全面从严治党的推进路径的相关成果进行理论检视，发现其中的不足及其改进之处，进而寻求一条新的推进全面从严治党的有效路径，便成为全面从严治党的推进路径研究中的关键议题。

（一）党内问责机制：全面从严治党的推进路径研究的中观视角

通过文献检视发现，目前国内学术界关于全面从严治党的推进路径的理论研究主要有三种代表性观点②：

① 中共中央文献研究室. 习近平关于协调推进"四个全面"战略布局论述摘编［G］. 北京：中央文献出版社，2015：44.

② 除此之外，还有一些学者从严肃党内政治规矩、完善党内巡视制度、加强对权力运行的制约和监督等其他角度探寻推进全面从严治党的具体路径，但是由于观点比较分散和文献不够集中，并没有成为代表性的观点。相关文献参见：纪中强. 从严治党：内涵，难点及路径选择［J］. 理论导刊，2015（7）：59－62；赵付科. 习近平全面从严治党思想论析［J］. 当代世界与社会主义，2015（6）：67－72；戴辉礼. 全面从严治党的治理逻辑与路径选择［J］. 中共浙江省委党校学报，2015（6）：22－27.

第一，以协调推进党的建设“五位一体”总体布局作为推进全面从严治党的有效路径。

一些研究者将全面从严治党置于政党建设的视角下，侧重于从对“全面”的解读出发，将全面从严治党的推进路径理解为思想建设、作风建设、组织建设、反腐倡廉建设和制度建设五个方面的协调推进①。在上述五个方面中，提高党员的思想政治素质、密切党和群众的联系、从严管理干部、构建反腐败的有效机制和健全党内法规制度在全面从严治党系统工程中具有重要作用。

第二，思想建党和制度治党密切结合是推进全面从严治党的根本路径，其中制度治党具有更加重要的作用。

基于对改革开放之前中国共产党主要依靠思想政治教育和政治运动的方式来治理政党的弊端的反思，一些研究者逐渐认识到制度建设在管党治党中的基础性作用，主张将思想教育和制度建设紧密结合起来以更好地服务于全面从严治党②。此种观点认为，内在的思想约束和外在的制度制约对于全面从严治党都是不可或缺的，其中制度治党能够避免思想整风和政治运动等传统政党管理方式所具有的激进性和破坏性等弊端，顺应政治制度化的政治发展方向。

第三，将落实从严治党责任作为推进全面从严治党的有效路径。

一些研究者认为，全面从严治党工作的责任主体和责任内容不明确，导致从严治党责任落实不到位，是全面从严治党工作贯彻落实过程中存在动力不足、效果不彰等问题的重要原因③。基于此，全面从严治党要以细化和落实

---

① 持此观点的文献参见：肖贵清，杨万山．全面从严治党的时代意义及基本途径［J］．山东社会科学，2015（7）：17－23；张士海，王国龙．习近平“全面从严治党”思想研究［J］．社会主义研究，2015（6）：9－13；祁冰，唐淑楠．新形势下全面从严治党的路径选择［J］．理论界，2015（7）：1－8．

② 持此观点的文献参见：梁妍慧．新时期从严治党的主体、对象与路径［J］．学习论坛，2015（2）：14－18；刘先春，王小鹏．思想教育与制度建设相结合：全面从严治党的根本保障［J］．中共浙江省委党校学报，2015（6）：10－15；方涛．坚持思想建党和制度治党紧密结合——学习习近平同志关于从严治党的重要论述［J］．中共福建省委党校学报，2015（1）：56－59．

③ 持此观点的文献参见：李斌雄，张银霞．基层党组织落实全面从严治党责任及其问责机制探讨［J］．探索，2016（1）：90－94；张希贤．论党的建设新阶段：全面从严治党［J］．理论探索，2015（2）：13－16；张英涛．在落实党建责任中推进“全面从严治党”［N］．光明日报，2015－4－7（2）．

从严治党责任为基本抓手，其中明确责任主体和责任内容、对贯彻落实全面从严治党不力的个人和机构进行责任追究，是有效推进全面从严治党的关键举措。

综上所述，目前国内学术界对全面从严治党的推进路径的研究主要集中在宏观和微观两个层面，中观视角的研究相对缺乏①。宏大的理论视角通常远离具体而丰富的经验现象，“对于特定事件的详尽而系统的描述又缺乏整体的概括性”②，中层视角的提出至关重要。具体到对全面从严治党的推进路径的研究上，一方面，党的建设“五位一体”总体布局和制度治党与思想建党相结合两种宏观视角往往忽视对党的建设的五个方面如何协调、制度治党的内涵等具体问题的解释，基于宏大视角提出的建议也往往缺乏针对性和可操作性。另一方面，落实从严治党责任的微观视角又局限于对问责机制的部分构成要素进行详细的描述，而忽视了问责对象和问责内容以外的其他构成要素以及问责机制的运行原理。以党内问责机制为切入点，有助于加强对全面从严治党的推进路径的中观视角的研究。党内问责机制之所以能成为一种中观视角，是因为在研究对象的抽象层次上，它既不像上述两种宏观视角那样具有高度的抽象性和概括性，也不像落实从严治党责任的微观视角那样局限于对问责机制的部分构成要素进行详尽而缺乏整体概括性的描述。党内问责机制的中观视角以问责理论这一中层理论为依托，将问责机制的各构成要素有机地整合进问责机制的运行过程中来，以形成一套自己的运作机制和因果解释逻辑。以党内问责机制这一中观视角研究全面从严治党的推进路径的优势在于，它既适应了宏观层面上制度治党的要求，加强了对全面从严治党过程中遇到的障碍以及突破障碍的有效路径等具体问题的阐释；又能够将责任对象和责任内容等各微观要素有机地整合起来，使问责机制的各项构成要素共同作用于问责过程之中。

基于此，在研究视角上，本书选取党内问责机制这一中观视角作为切入点，开展对全面从严治党的推进路径的研究。在研究内容上，本书立足于政

---

① 乔纳森·H. 特纳根据研究对象的抽象层次，将理论构造方法划分为具有高度抽象性和普适性的公理和思辨理论框架、中观命题和因果模型、关于个案的经验概括三个不同的层次，这三个层次分别与本书的宏观、中观和微观三个层面相对应。参见乔纳森·H. 特纳. 社会学理论的结构［M］. 吴曲辉等译. 杭州：浙江人民出版社，1987.

② 罗伯特·金·默顿. 论理论社会学［M］. 何凡兴等译. 北京：华夏出版社，1990：55.

治学这一学科，运用问责理论的相关知识对推进全面从严治党过程中遇到的障碍以及突破障碍的有效路径进行分析，改变了以往对全面从严治党的理论研究主要集中于马克思主义和党建学科的倾向。

（二）党内问责机制：全面从严治党的内在要求

“问责机制是一种由问责主体和问责对象构成的一种社会关系，在此关系中，问责对象有义务对其行为进行解释和辩护，问责主体则会根据问责对象的陈述提出问题和做出判断，作为此判断的结果，问责对象可能会面临着不利的后果。”① 西方自由民主国家主要依靠竞争性选举制度对执政党进行问责，问责的要求同样贯穿于整个发展中国家，民众日益要求质问政府以及其他权威机构的不负责任的权力②。在我国主要实行非竞争性选举制度的政体中，中国共产党将源自西方的问责理论与我国的党政二元权力格局相结合，创造性地建立了党内问责机制。在谢尔德（Schedler）看来，“问责”是指：“当 A 有义务告知 B 关于 A（过去或将来）的行动和决定，并为它们进行辩护，一旦出现不当行为则将遭受惩罚，A 就是对 B 负责的。”③ 所谓党内问责机制是指在中国共产党内部，由作为问责对象的各级党的领导机关和领导干部对其职责履行情况进行说明与解释，由党内问责主体对上述问责对象违反职责要求的行为实施惩罚的一种行为过程。

对于全面从严治党的内涵，不同的学者分别从“全面”“从严”和“治”的角度来尝试界定这一概念。“全面”主要是指从严治党涵盖党的建设“五位一体”总体布局的各个领域和各级党组织及其成员；“严”主要是指对党员干部的标准要求的严格性和惩罚方式的严厉性；“治”主要是指以制度治党构建更加严密的政党治理体系④。全面从严治党的内涵界定的上述特点启示我们，

---

① Mark Bovens. Analysing and Assessing Accountability: A Conceptual Framework. [J]. European Law Journal, 2007, 13 (4): 447 – 468.

② Richard Mulgan. Holding power to account: accountability in modern democracies. [M]. Palgrave Macmillan Ltd, 2003: 3.

③ Andreas Schedler. Conceptualizing Accountability. in The Self – Restraining State: Power and Accountability in New Democracies [M]. edited by Schedler, Diamond, L. &Plattner, M. F. Boulder and London: Lynne Rienner Publishers, 1999: 17.

④ 关于对全面从严治党内涵的不同界定的综述，参见阮博. 全面从严治党若干问题研究述评 [J]. 社会主义研究，2016 (1): 144 – 152.

在分析党内问责机制和全面从严治党两者之间的关联时，应当对二者的构成要素分别进行分解，进一步在问责对象、问责事由、问责方式和“全面”“从严”和“治”之间构建逻辑关联。

从《关于实行党政领导干部问责的暂行规定》到《中国共产党问责条例》这一党内问责机制的文本规范的发展历程表明，党内问责机制在问责的全面性、问责方式上的严厉性以及问责机制的工具性等方面的发展与进步，正契合了全面从严治党的内在要求。

1. 问责的全面性契合全面从严治党中“全面”的要求

《关于实行党政领导干部问责的暂行规定》和《中国共产党问责条例》是实行党内问责的最重要的两个文本规范，通过对两者的比较可以发现，党内问责机制在问责对象上的全面性、问责方式上的全面性和问责事由上的全面性等方面的进步，正契合了全面从严治党中“全面”的要求。

首先，从问责对象的角度看，按照问责理论的要求，问责对象既可以是个体，也可以是一个组织①。由于中国共产党实行委员会制的集体决策制度，重大问题决策、重要干部任免等“三重一大”事宜的政治决策往往是由各级党的全委会或常委会以集体决策的方式作出的，因此根据权责一致原则，上述党的领导机关应当成为一个集体性的问责对象。《关于实行党政领导干部问责的暂行规定》在第二条中将问责对象界定为：“中共中央、国务院的工作部门及其内设机构的领导成员；县级以上地方各级党委、政府及其工作部门的领导成员，上列工作部门内设机构的领导成员”，各级党的领导机关及其内设机构作为一个集体性的问责对象并没有涵盖在内。与之相比，《中国共产党问责条例》将问责对象进一步规定为：“各级党委（党组）、党的工作部门及其领导成员”和“各级纪委（纪检组）及其领导成员”，各级党委和纪委作为集体性的问责对象被囊括在内，体现出问责对象涵盖范围的全面性，也更加符合“从严治权”的权责一致原则。

其次，从问责方式的角度看，受到对问责对象的上述限定的影响，《关于实行党政领导干部问责的暂行规定》中所规定的“责令公开道歉、停职检查、引咎辞职、责令辞职、免职”五种问责方式也主要是以党政领导干部为问责

---

① Mark Bovens. Two Concepts of Accountability: Accountability as a Virtue and as a Mechanism. [J]. West European Politics, 2010, 33 (5): 946-967.

对象的，并没有针对某一政党组织的问责方式。与之相比，《中国共产党问责条例》则初步实现了问责方式的全面性，增加了检查、通报和改组三种针对政党组织的问责方式，更加凸显党的领导机构及其工作部门作为一个集体性的问责对象的重要性以及问责方式的全面性，有助于实现从从严治党到全面从严治党的转变。

最后，从问责事由的角度看，《关于实行党政领导干部问责的暂行规定》中规定的决策严重失误、用人失察等问责事由都比较具体，抽象性层次不高。与之相比，《中国共产党问责条例》中规定的“党的领导弱化、党的建设缺乏、全面从严治党不力、维护党的政治纪律等各种纪律不力、推进党风廉政建设和反腐败工作不坚决、不扎实”五项问责事由都具有较高的综合性和抽象性，每种抽象的问责情形下又包含各种更为具体的问责情形，由此体现出党中央对各级党组织及其成员更高、更全面的政治要求。

2. 问责的严厉性契合全面从严治党中“严”的要求

在问责和党内问责的概念被广泛使用之前，与权力制约有关的主流话语是监督和党内监督。通过对监督和问责两个概念的比较、党内监督方式与党内问责方式的比较可以进一步看出，在党内监督制度不断健全的情况下，党内问责机制的建立进一步凸显了全面从严治党中“严”的要求。

监督有狭义和广义之分，狭义的监督“就是委托之权对受托之权的监控和节制，使受托者能够按照委托者的意志和利益行使被授予的权力”①。由于监督主体拥有奖惩监督对象的权力，因此狭义的监督也被称为权力监督。权力监督与问责概念中的权力授受关系、强制要素是契合的，因此在某种程度上可以将其视为问责的同义词。但是广义的监督除了权力监督以外，还包括不以权力授受关系和奖惩权力为基础的民主监督②，例如民主党派对执政党的监督，公民对党员干部的监督。与民主监督相比，强制是问责概念的一个构

① 王贵秀. 中国政治体制改革之路［M］. 郑州：河南人民出版社，2004：314.

② 关于权力监督和民主监督的分类，参见郭道晖. 党的领导与人大监督［J］. 法学，2001(3)：3-19.

成性要素①，“缺乏有效的矫正和惩罚，问责就是不完整的”②。由此可见，问责只是监督的一个子集，它仅仅包括权力监督，并不包括民主监督。

监督和问责概念的上述区别决定了监督方式和问责方式的严厉性是不同的。从比较监督方式和问责方式的角度看，《中国共产党党内监督条例》中规定了谈话和诫勉、舆论监督、询问和质询、提出罢免或撤换要求等几种不同的监督方式，其中最严厉的监督方式是提出罢免或撤换要求，而不是直接行使罢免权和撤换权。由此可见，党内监督的方式以软约束为主，刚性的制裁方式相对缺乏。与党内监督方式相比，《中国共产党问责条例》规定的“组织调整或组织处理”问责方式中直接涵盖了停职检查、调整职务、责令停职、降职、免职等多种硬性约束措施，体现出问责方式的严厉性。中国共产党之所以在制定了《中国共产党党内监督条例》之后又颁布了《中国共产党问责条例》，正是为了适应全面从严治党中“严”的要求，通过严厉的问责方式来实现从严治党的目标。

3. 问责的工具性契合全面从严治党中“治”的要求

中国共产党运用问责机制的雏形最早见于干部责任制③中，后来随着党的工作重心的转移，党内问责实践又发展出党建责任制、党风廉政建设责任制等多种表现形式。由于问责机制能够要求作为问责对象的党员干部对某种外在的权威（例如上级）负责，因此它通常被用作控制和引导党政官员的行为的一种重要的政党治理工具。具体而言，党建责任制、党风廉政建设责任制等各自责任制度的建立，将干部考核的重心从发展经济向加强党组织建设和党风廉政建设转移，初步解决了以前党组织片面强调发展经济而忽视自身组织建设和制度建设的问题。除此以外，党内问责机制以权力清单制度和责任清单制度作为其配套设施，通过制定和公布各种权力清单和责任清单的形式，

---

① Andreas Schedler. Conceptualizing Accountability in The Self - Restraining State: Power and Accountability in New Democracies [M]. edited by Schedler, Diamond, L. & Plattner, M. F. Boulder and London: Lynne Rienner Publishers, 1999: 17.

② Richard Mulgan. Holding power to account: accountability in modern democracies [M]. Palgrave Macmillan Ltd, 2003: 3.

③ 也有学者翻译为岗位责任制，关于干部责任制的文献参见 Heimer, Maria. The cadre responsibility system and the changing needs of the party. in The Chinese communist party in reform [M]. edited by Kjeld Brodsgaard, Zheng Yongnian. Routledge, 2006; Maria Edin. State Capacity and Local Agent Control in China: CCP Cadre Management from a Township Perspective [J]. The China Quarterly, 2003 (173): 35 -52.

确定党的领导机关和领导干部的权力边界、责任内容和问责情形，从而为党员群众监督党员干部的权力行使情况、为中央对地方、上级对下级的政治表现进行考核和奖惩提供明确的依据，有利于提高中国共产党内部垂直管理和政治监督的制度化水平。

（三）党内问责机制：全面从严治党的有效路径

2015 年 3 月，习近平总书记在十二届全国人大三次会议上海代表团会议上指出："全面从严治党关键是要抓住领导干部这个'关键少数'，全方位扎紧制度笼子，更多用制度治党、管权、治吏"。从全面从严治党的对象的角度看，党员领导干部掌握着重要的政治权力，基于权责一致原则和权力的扩张性和腐蚀性等认识，推进全面从严治党必须抓住从严管理干部这个中心工作。从全面从严治党的方式的角度看，依靠成熟的制度体系而非领导人的个人意志来管党治党，成为区分传统政党和现代政党的重要标志。由此可见，从严管理干部和制度治党是推进全面从严治党的两个关键。

1. 全面从严治党的两大障碍：制度失范和权力腐败

"制度是一个社会的游戏规则，更规范地说，它们是为决定人们的相互关系而人为设定的一些制约。"① 党内各项制度是协调党内各机构及其成员之间的关系，规范党组织和党员的行为，实现党的意志的工具，是中国共产党全面从严治党的重要载体。党内制度的上述功能的充分发挥，既取决于某一项具体制度的科学性以及各项相关制度之间的协调性和衔接性，同时也取决于各项制度是否得到有力的执行。改革开放以来，中国共产党通过制度建设和制度创新建立了比较完善的基本制度体系，但是在具体制度层面尚存在着各项相关制度之间的衔接性不高甚至相互冲突的问题。例如，在《中国共产党问责条例》出台之前，党内规章条例中与问责相关的多达 119 部，并且各项制度之间还存在表述不一、概念不清等诸多问题。此外，在制度执行层面也存在着制度执行乏力的问题。例如，虽然中国共产党就反腐倡廉工作制定了一系列制度，但是制度执行不力这一问题的存在成为党内权力腐败现象不断发生的一个重要原因。党内制度体系中存在的相关制度衔接性差和制度执行

---

① ［美］诺思. 制度、制度变迁与经济绩效［M］. 刘守英译，上海：上海三联书店，1994：19.

乏力等问题制约了党内制度的正面作用的充分发挥，成为推进全面从严治党工作的一大障碍。

全面从严治党中的“从严”要求根据权责一致的原则对党员领导干部进行有效的监督和制约，从而达到防止权力滥用的目标。党内权力腐败在性质上属于政治腐败，其实质是“滥用公共权力以实现私人利益”①，王沪宁将其界定为“公共权力的非公共运用”②。由此可见，党内的权力腐败现象与全面从严治党中“从严”的要求是背道而驰的。虽然党的十八大以来中国共产党的反腐败工作取得了显著的进展，但是“前腐后继”的问题并没有得到根本的解决，党内权力腐败成为实现全面从严治党目标需要破除的一个关键障碍。

2. 发挥党内问责机制提高党内制度的衔接性和执行力的作用

党内问责机制以奖惩手段作为后盾，将党员干部执行制度的情况作为一项问责内容，将制度执行乏力作为重要的问责事由，能够以问责压力倒逼党员干部执行党内重要制度的积极性和责任感，从而解决制度执行乏力的问题。对问责对象的表现进行衡量是问责过程中的一个重要环节，它具有方便选民对官员的表现进行评估和奖惩、有利于官员控制下属做正确的事情、有助于官员得知工作中的不足并加以改进等功能③。表现衡量④的主要指标除了财政资金的用途和使用效益、提供公共服务的数量和质量、公众的满意度等要素以外⑤，还包括制度和政策的执行情况。将制度执行情况作为对问责对象进行表现衡量的一项重要指标并赋予相应的权重，有助于中央以干部责任制为纽带，将自己的政治意图和制度侧重点传达到地方，提高地方对中央制定的重

---

① Tavits M. Clarity of responsibility and corruption. [J]. American journal of political science, 2007, 51 (1): 218 - 229.

② 王沪宁. 腐败与反腐败：当代国外腐败问题研究 [M]. 上海：上海人民出版社，1990：84.

③ Behn, R D. Why measure performance? Different purposes require different measures [J]. Public administration review. 2003, 63 (5): 586 - 606.

④ 表现衡量与我国主流政治话语中使用的“政绩考核”概念类似，都是指对政治权力主体的执政表现进行衡量和评价。两者的区别在于在西方自由民主国家表现衡量的主体具有多元性，并且选民和社会组织等社会力量也能够凭借选举问责和社会问责等途径对政府官员的政治命运产生重要的影响。而在我国，有能力对党政官员的表现进行“表现衡量”的主体相对单一，主要是各级党委及其组织部门。

⑤ Kathe Callahan. Elements of effective governance: measurement, accountability and participation [M]. CRC Press, 2006: 124.

要制度的执行力度①。但是仅仅表现衡量本身并不一定能够改善党员干部执行制度时的表现，还必须辅之以相应的奖惩手段作为后盾。党内问责机制中包含的强制要素使得不执行、不认真执行或者不正确执行各项相关制度的党员干部都要受到严肃的责任追究，这是保障党员干部不折不扣地执行党内重要制度的约束性因素。在党内问责实践方面，扬州市、安庆市等一些地区都相继制定和出台了《关于对反腐倡廉制度执行情况实行问责的意见》，对党风廉政制度执行不力的党员干部进行严肃追责。反之，认真执行制度的党员干部则会受到相应的物质奖励、表彰乃至政治晋升，这是促进党员干部认真执党内制度的激励性要素②。

问责机制的运行可以划分为提供信息（informing）、辩论（debating）和强制（enforcement）三个前后衔接的阶段：在提供信息阶段，问责对象有义务告知问责主体有关自己行为的各种数据和信息；在辩论阶段，问责主体会对问责对象的行为的正当性和有效性进行询问和质询，问责对象要对自己的行为作出辩护；在强制阶段，当问责主体会对问责对象的表现作出裁决，裁决的后果通常伴随着否定性的惩罚。③ 党内问责机制的良性运行，离不开上述三个阶段的前后衔接和相互配合，信息公开和充分的知情是实施问责的前提，有利于提供问责事由和明确问责对象，而辩论阶段则是对问责对象的辩护权利的尊重和对问责情形的核实，裁判阶段则为保障问责机制的效力和权威性提供后盾。（见表3）

---

① Heimer, Maria. The cadre responsibility system and the changing needs of the party in The Chinese communist party in rcform [M]. edited by Kjeld Brodsgaard, Zheng Yongnian. Routledge, 2006.

② 《党风廉政建设责任制》第九条和第十二条分别规定："党委（党组）应当建立健全党风廉政建设责任制领导小组，负责对下一级领导班子、领导干部党风廉政建设责任制执行情况的检查考核"和"党委（党组）应当建立和完善检查考核结果运用制度。检查考核结果作为对领导班子总体评价和领导干部业绩评定、奖励惩处、选拔任用的重要依据"。

③ Mark Bovens. Two Concepts of Accountability: Accountability as a Virtue and as a Mechanism [J]. West European Politics, 2010, 33 (5): 946-967.

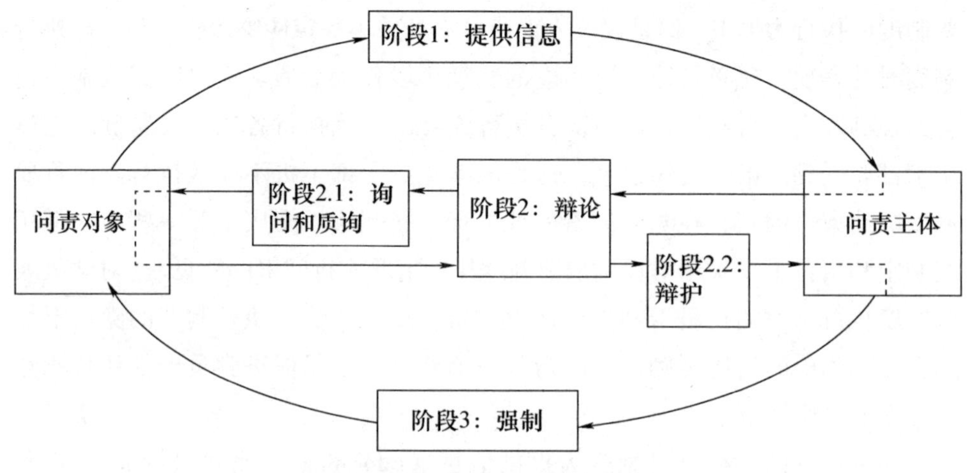

图 2　问责机制运行过程流程图

资料来源：本图系笔者制作，主要内容借鉴和参考了 Mark Bovens 的《Analysing and Assessing Accountability：A Conceptual Framework》一文中的 Figure 1。①

党内问责机制中提供信息、辩论和强制三个阶段的前后衔接和相互配合，有助于加强与上述三个阶段相对应的各项党内制度的协调性和配套性，解决党内相关制度衔接性差的问题。具体而言，在党内制度体系中，与提供信息相关的党内制度包括党务公开制度、重大情况通报制度、党内巡视制度等各项具体制度；与辩论阶段有关的党内制度包括党内询问与质询制度、民主评议制度等；与强制阶段相关的制度包括党内罢免或撤换制度、党内纪律处分条例等。以党内问责机制三个阶段的前后衔接和相互配合为线索，能够打破党内各项制度各自发展、互不协调的弊端，充分利用党内各项相关制度之间在功能上的互补性、过程上的衔接性和目标上的一致性，将原本松散的各项制度密切结合起来以结成严密的制度体系，共同服务于“用制度管权管人管人事”这一目标。

3. 发挥党内问责机制预防和惩治党内权力腐败的作用

关于问责机制与腐败水平之间的关系，罗伯特·克里特加尔运用数学公式对其进行了精练的概括：“腐败 = 垄断 + 自由裁量权 − 问责”②，即官员所接受的政治问责程度越高，他们的腐败水平就越低。在相近的立场上，梅

① 详见 Mark Bovens. Analysing and Assessing Accountability：A Conceptual Framework. [J]. European Law Journal，2007，13 (4)：454.

② Klitgaard R. Controlling Corruption. [M]. Berkeley：University of California Press，1988.

尔·达尔尼克和马克·波文斯也认为问责机制的良性运行能够发挥使权力机关及其成员滥用权力的行为得到公正的裁判①、预防腐败和权力滥用②等作用。党内问责机制的良性运行具有预防腐败和惩治腐败的作用，上述作用的发挥取决于构成党内问责机制的提供信息、辩论和强制三个阶段各自作用的充分发挥及其相互配合。

第一，在提供信息阶段，一方面，党员、党代表、党委及其组织部门等问责主体会在委托—代理关系形成之前（即选拔任命决定正式公布之前），通过党政领导干部选拔任用过程中的提名推荐、候选人介绍、组织考察、任前公示等多个信息收集环节，全面地收集和分享有关候选人的德能勤绩廉等各方面表现的信息③。在此基础上，将潜在的腐败主体从各位候选人之中甄选出来，通过严把任用关将其拒之门外，从而达到预防腐败的目的。另一方面，腐败行为被发现率是腐败主体的腐败成本的最明显的组成部分之一④。在党内问责机制中除了作为问责主体的党的纪检机关专门负责收集腐败线索以外，党员和党代表作为党内问责机制中的重要的问责主体，也能够依靠党务公开制度和党内监督制度等制度平台，为党的纪检机关和党委及其组织部门发现腐败行为提供多元的信息来源渠道，从而提高腐败行为被发现率，提高腐败主体的腐败成本，发挥惩治腐败的作用。

第二，在辩论过程中，问责主体对问责对象进行询问和质询，能够使作为问责对象的党员领导干部接受党委及其组织部门等多元问责主体的监督和评价，从而时刻提醒接受询问和质询的问责对象必须知道什么样的行为会得到问责主体的奖励或者批评⑤，达到提高问责对象对问责主体的政治意愿和利益诉求的回应性的效果。中国共产党实行的党内民主评议制度和述职述廉制度等制度中都蕴含着问责主体对问责对象的行为和表现进行询问和质询的辩

---

① Dubnick M. Accountability and the promise of performance: in search of mechanisms. [J]. Public Performance and Management Review, 2005, 28 (3): 376 - 417.

② Mark Bovens. Analysing and Assessing Accountability: A Conceptual Framework. [J]. European Law Journal, 2007, 13 (4): 447 - 468.

③ Catharina Groop. Accountability and Corruption: A Study into Political Institutions as Referees Between Principals and Agents. [M]. Abo Akademi University Press, 2013: 103.

④ Daniel Treisman. The causes of corruption: a cross - national study. [J]. Journal of public economics, 2000, 76 (3): 399 - 457.

⑤ Mark Bovens. Analysing and Assessing Accountability: A Conceptual Framework. [J]. European Law Journal, 2007, 13 (4): 447 - 468.

论过程要素，它们客观上起到一种鞭策和警示的作用，意在使问责对象在实施腐败行为之前的准备阶段因为受到问责主体的警示和压力而被迫停止，从而起到预防腐败的作用。在政治实践层面，2015 年全国纪检监察机关共谈话函询 5.4 万件（次），警示了违反党内纪律但未构成腐败犯罪的党员干部，在一定程度上发挥了预防腐败于未然的作用。

第三，作为问责机制的构成性要素的强制包括威胁使用强制和事实上使用强制两方面的内容①。威胁使用强制能够利用强制结果的严厉性和一旦从事腐败行为就会受到严厉惩罚的稳定预期对潜在的腐败主体产生威慑作用，从而发挥预防腐败的效果。在腐败收益不变的情况下，如果惩罚的方式足够严厉、受惩罚的范围足够大，潜在的腐败行为就会受到威吓和阻止②。威胁使用强制所产生的威慑力来源于事实上使用强制所发挥的惩戒作用。在一般意义上，问责机制中强制的形式主要有以下三种："（1）废止或者修改代理人所做出的决定（即否决权）；（2）降低代理人的权威（免职或者降职等）；（3）对代理人施加具体的（金钱的、纪律的、法律的等形式）惩罚。"③ 具体而言，《中国共产党问责条例》中规定了停职检查、调整职务、责令停职、降职、免职等几种问责的方式，而且党内问责的问责方式和党纪政纪处分、法律制裁等手段经常是相互配合使用的。上述多种强制手段的实施，不仅仅要求腐败主体上交非法所得，而且还会使腐败主体付出丧失公职、名誉、人身自由、政治权利甚至生命等额外的代价，由此导致的结果就是腐败主体的腐败成本高于腐败的收益，从而起到惩治腐败的作用。

对目前学术界研究全面从严治党的推进路径的相关成果进行理论检视，有助于为寻找一条推进全面从严治党的新的有效路径提供理论线索。在关于全面从严治党的推进路径的研究上，中观视角的缺乏为以党内问责机制这一中观视角为切入点探讨推进全面从严治党的有效路径提供了理论上的创新性。通过《关于实行党政领导干部问责的暂行规定》与《中国共产党问责条例》

---

① Mark Bovens. Two Concepts of Accountability: Accountability as a Virtue and as a Mechanism. [J]. West European Politics, 2010, 33 (5): 946 -967.

② McCubbins M D, Noll R G, Weingast B R. Administrative procedures as instruments of political control. [J]. Journal of Law, Economics, & Organization, 1987, 3 (2): 243 -277.

③ Strøm, K. Parliamentary Democracy and Delegation. in Delegation and Accountability in Parliamentary Democracies [M]. edited by Strøm K, Müller W C, Bergman, T. Oxford: Oxford University Press. 2003: 110.

两个重要文本的比较研究可以发现，党内问责机制在问责上的全面性、问责方式上的严厉性和问责机制的工具性等方面的发展与进步，分别契合了全面从严治党对“全面”“从严”和“治党”的内在要求，为将党内问责机制作为全面从严治党的推进路径提供了理论上的契合性。作为政党治理的重要工具，党内问责机制的良性运行具有提高党内制度的衔接性和执行力、预防和惩治党内权力腐败的积极作用，这恰恰有助于破除全面从严治党过程中遇到的党内制度失范和权力腐败等关键障碍，在实践层面上证明了党内问责机制作为全面从严治党的推进路径的有效性。

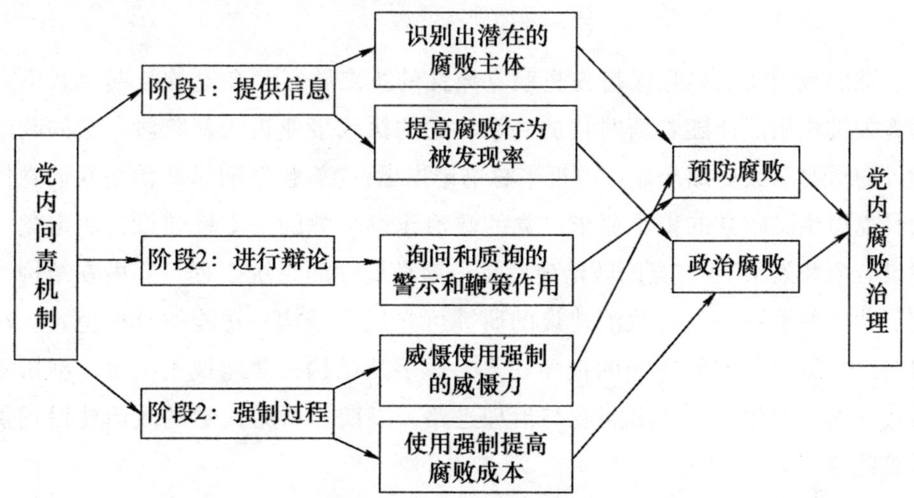

图3　运用党内问责机制治理党内腐败流程图

资料来源：本图系笔者自己制作，具体内容借鉴和发展了 Catharina Groop 在《Accountability and Corruption：A Study into Political Institutions as Referees Between Principals and Agents》一书中 Figure 9：Accountability mechanisms as solutions to principal - agent problems and agency loss in the form of corruption。①

① Catharina Groop. Accountability and Corruption：A Study into Political Institutions as Referees Between Principals and Agents［M］. Abo Akademi University Press，2013：103.

七、新时代党的政治建设：以结构—功能主义为分析视角

党的政治建设是党保持先进政党属性的重要路径，在党的长期执政中发挥着关键作用。伴随着新时代的到来，党的执政事业迈入新阶段，党的政治建设的重要意义更加凸显。习近平总书记指出："旗帜鲜明讲政治是我们党作为马克思主义政党的根本要求。党的政治建设是党的根本性建设，决定党的建设方向和效果"①。党的政治建设是一项长期性的系统工程，其内在结构决定了功能的发挥。党的政治建设的研究可立足于结构—功能的分析范式，从自身内在结构与实效功能的视角切入。本书从结构—功能视角出发，剖析新时代党的政治建设的突出问题与治理进路，以期为新时代党的政治建设提供对策建议。

（一）研究现状与问题的提出

有的学者结合所处的时代背景与党和国家的方针路线，阐释了坚持和加强党的政治建设的理论内涵。黄有泰结合党的第二代和第三代中央领导集体在加强党的建设方面的实践，将党的政治建设概括为把政治建设作为党的建设整体部署中的核心环节、把党建设成为领导全国人民建设中国特色社会主义的坚强核心、服从和服务于党的基本路线和基本方针以及着力解决政治方向和政治立场问题等内容②；李康平等结合十三届四中全会以来的时代背景与党的政治建设理论发展，将党的政治建设思想的基本结构归纳为发展社会主

① 中国共产党第十九次全国代表大会在京开幕 习近平代表第十八届中央委员会向大会作报告［N］. 人民日报，2017－10－19.

② 黄有泰. 党的政治建设的新成就［J］. 湖湘论坛，1998（6）：38－39.

义民主政治与建设社会主义政治文明、坚持党的领导、人民当家作主与依法治国的有机统一和政治改革、政治发展与政治稳定的协调统一、积极稳妥推进政治体制改革和加强制度建设等部分①。

有的学者基于史料梳理，对中国共产党加强党的政治建设的历史进行了考察。吕惠东等系统梳理了党的"一大"与"二大"时期、土地革命战争时期、抗日战争时期、社会主义革命与建设时期、改革开放时期和党的十八大以来等阶段党的政治建设的历史演进脉络②；董树君等将建党 95 年来中国共产党加强政治建设的历史经验归纳为制定和坚持党的政治纲领、制定和执行正确政治路线、制定和执行正确的政策策略以及维护党章权威等几方面③。

有的学者结合对新时代背景与特征的认知，构建了新时代坚持和加强党的政治建设的实践举措。刘先春在系统阐释党的政治建设的时代意义与科学内涵的基础上，从坚持习近平新时代中国特色社会主义思想武装全党、完善和落实民主集中制的各项制度、严肃党内政治生活、培育积极健康的党内政治文化和自觉加强党性修养等方面探讨了新时代加强党的政治建设的具体举措④；王炳林在论证新时代将党的政治建设摆在首位的必要性与路径的基础上，提出从牢固树立"四个意识"、牢牢把握基本路线和加强党员的党性教育与党性锻炼等方面来推进新时代党的政治建设⑤。

既有研究覆盖了党的政治建设的内涵、历史和路径，但是当前研究存在一定的可拓展空间。首先，对于新时代背景下突出问题与治理进路的研究较为匮乏。新的时代背景带来的不仅是机遇，亦有挑战，这些挑战往往从实然层面对党的政治建设造成较大阻碍。然而，关于新时代如何推进党的政治建设这一命题，相关研究多从应然层面出发进行探讨，对其突出问题与治理进路的研究一直乏人问津，问题导向不甚明显。其次，既有研究的理论深度有

---

① 李康平，张吉雄，曹开华. 十三届四中全会以来党的政治建设战略思想研究 [J]. 政治学研究，2003 (6)：12-20.

② 吕惠东，丁俊萍：以党的政治建设为统领的理论逻辑、历史逻辑和实践逻辑 [J]. 中共中央党校学报，2018 (2)：21-28.

③ 董树君，蔡常青. 重视政治建设是全面从严治党的必然要求 [J]. 红旗文稿，2016 (17)：4-7.

④ 刘先春，葛英儒. 新时代党的政治建设的科学内涵与时代要求 [J]. 马克思主义理论学科研究，2017 (6)：48-56.

⑤ 王炳林，房正：论新时代党的政治建设 [J]. 毛泽东邓小平理论研究，2018 (2)：32-37.

待强化。理论有助于提升认知水平、打破思维围墙，能够为审视政治现象提供较为理性、系统的依循进路。新时代党的政治建设作为一项长期性的重大战略部署，应当依托成熟的理论框架对其突出问题与治理进路展开系统分析。然而，当前关于党的政治建设的部分研究或局限于对文件、报告的文本解读和阐释，或依托一定的逻辑框架展开研究，在结合成熟理论框架方面存在较大的提升空间。

系统论认为，系统是由具有特定功能、相互间有机联系的构成部分组成的整体①。新时代党的政治建设是由制度、组织、文化、群体与个体等构成的系统工程，各部分通过相互作用，共同形成党的政治建设的内部结构。新时代党的政治建设从构成部分及相互关系等方面契合“系统”的本质属性，可以视为由制度、组织、文化、群体与个体等部分组成的政治系统。罗伯特·K. 默顿认为，内在结构决定外在功能②。在新的时代背景下，党的政治建设能否顺利推进，能否充分发挥其在培育党内政治意识和强化党员政治能力等方面的应有功能，最核心的影响因素即是党的政治建设的内在结构。对于结构与功能相关问题，学界已经形成了成熟、完整的“结构—功能”主义分析范式。这一范式将研究客体视为具有一定结构组织化形式的系统，各组成部分间相互作用，最终决定了系统功能，从而为探析时代背景对内在结构的负面影响和通过化解负面影响强化系统功能等问题提供了科学合理的分析进路。基于此，本书依托“结构—功能”主义中的“价值—制度—角色”分析框架，对新时代党的政治建设所面临的突出问题展开理论审视，并构建破解突出问题的治理进路。

（二）“价值—制度—角色”：新时代党的政治建设的可行分析框架

党的政治建设作为一项系统工程，需要通过顶层设计的完善来优化自身内在结构，从而更好地在新时代下发挥自身功能。结构功能主义代表人物塔尔科特·帕森斯认为，价值、制度与角色是政治系统的基本要素，并将价值、制度与角色作为“结构—功能”分析的基本框架③。桑玉成从明晰人类政治

① 霍绍周. 系统论［M］. 北京：科学技术文献出版社，1988：24－38.

② ［美］罗伯特·K. 默顿. 社会理论和社会结构［M］. 南京：译林出版社，2008：166.

③ 这一框架主要参考自帕森斯的“结构—功能”理论. 参见［美］塔尔科特·帕森斯. 现代社会的结构与过程［M］. 梁向阳译. 北京：光明日报出版社，1988：139－140.

生活的基本价值、设计有效的制度和解决担当政治角色的个体以及团体等问题，对政治研究中的宏观、中观与微观层次内容进行了界定。价值、制度和角色构成了政治系统的层次结构，为关于政治系统的结构—功能分析提供了基本框架。在这一框架中，行动者作为行动执行者，为达成特定目标，依循一定规范完成行动。具体到党的政治建设方面，与国内对于党的政治建设的相关研究主要集中于思想建设、党性修养等有所不同，“价值—制度—角色”从宏观、中观和微观视角提供了分析视角，覆盖面较为全面，层次亦较为清晰，能够对新时代党的政治建设所面临的突出问题与治理进路的建构进行有效的系统分析（参见表5）。

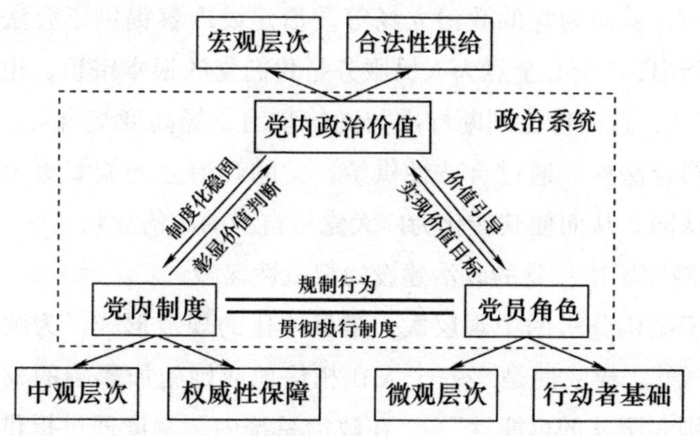

图4　新时代党的政治建设的结构框架

资料来源：本图系笔者制作。

1. 党内政治价值层次：党的政治建设的合法性供给

合法性“是社会的组织机构自认为以及被认为是正确和正当的程度”①，是政治系统存在、运行与发展的基础。价值作为政治系统中的宏观层次，通过对价值取向的引导，为政治系统提供了合法性来源②。在这一过程中，价值

① ［美］西摩·马丁·李普塞特．政治人——政治的社会基础［M］．上海：上海人民出版社，1997：25.

② 帕森斯认为，合法性主要来自价值系统．张康之．合法性的思维历程：从韦伯到哈贝马斯［J］．教学与研究，2002（3）：63－68.

主要通过契合行动者工具理性与价值理性这两种基本思考模式①来实现价值引导功能。首先，从工具理性角度审视，价值的本质是客体对主体需要的满足②，政治系统通过满足行动者的各类价值需求来引导对其精神与行为。其次，从价值理性角度审视，价值系统提供了一套判断标准体系，并通过价值判断的趋同化过程形成了关于价值的普遍共识。政治系统的存在、运行与发展需要基于普遍价值共识来获得合法性，进而获取行动者的认同与支持③。具体到党的政治建设方面，价值元素蕴含于党的政治建设之中，主要体现为党内政治价值及其引导功能。党内政治价值在内涵方面与党的政治立场等存在高度契合性，通过内涵的契合，使党员认为党的政治立场等政治性原则是合理的、正当的，从而为党的政治立场等政治建设内容提供了合法性来源。习近平总书记指出，“全心全意为人民服务是我们党的根本宗旨，也是共产党人的价值追求”④，这一价值判断标准与党的政治立场高度契合⑤，进而使党的政治立场获得合法性。通过合法性供给，党的政治立场能够更为有效地获取党员的普遍认同，从而使其转化为广大党员自身的政治立场。

2. 党内制度层次：党的政治建设的权威性保障

制度居于结构分析的中观层次，是具体化的规范形式，为政治系统提供了权威性来源⑥。权威性是“一个人在相信他或她施加影响的权利的合法性基础上要求别人服从的可能性”⑦，在政治系统中，制度通过提供稳定的权威

---

① 工具理性与价值理性是马克斯·韦伯提出的个体思考问题的两种基本方式，前者主要指通过一定手段或方式实现自己合乎理性所争取和考虑的作为成果的目的，后者主要指对于固有价值无条件的纯粹信仰。参见［德］马克斯·韦伯. 经济与社会（上卷）［M］. 上海：商务印书馆，1997：56.

② ［英］拉蒙特. 价值判断［M］. 北京：中国人民大学出版社，1992：318－320.

③ R. Lowenthal. Political Legitimacy and Cultural Change in West and East［J］. Social Research，1979（46）：402.

④ 虞云耀. 坚守共产党人的政治品格和价值追求［N］. 光明日报，2015－07－19（8）.

⑤ 习近平总书记指出，人民立场是中国共产党的根本政治立场，是马克思主义政党区别于其他政党的显著标志。参见习近平. 在庆祝中国共产党成立95周年大会上的讲话［N］. 人民日报，2016－07－19（2）.

⑥ 帕森斯主要在制度层面上界定权威。参见邵莉，季金华. 权威关系的社会价值与合法性——对恩格斯、帕森斯和科尔曼之权威理论的解读［J］. 南京社会科学，2002（3）：40－47.

⑦ ［美］D. P. 约翰逊. 社会学理论［M］. 南开大学社会学系译. 北京：国际文化出版公司，1988：279.

性，将行动者的行为约束在系统可控的范围内，从而避免系统内失序。具体而言，首先，制度对于行为的规制，主要通过激励、惩罚与预期等功能来完成。个体作为理性人，会选择主观效用最大化的行动方案，制度以个体权衡利弊的心理机制为作用基点，对遵守制度者给予适当物质或精神激励，使违反制度者承担相应不利后果，通过制度的有效执行，强化个体遵守制度的行为动机。预期则是在有效落实制度的激励与惩罚功能的基础上，通过替代性经验的习得，使个体对行为导致的后果形成预判，实现对个体的引导作用。其次，与权力无条件的强制支配不同，权威是建立在认同基础上的影响力，即权威具备正当性的来源，能够被系统内的行动者所认可。在制度层面上，制度树立权威的方式不仅包括制度的强制力，亦涵括制度认同。"制度认同意味着人们对于制度的权利义务规则、价值规范等要素，经过个体理性的判断和价值选择过程，形成心理的认同感和价值归属感"①，其核心在于行动者对于制度中蕴含价值的认同。价值通过制度化的形式蕴藏于制度当中，并在制度规定和执行过程中彰显价值判断。正是基于制度规定与普遍价值共识的契合性，制度具备了获得普遍认同的前提。具体到党的政治建设方面，制度元素蕴含于党的政治建设之中，通过权威性供给来发挥作用。党的十九大报告指出，将党的政治建设摆在首位，"要尊崇党章，严格执行新形势下党内政治生活若干准则"②。通过权威性的供给，各项党内制度将在制度认同与执行等方面得到强化，从而对广大党员行为产生更强的约束力。

3. 党员角色层次：党的政治建设的行动者基础

角色居于结构分析的微观层次，表征了个体的社会定位与互动关系，是达到政治系统目标的重要支撑。具体而言，政治系统在生存与发展过程中，为实现自身内部各子系统间、系统与环境间的协调与平衡，必然会制定一定的共同目标。行动者个体作为政治系统中的基本单元，在应然层面上，应当以共同目标作为自身的行动指引。在达到共同目标的过程中，政治系统内形成了一定的互动关系，每个个体都被赋予了特定角色。个体能否按照角色定

① 程同顺，邢西敬．合法性、认同和权力强制：制度权威建构的逻辑［J］．上海行政学院学报，2016（5）：12－18.

② 中国共产党第十九次全国代表大会在京开幕 习近平代表第十八届中央委员会向大会作报告［N］．人民日报，2017－10－19（1）.

位与规范的要求来践行自身角色①，将对政治系统的共同目标的达成产生重要影响。根据角色理论，角色主要通过两条路径推进共同目标的达成：首先，通过角色定位来认知自身在共同目标达成中的作用。角色定位涉及个体对角色的总体把握，对个体行为具有引导作用。行动者对于自身角色的认知愈精准，其在达到目标的行动中往往愈能发挥积极作用。其次，通过明晰互动关系形成具备稳定结构的行动者集体。在政治系统运行过程中，不同行动者会担当决策者、执行者、参与者和监督者等不同角色，各个角色作为政治系统运行中的关键节点，通过互动形成了结构稳定的集体，政治系统以个体的角色扮演为中介，可以将系统目标转化为集体目标。具体到党的政治建设方面，角色元素寓于党的政治建设之中，并推动政治系统目标的达成。党的政治建设的目标在于培育严格服从中央领导、维护党内团结统一和严守政治规矩的党员个体，最终体现为党的高度组织性与纪律性。上述目标融合于对于党员的角色定位之中。个体通过对党员这一政治角色的认知与认同，能够形成有效的自我期待，并按照角色扮演的需求，积极在政治生活“舞台”上扮演好自身的政治角色。通过这一过程，党员个体将普遍具备高度的组织性与纪律性素养，从而最终达到党的政治建设目标。

（三）新时代党的政治建设所面临的突出问题

新时代包含社会主要矛盾发生变化、利益诉求多样化、价值观念碰撞激烈、信息传播技术日益发达和执政环境复杂等重背景，上述背景从党内政治价值、党内制度与党员角色等方面为党的政治建设带来了突出问题。

1. 党内政治价值引导性一定程度的弱化导致部分党员政治立场出现动摇

党内政治价值作为取向基准，通过满足价值需求与形成价值共识的方式强化价值引导功能，为党的政治立场提供了合法性基础。当前党内政治价值的引导功能在一定程度上受到削弱，导致部分党员的政治立场出现混乱。中国特色社会主义民主以人民当家作主为基本价值内核，具有西式民主所不具备的独特优势，是党员应当坚持的基本政治立场之一。然而，有学者的调研

---

① 角色扮演是指个体拥有某一地位，并把组成地位的权利和义务付诸实践的过程。参见 Ralph Linton. The Study of Man [M]. New York: D. Appleton – Century Company, 1936: 2.

统计显示，选择“认同西方式‘自由民主’”的党员占受访党员总数的44.9%①，此即是由外部价值渗透而导致部分党员价值观念混乱的缩影。导致价值引导性弱化的原因有以下方面：

首先，不良价值从外部持续渗透，导致部分党员价值认知混乱。伴随着国内外文化交流的日益繁盛，西方资本主义的享乐主义等价值理念依托各类文化产品流入国内，与中国传统文化中的人情观、面子观和等级观等融为一体，二者共同形成了向党内价值体系内部进行渗透的来源。如美国政治学家约瑟夫·奈基于对美国在全球传播本国价值的考察指出：“我们的价值观是软实力来源之一。在这个意义上说，我们被看作是自由、人权和民主的灯塔，把其他国家指引过来追随我们的领导”②。不良价值的持续渗透，不断与党内政治价值争夺主导话语权，导致了部分党员的价值认知出现混乱。

其次，党内政治价值缺乏有效的社会化路径。党内政治价值作为一种文化符号，不仅独立存在，亦寓于认知、态度与意识形态等文化形式之中，并通过社会化与政治实践对个体产生影响。价值通过社会化过程，将价值判断标准内化于行动者的认知结构当中。根据传播学原理，文化符号传播应当采取受众中心导向，根据受众的认知内容与形式需求设置议程③。在对党内政治价值进行社会化的过程中，应当贴近党员认知偏好与党员生活实践，从而在认知、情感与态度方面与受众产生共鸣。然而在政治价值宣扬的过程中，存在脱离实践、脱离生活与形式单一等现象，对部分党员关于党内政治价值的认同形成了严重的消极影响。如有学者统计显示，认为“党内教育方法陈旧，存在形式化、平淡化倾向”的党员占受访党员总数的63.8%④，表明当前党内政治价值的社会化方式已经不被部分党员所认同，亟待通过改进党内政治价值的社会化方式来提升实效性。

2. 一些制度规制的失灵导致党内制度的权威性受到削弱

作为全面从严治党的构成部分，当前党内制度建设稳步推进。然而，由

① 周敬青．严肃党内政治生活的问题与对策思考［J］．探索，2018（1）：130－137.

② Joseph S. Nye. The Power We Must Not Squander［N］. The New York Times，2000－01－03（2）.

③ ［英］丹尼斯·麦奎尔，［瑞典］斯文·温德尔．大众传播模式论［M］．上海：上海译文出版社，1987：102－107.

④ 周敬青．严肃党内政治生活的问题与对策思考［J］．探索，2018（1）：130－137.

于部分制度执行不力，当前党内制度规制存在一定的失灵情况，党内制度的权威性受到削弱。如由于存在制度执行不力的情况，部分党员并不认同制度的作用，而以权力或利益作为思考问题的出发点，或迷信权力、不信法律，或为获取不当利益不惜违反制度规定，导致违规违纪现象屡次发生①。导致一些制度规制失灵的成因主要有以下方面：

首先，部分制度规定有待进一步细化。当前部分制度规定过于原则化，为执行者留有过大的自由裁量空间。“一些法规制度的条文只有定性的要求，没有定量的要求，很难具体操作”②。此外，当前部分制度配套的考评、监督与问责机制尚不完善，导致制度的可操作性较差。如当前各地关于党员在互联网与自媒体等平台上发表言论，相继出台了一些规范性文件，但缺乏统一标准与完善的监督与问责机制，且在约束的标准与覆盖范畴方面还应进一步扩展。有学者根据这一现状指出，一些综合性、位阶高的党内法规出台后，没有及时制定具体的配套规定，影响了党内法规的实施效果③。

其次，部分党员的制度执行意愿较低。所谓制度执行意愿，是指党员在具备对制度理念与规定清晰认知的前提下，按照制度作出行为、维护制度运行条件，从而使制度落到实处的心理动机。由于存在党员在制度制定与执行过程中地位虚化的现象，部分党员对于制度执行的动机强度微弱，或动机方向与制度执行背道而驰，导致制度执行力低下。具体而言，党内民主是党的优良政治传统，但当前部分党内制度在规划、起草、审定与发布的过程中忽视了党员的主体地位，未设立党员参与和意见征集，从而使部分党员在党内的自我效能感水平较低，对于参与制度执行与维护制度权威兴趣寥寥。通过对党员主体地位虚置化与党内法规执行关系的考察，由于部分党员在制度制定过程中处于被动接受而非主动参与的状态，其积极性往往受到较大削弱，最终导致部分党内法规执行不力④。

3. 部分党员的角色错位一定程度上使党的组织性与纪律性受到冲击

具备高度的组织性与纪律性的党的成员，是关于党员的重要角色定位。

---

① 邵景均. 最重要的是抓好制度执行［N］. 中国纪检监察报，2016-01-06.

② 蔡长水，刘振华. 新世纪党建九大问题［M］. 南京：江苏人民出版社，2001：182.

③ 李忠. 党内法规建设研究［M］. 北京：中国社会科学出版社，2015：100.

④ 操申斌. 党内法规制度执行力的若干限制因素分析［J］科学社会主义，2011（2）：73-75.

在这一定位引导下，党员应当严格服从以习近平同志为核心的党中央的领导，严格遵守党的各项纪律，自觉维护党内团结。然而，伴随着时代发展，社会关系日益复杂，个体需要充当的角色也逐渐增加。由于践行不同角色对个体有不同要求，这些要求有时会相互干扰，导致部分党员在心理层面形成冲突并与角色错位现象①的出现，最终使党内组织性与纪律性受到一定冲击。导致部分党员角色错位的成因主要有以下方面：

首先，部分党员的政治角色定位出现偏差。一方面，少数党员因入党动机不纯，对党员的定位不准确。客观而言，大部分党员的入党动机都是纯洁的，自我定位也是准确的，能够以马列主义为信仰，积极投身于中国特色社会主义建设中。然而，少数党员入党动机并不纯洁，其将党员角色定位为谋取私利的途径，在角色扮演过程中的思想与行为完全和党员角色相背离②。另一方面，部分党员受到外部角色期待影响，对角色定位出现改变。角色期待是指角色扮演者或相关者对于个体在扮演角色中行为的期待，这种期待蕴含着关于角色的评价标准，会对个体关于角色定位的认知产生影响。党员角色被定位为社会的优秀分子，其社会地位与物质收入等被亲人、朋友与社会寄予厚望，这种角色定位往往会内化为党员对自身的角色定位。然而，党员角色并不一定完全转化为社会地位与物质收入，这种理想与实践的差距，使少数党员由于自尊受损、期待落差而出现心态失衡。为弥补落差、维护自尊，少数党员不惜以权谋私，从而出现角色错位行为。

其次，部分党员的角色互动关系发生改变。一方面，“潜规则”对正式制度的约束功能产生破坏。“潜规则”是指没有正式文字规定，却又具备一定认同基础，且在实践中发挥实际效用的规则。潜规则一般包含了何时依循潜规则谋利和如何规避权力监督等内容，在价值立场上往往与正式制度相背离。少数党员干部在精准扶贫工作中，利用职务之便违规收取保证金、违规为亲友办理低保指标等，即是“潜规则”的典型表现。上述“潜规则”虽然与正

① 角色错位是指角色扮演者的实际表现与社会、群体、组织、他人的期待和要求不相符合的行为。这里是指党员的行为不符合以习近平同志为中心的党中央与党规国法要求。参见奚丛清. 角色论——个人与社会的互动［M］. 杭州：浙江大学出版社，2010：133.

② 杨华云等. 中组部回应信仰危机质疑：部分人入党动机不纯［EB/OL］. 2010-07-01，https：//news. qq. com/a/20100701/000244. htm，2010-7-1/2018-5-5.

式制度相抵牾，但由于在特定情境中“行之有效”，少数党员干部为谋取不当利益，经常依循潜规则行事，破坏了既有制度框架内的角色互动关系，从而对党员队伍的纪律性形成了负面影响。另一方面，社会原子化导致个体积极性削弱。社会原子化作为由于社会联结机制中间组织解体或缺失而产生的个体无序互动、道德解组和社会失范的总体性危机，往往会导致个体间疏离及凝聚力下降等问题，使个体逐渐丧失达到共同目标的积极性①。部分党员受社会原子化的影响，丧失了党员本应具备的政治素养，以私人和家庭利益作为思考问题的出发点，对于体现党的组织性、纪律性的角色互动模式漠不关心，使既有角色关系的共识基础受到瓦解，从而破坏了党员队伍整体的组织性。

（四）新时代党的政治建设的治理进路

党的十九大报告指出，党的建设方面还存在不少薄弱环节，这些问题必须着力加以解决②。这一论断体现出以习近平同志为核心的党中央在党的建设方面突出问题意识、坚持问题导向的理性态度与睿智判断。党内政治价值、党内制度体系与中共党员身份作为党的政治建设的组成要素，共同构成了党的政治建设发挥功能的基础，任何要素丧失作用均可能导致整体功能的失灵。鉴于此，应当以突出问题为靶向，从党内政治价值认同、党内制度执行力与政治角色三重维度来构建破解突出问题的可行进路（参见表6）。

1. 提升党内政治价值认同，巩固党的政治立场的合法性基础

价值认同是指对价值内涵的认可态度。认同作为一种心理动力机制，为价值引导提供了动机支撑，应当通过党内政治价值的普遍认同，为党所坚持的政治立场提供合法性支持。针对当前价值弱化的挑战，可以从内容与形式两方面强化党内政治价值认同。

首先，通过优化党内政治价值结构形塑价值认同。第一，形成主次分明的价值结构。习近平总书记指出：“要注重加强党内政治文化建设，倡导和弘

① 田毅鹏，吕方．社会原子化：理论谱系及其问题表达［J］．天津社会科学，2015（5）：68－73．

② 中国共产党第十九次全国代表大会在京开幕 习近平代表第十八届中央委员会向大会作报告［N］．人民日报，2017－10－19（1）．

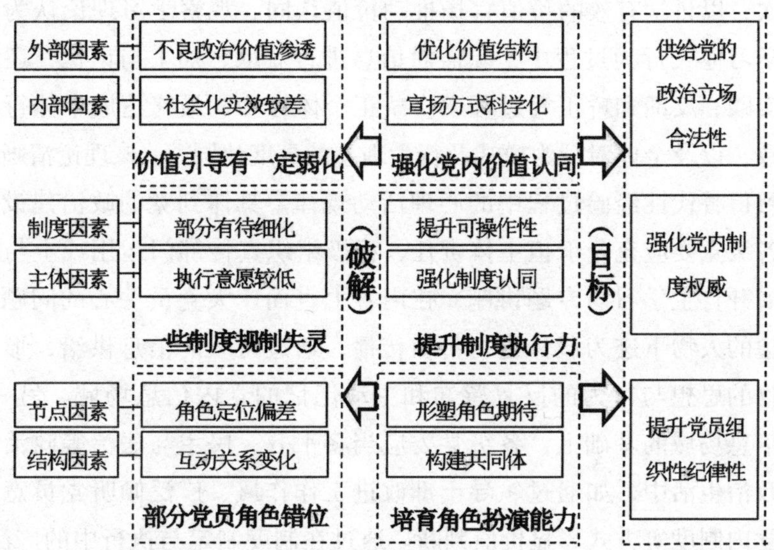

图5 新时代党的政治建设的突出问题与治理进路

资料来源：本图系笔者制作。

扬忠诚老实、光明坦荡、公道正派、实事求是、艰苦奋斗、清正廉洁等价值观”①。习近平总书记关于党内政治价值的精辟阐述，标示了正确的评价标准。在党的政治建设中，应当将上述二十四字价值观作为党内政治价值基准，将其置于共产党人价值体系的最高位阶。此外，还应当通过设置价值排序标准来完成价值统合。价值排序反映了主体选择和评价周围客观事物的准则与看法，是行为的内部动力②。在确定价值基准的同时，应当兼顾党员其他合理的价值需求，设立主次有序、结构合理的价值排序标准，从而形成引导党员思想与行为的动力源。第二，构建针对不良政治价值的抵御机制。针对西方资本主义与传统文化中不良政治价值的渗透，应当通过明晰各类政治价值内涵来构建抵制机制。在这一机制中，民主与法治等政治价值的内涵应当被置于中国特色社会主义语境下进行阐释，凸显党内政治价值具备的政治性、人民性等独特优势，明确党内政治价值与西方所谓“普世价值”的界分原则，从而避免政治价值出现内涵混淆。

① 习近平．在党的十八届六中全会第二次全体会议上的讲话（节选）［EB/OL］．2016－12－31，http：//www．qstheory．cn/dukan/qs/2016－12/31/c_ 1120212234．htm．

② 张彦．当代“价值排序”研究的四个维度［J］．哲学动态，2014（10）：16－22．

其次，以科学有效的价值宣扬推动价值认同。观察学习理论认为，个体在观察学习他人行为过程中，除需对信息进行获取、加工与记忆，还需要通过不断实践、反馈和矫正等过程逐步矫正个体行为，最终达成个体行为与标准的一致，以及个体对行为模式及行为理念的高度认同①。该理论清晰描述了个体在习得替代性经验过程中的心理活动规律。具体到党的政治建设中，一方面，各级党委应充分承担主体责任，积极组织宣传部门运用线上与线下两种模式展开自主学习与专题讲座，在内容上直面广大党员关心的问题，以历史与身边的人物事迹为载体进行价值传播，通过持续的信息供给，形成关于模范人物的思想与行为的反复感知和主动记忆的党内信息场域。另一方面，在形成信息场域的基础上，各级党委应当将平等、民主与法治等政治价值融入党内政治生活中，如通过领导干部改进工作作风、广泛倾听党员意见和严格执行党内制度等方式彰显价值判断。通过在制度制定与执行中的广泛参与，广大党员的行为与党内政治价值标准的契合度会愈益提升，其依循价值标准的行为动机也会逐渐得到强化，从而最终完成价值认同的培育流程。

2. 提升制度执行力建设强化党内制度的权威性

制度执行力是指贯彻制度规定、达到制度目的的实际操作能力。在既有制度不断完善的时代背景下，如何确保制度能够获得有效执行，关系到制度的实效水平。制度权威一般体现为对于制度的尊重，而这种尊重需要有效的制度执行来保障。正如学者盖伊·彼得斯指出，好的制度在于能通过制度性博弈的设计使博弈者达到某种产生除社会所期望结果的平衡，能够使博弈者在某一轮博弈活动中有机会惩罚那些渎职者，从而使所有博弈者均遵守制度②。鉴于此，应当通过强化制度执行力为党内制度提供权威性支持。针对当前制度实效性不彰的挑战，可以从可操作性与制度认同两方面强化党内制度执行力。

首先，以强化制度可操作性提升执行力。一方面，制度制定部门可以设置面向基层党组织的意见征集渠道，根据基层党务实践中遇到的规定模糊或覆盖面窄等现象编制问题清单，及时细化党内制度规定，并将基层破解上述

---

① ［美］阿尔伯特·班杜拉. 社会学习理论［M］，北京：中国人民大学出版社，2015：19.

② ［美］B. 盖伊·彼得斯. 政治科学中的制度理论："新制度主义"（第二版）［M］. 上海：上海人民出版社，2011：64.

问题的好经验转化为解释办法或实施细则，使制度更具可操作性。另一方面，从保障制度激励、惩罚与预期作用的角度出发，可以从监督机制、考核机制与问责机制予以强化①。在这一过程中，应当在以政治性标准作为评价的核心指标，由上级党政部门会同本级党委与涉及的职能部门，采取购买公共服务的形式引进第三方专家团队，在与其充分调研、论证后，详细规定哪些事项需重点监督，哪些事项需承担党内或行政问责等。此外，制度是否得到严格执行，需要对执行过程与结果进行统筹考察与评定。对于制度执行的考核、监督与问责需要避免过度结果导向的偏误，应将权力和资源投入的恰当性、过程和程序的合法性、党员的满意度及对公共价值的体现等设定为考核评价标准②，从而推动保障机制的作用区间由单一的执行结果向执行结果与过程兼备转化。

其次，通过强化制度认同推动制度执行。一方面，培育党员的制度思维。制度思维是指在制度框架内分析问题、解决问题的思考习惯与方式，使党员更认同以制度执行为出发点的思考方式。根据制度思维的本质特性，佟德志指出，关于政治现象的认知思维是政治文化的重要组成部分，其寓于其他层次内容之中③。基于此，我们可以以党内政治文化中典型案例、思想理论与制度文化等具体内容为载体，由各级党委、宣传部门牵头展开思维培训工作，内容涵括制度的价值意义、制度的具体规定、制度思维在工作中的应用与制度思维的自我训练等，使广大党员能够准确把握制度思维模式。另一方面，应当落实党员参与制度制定与执行的民主权利，使广大党员在制度制定与执行过程中获得自身具备参与能力及党委领导关注重视的积极体验，并通过巡视、派驻、办案“三位一体”的工作机制强化政治监督，切实保障广大党员在制度制定与执行过程中的主体地位，从而提升其在制度制定与执行中的积极性。

① 问责机制不仅能够在事中与事后发挥惩罚作用，亦能在事前发挥预期作用。问责结果亦形成一种反向激励，将党员行为引导到遵守制度的轨道中。参见王立峰，吕永祥. 党内问责机制：推进全面从严治党的有效路径［J］. 探索，2017（1）：94－100.

② 本处借鉴尚虎平关于过程导向型绩效考核的论述。参见尚虎平. 政府绩效评估中“结果导向”的操作性偏误与矫治［J］. 政治学研究，2015（3）：91－100.

③ 佟德志. 政治文化的层次结构与要素分析［J］. 晋阳学刊，2012（3）：28－34.

3. 提升党员的政治角色执行能力达到组织性与纪律性的建设目标

对于中共党员而言，政治角色执行能力是指党员在明确角色定位的前提下，作出符合党员角色要求的行为的综合素质。政治角色执行能力是党员做好自身角色的必备要件，党员作为政治系统中的行动主体，应当通过提升角色执行能力为达到党的组织性与纪律性建设目标提供支持。

首先，通过形塑合理角色期待明晰角色定位。一方面，针对以党员身份谋求私利的错误动机，党委领导应当充分落实主体责任，通过与党员谈话与不定期政治审查等方式，精准把握本级组织内党员的思想与行为动态，及时调适角色期待偏误、纠正错误行为动机，将问题及时化小遏止。为保证主体责任的落实，如果党员出现政治性错误或贪污腐败等问题，应视问题性质与影响对主管党委领导进行相应追责处分。另一方面，明晰正确角色期待的内涵。在党内场域中应当建立外部角色信息的筛滤机制，做好党员角色期待内涵的阐释工作，并将常见的错误角色期待列出，提高党员敏感度与警惕性，从而使党员获得更为精准的角色定位。如针对为找到好工作而入党的角色期待，在党内政治文化的社会化等过程中应当明晰，党员作为社会中的优秀分子，应具有更多的机会进入体制内，从而在工作中更好地为人民服务。然而，这并不意味着允许以谋私利作为入党动机，随着全面从严治党向纵深发展，错误的入党动机最终导致的将是政治生涯的终结、自我理想的破灭，乃至对家庭命运的负面影响。

其次，以构建共同体明确角色互动关系。共同体是一种具有高度凝聚力的社会关系，在共同体中，每个成员都把共同的目标当作自己的目标①。党作为拥有高度团结性、组织性与战斗性传统的执政党，应当在继承上述优良传统的基础上强化党内的共同体关系，并使其成为党内主要的角色互动关系。一方面，共同意志对于个体的有效凝聚，主要通过共同目标与个体诉求的统一来实现。基于此，应当将服从党的领导、严肃党内政治生活与遵守党的政治纪律等政治性要求与党员的平等诉求、公正诉求、民主诉求等相结合，在共同目标中纳入党内法规面前人人平等、决策体现党员的普遍意志与公正惩处党内违纪违法行为等内容，使达成积极健康的角色互动关系成为新时代党的政治建设的重要目标。此外，应当强化党员与党的命运联结，将党员利益

① 李义天主编．共同体与政治团结［M］．北京：社会科学文献出版社，2011：9.

和自我价值、党内政治生态、党的命运与自身行为结合起来，凸显“潜规则”对个人与党造成的不利后果，深化党员关于共同目标与个体诉求统一性的认知。另一方面，强化共同经历、历史记忆与制度环境等联结纽带。科林·贝尔指出，共同体需要一个人们之间能够彼此影响的关系网，并且需要信奉一系列共同的价值、规范、意义及共同的历史认同①。我们应当在对党员的社会化过程中强化党的历史、共同的党内政治生活经历、党员政治性要求与党内制度文化等要素，通过社会化与代际学习等机制，使上述要素作为共同的价值体系、文化传统与历史积淀在党内获得普遍认同，逐渐统一党员对角色互动关系的认知与观念，从而遏止社会原子化对党内共识造成的消解作用。

① Amitai Etzioni. The Responsive Community: A Communitarian Perspective [J]. American Sociological Review, 1996 (61): 1 - 11.

八、新时代党内政治文化建设：理论内涵、实效功能与推进路径

随着新时代的到来，全面从严治党进入全新阶段。习近平总书记在党的十八届六中全会第二次全体会议上指出，“政治文化是政治生活的灵魂，要注重加强党内政治文化建设”①，这是新时代推进党的建设与全面从严治党向纵深发展的必然要求。作为新时代党内政治文化建设的指导方针，“发展积极健康的党内政治文化”被写入党的十九大报告之中②，凸显了新时代推进党内政治文化建设的时代价值与重要意义，亦体现出强化新时代党内政治文化建设的紧迫性。目前学术界对新时代背景下党内政治文化建设的研究较为薄弱，结合成熟理论进行系统性分析的成果尚付阙如。

（一）研究现状

科学合理的理论指导可以为实践发展奠定基础。通过对既有文献梳理可知，学界对于新时代党内政治文化建设的相关研究主要包括以下方面：

首先，部分学者阐释了政治文化或党内政治文化建设的时代价值，并构建了可行的推进路径。周玉文、唐正芒从党内政治文化对政治生活、政治生态与党的兴衰成败等方面阐述了党内政治文化的时代价值，并从不忘初心的文化导向、社会主义先进文化宏观环境建设、整合优势文化资源与严肃党内政治生活规划了当前党内政治文化的建构理路③；赵仁龙则从党内政治文化内

① 习近平在党的十八届六中全会第二次全体会议上的讲话（节选）［J］. 党的建设，2017（1）：10－14.

② 习近平. 决胜全面建成小康社会 夺取新时代中国特色社会主义伟大胜利——在中国共产党第十九次全国代表大会上的报告［J］. 求是，2017（21）：3－28.

③ 周玉文，唐正芒. 党内政治文化的时代价值与建构理路［J］. 学习与实践，2017（6）：5－11.

涵、建设意义和实践路径探讨了新时代党内政治文化建设这一命题①。

其次，部分学者以党的十九大报告中关于党内政治文化建设的论述为依循展开解读。李庚香从培育正确的政治文化观、推进党内政治关系正常化、政治生活规范化以及破解错误政治理念影响等维度构建积极健康的党内政治文化②；冯灵芝、周显信则从马克思主义理论的信仰认同、习近平新时代中国特色社会主义思想的引领和培育健康党内政治文化等角度阐述了建设积极健康党内政治文化的内涵、价值与路径③。

最后，部分研究以党的建设中的相关内容为主题，将党内政治文化建设作为推进路径的一部分。宫铭和董学文从潜移默化影响、树立文化导向和净化腐败源头等方面阐述了党内政治文化对新时代全面净化党内政治生态的积极作用④；靳大力和张士海认为，建设良好的党内政治文化是中国共产党规范党内政治生活的应有之义，这一历史经验可以被运用到新时代对党内政治生活的规范当中⑤。

既有研究为本书对这一问题的深入探析奠定了基础，但总体而言，学界对这一命题的研究成果较为薄弱，或仅谈及当前时期背景下的政治文化建设，或主要是针对领导人讲话与会议公报的文本性解读，或只是对于新时代背景下党内政治文化建设的碎片化阐述，在紧密结合新时代背景、立足整体性视角与依托成熟理论框架等方面均有待加强。由于新时代党内政治文化建设在当前研究中存在上述不足，这一现实命题在下列方面存在深入研究的必要性，亟待学术界予以回应。首先，新时代具有自身鲜明的时代特征与发展导向，在党和国家领导人讲话和部分理论成果中已有较为系统的阐述，新时代党内政治文化建设的研究应紧密结合新时代特征，以新时代导向作为方向依循。其次，党内政治文化作为重要的非正式制度，与作为正式制度的党内法规互

---

① 赵仁龙. 新时代加强党内政治文化建设的内涵与路径［J］. 中共济南市委党校学报，2017（6）：10－14.

② 李庚香. 发展积极健康的党内政治文化，全面净化党内政治生态——学习党的十九大报告体会之一［J］. 领导科学，2017（31）：4－10.

③ 冯灵芝，周显信. 发展积极健康党内政治文化的三重维度——新时代中国特色社会主义思想学习札记［J］. 南京社会科学，2017（2）：7－14.

④ 宫铭，董学文. 全面净化党内政治生态的路径思考［J］. 中国特色社会主义研究，2017（6）：98－103.

⑤ 靳大力，张士海. 中国共产党规范党内政治生活史论［J］. 中州学刊，2017（12）：21－25.

相配合，在新时代开展党内政治文化建设是推进全面从严治党向纵深发展的重要路径，是新时代党建工作的核心命题之一。鉴于其重要地位，应在界定其理论内涵的基础上，从整体性视角对其进行分析。最后，党内政治文化作为政党组织内部的主体文化，其本质属性是政治文化①，基于政治文化的理论视角与分析框架无疑为探析党内政治文化建设提供了更具系统性与理论深度的研究进路。基于此，本书结合政治文化理论的视角，对新时代党内政治文化建设的理论内涵进行界定，依托理论内涵来分析其实效功能，并结合理论内涵与实效功能构建推进新时代内政治文化建设的可行路径。

（二）新时代党内政治文化建设的理论内涵

政治文化是政治体系中的核心要素之一，在政治过程当中以潜移默化的形式发挥效用。就政治文化的内涵而言，国内外研究者尚未形成共识。国外学者一般将政治文化阐释为对于政治体系的态度取向②，而国内学者则从制度、思想与心理等层面来对政治文化的内涵进行界定③。国内学者基于学界对政治文化内涵的各类界定，将政治文化归纳为由政治认知、政治态度、政治价值与意识形态四部分构成的系统④，较为全面、准确地涵括出政治文化的研究范畴。在这一结构划分中，政治态度采用的是狭义概念，即作为积极或消极的政治情感而内化在其他各要素之中。本书在借鉴这一划分的同时，为分析方便且保持研究的系统性，采用政治态度的狭义概念，并将其融入其他结构维度中，从政治认知、政治价值与意识形态三个维度论述政治文化的内在结构。

具体到党内政治文化方面，党内政治文化是党的组织内部文化，由党内政治认知、政治价值和意识形态构成，具备政治文化所具有的属性、特征与功能。与此同时，党内政治文化是先进政党的党内文化，具备超越其他类型政治文化的显著优势，即党内政治文化以马克思主义为指导，融汇了中国优

---

① 王卫兵．党内政治文化的价值定位与建设路径［J］．中州学刊，2017（8）：17－22.

② 这一内涵界定综合了西方政治文化学者阿尔蒙德与维巴等人的观点。参考：［美］加布里埃尔·A．阿尔蒙德，西德尼·维巴．公民文化——五个国家的政治态度和民主制度［M］．张明澍译．北京：商务印书馆，2014：31.

③ 丛日云，王志泉，李筠．传统政治文化与现代政治文明［M］．北京：社会科学文献出版社，2014：11.

④ 参见佟德志．政治文化的层次结构与要素分析［J］．晋阳学刊，2012（3）：28－34.

秀传统文化、革命文化与社会主义先进文化等文化内核①。基于上述分析，本书将新时代党内政治文化建设的基本理念界定如下：新时代党内政治文化建设是以习近平同志为核心的党中央为领导核心、各级党委为推动力量、广大党员为参与主体的文化建设工程，通过推进党内政治认知、政治价值和意识形态建设来强化其功能，使党内政治文化长期保持先进性，成为新时代中国共产党的精神指引。党内政治文化建设的内涵由如下几部分构成（见表7）：

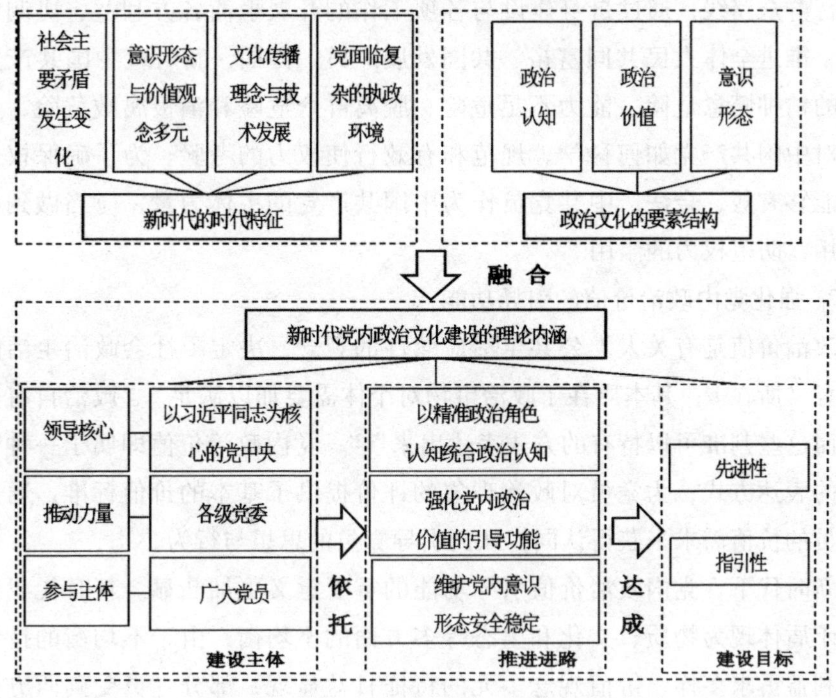

图6　新时代党内政治文化建设的理论内涵

资料来源：本图系笔者制作。

1. 以精准的政治角色认知统合政治认知

政治认知涉及个体对于政治信息的获取，如何在意识中呈现和组织这些信息，以及这些信息如何关涉到印象形成和行为决定。政治认知的作用对象呈现出多元化，但政治认知中对党员影响最大的即政治角色认知。个体在生活中往往具有不同的角色身份，各个角色代表个体特定的行为模式，亦影响个体对所在环境的认知标准。对于党员而言，中共党员就是其需要实现的政

① 秦洁. 革命文化：中华民族最为独特的精神标识［J］. 红旗文稿，2016（17）：13－14.

治角色，广大党员应当形成精准的政治角色认知，并以此统合对其他政治现象的认知。

“全心全意为人民服务”是党员角色的应有之义，亦构成了党员角色认知的基本内容。具体而言，一方面，新时代我国的主要矛盾是人民日益增长的美好生活需要和发展的不平衡不充分之间的矛盾，在这一背景下，广大党员应当强化执政意识与主体意识，自觉秉持“立党为公、执政为民”理念，积极践行群众路线，通过自身建设与各项工作的开展平衡各方利益、协调资源分配，推进全体人民共同富裕、共同发展。另一方面，新时代中国共产党所面临的精神懈怠危险、能力不足危险、脱离群众危险和消极腐败危险，其本质是对中国共产党如何科学、规范和有效行使权力的考验。为了确保权力的行使能够有效、合法，中共党员作为中国共产党的主体力量，应当做到权为民所用，防范权力的滥用。

2. 强化党内政治价值的引导功能

政治价值是有关人类公共生活应然性的观念，决定了社会政治生活的价值和意义所在①，其本质在于政治事物对个体需要加以满足。“政治自有其判准，而这些判准可以特有的方式表达出来”②。党内政治价值即属于一种评判标准的表达方式，为党员对政治现象的评价提供了基本的价值标准，通过满足党员的价值需求来获得认同，从而引导党员的思想与行为。

新时代下，党内政治价值引导功能的重要意义更加凸显。新时代我国的主要矛盾体现为物质、文化和生态等多方面的不均衡，由于不均衡的持续存在，利益诉求多样、价值观念多元的特征日益显现，部分党员受到西方资本主义文化与传统政治文化中不良政治价值的影响。这些不良政治价值会混淆乃至曲解原有的价值内涵，或通过引入新的不良政治价值来对原有政治价值造成冲击，导致党内政治价值体系形成内涵混乱等潜在风险。

党内政治价值的内涵是价值引导功能的基本前提，只有价值内涵清晰，判断标准才能明确，党内政治价值才能实现引导过程中的精准聚焦。如果因不良政治价值的渗透导致党内政治价值体系的内涵混乱，很容易将党员引入

① 张铭. 层次与要素：政治价值体系的结构形式与调整路径［J］. 福建论坛（人文社会科学版），2009（11）：57－64.

② Carl Schmitt. The Concept of the Political［M］. Chicago：University of Chicago Press，1996：25－26.

歧途，使党内政治价值的正向引导功能失灵。新时代党内政治文化建设应当着重关注党内政治价值的内涵建设问题，通过完善党内政治价值的内涵结构来明晰与稳固党员的价值判断标准，强化党内政治价值引导功能。

3. 维护党内意识形态安全稳定

党内主流意识形态即是马克思主义意识形态，其作为党内政治文化的显性部分，是政治认知与政治价值系统化与理论化的产物。"意识形态是具有符号意义的信仰和观点的表达形式，以表现、解释和评价现实世界的方法来形成、动员、指导、组织和证明一定的行为模式或方式"①。伴随着新时代信息传媒技术的发展，信息传播通道的信息载量、分布空间与传播速率均大幅提升，正在改变意识形态的传播格局。

一方面，通过与新媒体等传播平台的有机结合，中国传统意识形态与西方意识形态的传播力得到了较大提升。在这一过程中，特权主义等意识形态糟粕渐趋浮现，并依托数字电视、微信和微博等载体向党内意识形态场域渗透。有学者在对"党员干部理想信念方面存在的主要问题"的问卷调查中发现，选择"认同西方式'自由民主'"的占 44.9%②，这即是当前部分党员由于外来意识形态渗透而导致意识形态混乱的缩影。另一方面，在 Web2.0 时代，各种自媒体日渐兴起。"自媒体舆论生态的自由、平等、多元，给马克思主义意识形态话语传播带来挑战。"③

在党内政治文化建设中，主流意识形态具有黏合作用，能够有效地调整和整合党员的社会角色与社会关系④，对广大党员的影响最为明显。只有马克思主义意识形态保持其在党内意识形态中的主导地位，才能保证党的意识形态安全，才能保障作为马克思主义政党代表的中国共产党永不变质。通过对意识形态传播现状的分析可知，新时代马克思主义意识形态在党内的传播与认同受到了一定的外部挑战，维护党内意识形态安全稳定具有重要的现实意义。

---

① ［英］戴维·米勒. 布莱克维尔政治思想百科全书［M］. 邓正来译. 北京：中国政法大学出版社，2011：265.

② 周敬青. 严肃党内政治生活的问题与对策思考［J］. 探索，2018（1）：130－137.

③ 胡刚. 当代中国马克思主义意识形态话语权的审视与建构［J］. 社会主义研究，2016（5）：26－31.

④ 本处参考主流意识形态对社会个体的影响。参考：Louis Althusser. Philosophy and the Spontaneous Philosophy of the Scientists&Other Essays［M］. London－New York：Verso，1990：25.

（三）新时代党内政治文化建设的实效功能

党内政治文化通过政治认知、政治价值与意识形态等方面的建设，形成了作用于党内场域的文化环境，这一环境通过文化的教化、引导与约束等功能，对党员个体行为、党内法规制定与各级党组织建设等产生持续影响。结合新时代开展党建工作的现实需求，新时代党内政治文化建设具备以下实效功能：

1. 以党内政治文化建设提升党的执政能力

在过去的历史时期里，党带领全国人民相继取得新民主主义革命、社会主义革命与建设的重大胜利。在新的时代背景下，党需要具备积极应对复杂的执政环境、国情社情与国际局势的能力。基于这一现实需求，推进党内政治文化建设可以强化党的政治领导能力、党员组织能力、群众动员能力和自我净化能力，进而提升党在新时代的执政能力。

首先，党内政治文化建设是强化党员执政意识的有效路径。“执政意识是指政党及其成员对执政的目的、任务和方式等与执政相关问题的认识、看法和思想的统称，是作为社会存在的执政客体在主体思维中的反映”①，党员是党执政的基本政治资源，也是党执政的主体力量。强化党员的执政意识，是改进党的领导、完善党的执政方式和有效推进党的执政能力建设的思想前提②。党内政治文化建设强化了依法执政、执政为民和政权意识、发展意识、责任意识等执政文化元素，这些文化元素可以通过抽象价值理念、系统理论思想、具体榜样案例和情绪情感感召等形式来形塑广大党员的执政意识。

其次，党内政治文化建设树立了对权力的有效约束。权力行使状况是判断党执政能力水平的重要标准。“一切有权力的人都容易滥用权力，有权力的人们使用权力一直到遇到界限的地方才休止”③。鉴于权力具有自我扩张性，对权力的约束不仅需要制度的刚性规制，更需要通过文化建设对党员的思想观念进行形塑。党内政治文化建设强化了尽职、廉洁和务实等文化因子，这

---

① 汪永成．执政意识的结构与功能分析——兼论当前执政意识建设的重点［J］．湖南社会科学，2011（2）：50－53.

② 郑权．党员主体意识与党的建设基点［J］．中共中央党校学报，2008（5）：63－66.

③ ［法］查理·路易·孟德斯鸠．论法的精神［M］．彭盛译，北京：当代世界出版社，2008：76.

些文化因子通过政治社会化过程①，将对广大党员的权力观念产生积极影响，从而使其在行使权力过程中形成自我约束，自觉维护权力秩序。

2. 以党内政治文化建设推进党内政治生态净化

党内政治生态是指党内各政治主体在一定政治关系框架内互动所形成的政治环境，净化党内政治生态是新时代党的重大战略部署。“党内政治生态是党内政治生活长期运行和累积所呈现的状态，是党内政治主体之间相互联系、相互作用而呈现的氛围，在其中，每一个主体通过参加党内政治生活而构成党内政治生态的一部分，又受到这种氛围的影响。”② 党内政治文化则是党内政治生态中存在的一种文化氛围。基于上述分析可知，党内政治生态与党内政治文化在场域方面呈现出重叠性，二者相辅相成，前者体现党内政治文化的主要内涵，而后者引领党内政治生态的运行导向。民主化与法治化是政治生态的重中之重③，在党内政治文化中，体现为民主文化与法治文化。鉴于此，党内政治文化建设对党内政治生态的影响可以从民主文化与法治文化两部分展开阐述。

首先，党内民主文化建设推进了党内民主发展。党内民主是党的一贯传统。党员通过党内民主凝聚党内共识、选举领导班子、优化组织决策和落实党内监督，实现党内政治生态内部的良性互动与整体发展。党内政治文化建设丰富了党在建设与发展过程中的历史经验和政治理念，通过历史传统的传承、民主思维的培育、民主价值的引领和意识形态的熏陶来形塑党内民主的优良氛围，并以此引导党内民主健康蓬勃的发展趋向。

其次，党内法治文化建设稳固了党内政治生态秩序。“法治文化是指历史进程中积累下来并不断创新的有关法治的群体性认知、评价、心态和行为模式的总汇，包括法治概念、法治观念和法治习惯等”④。全党尊崇依法治国与依规治党统筹推进的战略方针，培育自身的法治意识、依循党规国法的规定约束自身行为，可以使党内政治生态井然有序。党内政治文化建设强化了自身培育法治意识、形塑法治思维等功能，其通过对党规国法的条文规定与价

---

① 政治社会化是个体对政治体制等政治体系组成部分形成积极心理取向的途径，也是政治体系获取支持的有效方式。参见 David Easton, Jack Dennis. Children in the Political System. New York：McGraw - Hill Book Company，1969：128.

② 刘先春，敖小茂．党内政治生态的生成逻辑与系统治理［J］．理论探讨，2017（4）：121 - 125.

③ 任剑涛．政治生态的中国现状与结构优化［J］．理论与改革，2018（2）：28 - 40.

④ 张文显．法治的文化内涵——法治中国的文化建构［J］．吉林大学社会科学学报，2015（4）：5 - 24.

值导向等内容的政治社会化过程来培育党员法治观念、引导党员遵纪守法，使法治文化通过党员守法这一中介转化为稳定的党内政治生态秩序。

3. 以党内政治文化建设保障全面从严治党向纵深发展

在新的时代背景下，党所面临的执政环境日趋复杂，存在信念动摇、思想混乱、消极懈怠和权力腐败等潜在风险。这就要求新时代在党中央领导下，以强大的定力推进新时代全面从严治党向纵深延伸。全面从严治党向纵深延伸需要依托制度与思想两大路径，在政治实践中体现为制度治党与思想建党的统筹推进。具体而言，制度治党依托正式制度规制，以国家强制力为支撑，以实体性与程序性规范的刚性规制为基本手段来维护整个政治秩序；而思想建党以非正式制度为核心，作用方式则具备弹性约束、长效作用以及潜移默化等特征，通过调节个体心理来影响其行为，二者相辅相成，共同构成推进全面从严治党向纵深发展的基本路径。党内政治文化涵括了制度与思想两类文化因子，党内政治文化建设对制度治党与思想建党具有推动作用。

首先，党内政治文化建设强化了党内的制度文化氛围。制度蕴含着价值理念的内核，“依据具体现实对任何文化的最佳描述都在于列举和分析组成该文化的所有制度”①。党内政治文化建设加速了党的信仰理念、价值追求和优良经验等在党内法规与国家制度当中的融合，并强化了自身对各项制度建设的引导功能。此外，党内政治文化中也具备尊重制度价值与遵循制度理念等文化因子，党内政治文化建设亦强化了这些文化因子对制度执行的引导功能。

其次，党内政治文化建设是提升党内政治认同水平的有效路径。政治认同是维系党内凝聚力、向心力的核心路径，只有党组织与党员对党的信仰、宗旨、路线和方针秉持高度认同态度，才能做到对党忠诚、组织有力。党内政治文化作为调节党员心理的核心路径，通过党内多重通道信息辐射、政治价值排序整合和意识形态认同等方面的建设，推动党的信仰、宗旨、路线和方针等信息符号的认知、依从和内化，从政治认知、政治价值和意识形态等多方面协同推动党内政治认同建设。

（四）新时代党内政治文化建设的推进路径

通过对新时代党内政治文化建设的内涵分析可知，以精准政治角色认知

---

① ［英］马林诺夫斯基. 科学的文化理论［M］. 黄建波等译，北京：中央民族大学出版社，1999：56－61.

统合政治认知、强化党内政治价值的引导功能和维护党内意识形态安全稳定构成了新时代党内政治文化建设的主体环节，各环节通过自身作用与环节间衔接实现党内政治文化的动态发展与整体功能。以此为依循，新时代党内政治文化建设可以从以下三方面构建推进路径：

1. 形塑关于党员角色定位与规范的政治认知

角色理论认为，角色实现是指个体拥有某一地位，并把组成地位的权利和义务付诸实践①。在角色实现过程中，首先需要从总体上对角色的整体性地位有一个清晰的认知，其后才能按照具体的角色的行为规范进行实现。佟德志认为，“政治认知的主要内容是权力与权利关系”②。对党员角色规范的政治认知主要应涵括角色的权力与权利规范两方面。新时代党内政治文化可以从角色定位与角色规范两方面强化党员的政治角色认知。

首先，强化党员对自身政治角色定位的认知。党员是党决策、管理、执行等全部环节的主体，其是否实现自身的党员角色与职业角色，将对党的自身建设与执政能力造成重大影响。从这一角度而言，党员角色具备重要意义。中共党员来各个职业、地域和阶层，是各个领域与岗位上建设者中的一员，没有任何特权。从这一角度而言，其角色地位又呈现出平凡性。党员角色定位的本质属性即为重要性与平凡性的统一。党内政治文化应当从明晰党员角色定位中的辩证关系，一方面通过宣传党员自身角色的重要意义，培育其执政意识与执政思维，提升党员在实现政治角色的自我效能感与获得感，使其真正认同自身作为伟大群体一员中的重要性；另一方面则应当提升党群关系的密切程度，大力宣扬“功成不必在我，功成必定有我”的角色定位理念和甘于奉献的典型角色模范。

其次，强化权力与责任相统一的角色规范认知。广大党员干部作为官员队伍的一部分，执掌一定的政治权力，并承当相应政治责任。党内政治文化应当通过古今中外的案例来强化党员的忧患意识、危机意识，动员广大党员自觉践行权责统一这一理念。具体而言，党执政的权力是人民赋予的，党执政的合法性奠基于权力的规范运行。中国共产党作为代表广大人民根本利益的先进政党，党员应当将严格遵守党规国法，通过行使权力为人民谋利益，

① Ralph Linton. The Study of Man [M]. New York: D. Appleton - Century Company, 1936: 2.

② 佟德志. 政治文化的层次结构与要素分析 [J]. 晋阳学刊, 2012 (3): 28 - 34.

并自觉接受责任的约束。

最后，强化权利与义务相统一的角色规范认知。党员具备党员与公民的双重身份，同时也就具备了党员与公民的双重权利和义务。党内政治文化应从国家治理、法治建设和党的建设等多方面表征党员双重权利义务的重要意义，并通过正反激励的方式强化广大党员对此的认知与认同。广大党员是国家治理的主干力量，应当充分发挥先锋模范带头作用，带头遵守党规国法、积极投身国家治理；同时，作为党内政治生活主体，党员则应当积极行使民主监督、民主建议和民主选举等权利，严格履行遵守组织纪律，通过落实权利与义务来推进党的建设。

2. 以内涵建设与具象化强化党内政治价值的引导功能

党内政治价值的内涵建设对其引导功能具有重要作用。具体而言，价值内涵明了清晰、结构合理，将使自身更容易获得党内普遍理解与认同；此外，抽象价值往往需要经过具象化才能发挥其引导、感召与教化等功能。所谓“具象化”，是指通过可触摸、感知与识别的载体与形式，将抽象事物或精神勾画出来的过程①，通过具象化过程，可以使党员精准把握政治价值的内涵。基于上述分析，党内政治文化可以通过内涵建设与具象化等方式来强化党内政治价值的引导功能。

首先，强化党内政治价值内涵建设。第一，以共产党人“忠诚老实、公道正派、实事求是、清正廉洁”的政治价值完成价值统合。“忠诚老实、公道正派、实事求是、清正廉洁”的政治价值体现了新时代共产党人在党性修养、工作方式、执政理念和反腐倡廉等方面的价值判断，标示了党对自身的评价标准。党内政治文化可以通过设立价值排序标准与厘定价值序列等方式来进行政治价值统合，将“忠诚老实、公道正派、实事求是、清正廉洁”的政治价值置于党内价值体系中的较高位置，并兼顾广大党员其他合理的价值需求，形成层次明晰、结构合理的党内政治价值体系。第二，以明晰内涵抵制不良政治价值渗透。针对传统文化中腐朽政治价值与西方资本主义不良政治价值渗透所带来的风险，党内政治文化可以通过明晰各类政治价值内涵来抵制外部干扰与渗透。一方面，党内政治文化要明晰公平和法治等政治价值的内涵，将其置于中国特色社会主义政治的语境下进行内涵阐述，增加此类政治价值内涵

① 吴刚. 构建高校培育践行社会主义核心价值观的具象化机制 [J]. 学习与实践，2016 (2)：59-64.

的可辨识度。另一方面，还应提升广大党员对不良政治价值的敏感度与警惕意识，避免西方资本主义所谓“普世价值”对党内政治文化中政治价值的干扰。

其次，通过阐释与实践统筹推进政治价值具象化。第一，通过培训实现具象化。政治价值作为高度抽象的文化符号，其核心理念往往通过一定形式的信息载体得以呈现，通过对载体的多样化运用可以更好地发挥具象化的功能。各级党委与宣传部门应联动高校、党校等单位，以党的理论知识与模范案例等作为党内政治价值的载体，设定循序渐进、难易适中的系统性培训方案，通过授课、讲座等形式加强党员对党内政治价值的理解。第二，通过党内政治生活实现具象化。党内政治生活是践行政治价值的重要场域，民主、法治和廉洁等政治价值通过党内民主、党内监督和党内选举等制度规章与政治过程实现具象化。结合观察学习理论可知，作为一种实践形式，党内政治生活是党内培训等观察学习过程的后续环节，广大党员通过学习与实践的有机结合，最终将达到自身行为与政治价值相匹配的目标①。各级党委应当将党内政治生活与党内政治价值的政治社会化紧密衔接，通过严格践行民主集中制与严肃组织生活彰显价值判断，更好地发挥党内政治价值的引导作用。

3. 提升党内主流意识形态的认同水平

马克思主义意识形态是整合党内思想的重要方式，其合法性是保持党内主流意识形态地位的基础。“合法性问题本质上就是政治认同问题”②，马克思主义意识形态必须通过培育党内广泛认同来维护合法性，否则可能在某种程度上被边缘化③。鉴于此，党内主流意识形态可以从内容与形式两方面的优化来提升认同水平。

首先，整合意识形态的优良资源，完善意识形态内容结构④。在哲学层

---

① 观察学习理论认为，通过不断实践、反馈和矫正等过程，个体行为会与规范要求愈加契合，并最终在内生性动机的作用下，实现自身行为与规范要求的完全匹配。参见［美］阿尔伯特·班杜拉．社会学习理论［M］．陈欣银，李伯黍译，北京：中国人民大学出版社，2015：19.

② ［德］尤尔根·哈贝马斯．重建历史唯物主义［M］．郭官义译，北京：社会科学文献出版社，2000：264.

③ 此处参考孔德永对于政治意识形态认同的表述。参考：孔德永．当代我国主流意识形态认同建构的有效途径［J］．马克思主义研究，2012（6）：91－99.

④ 此处对意识形态的结构划分借鉴余科杰“政党意识形态是意识形态中最具代表性的”这一理念，及其文章中对政党意识形态要素的划分理念。参考：余科杰．论政党意识形态结构特征和其功能作用［J］．新视野，2017（5）：83－86.

次，党内政治文化应当积极强化马克思主义哲学的主体地位，从马克思主义的辩证唯物论与唯物辩证法等方面树立全党的哲学观，并揭示唯心主义、激变论和唯意志论等落后意识形态的内涵、表现与负面作用。在思想信仰层次，党内政治文化可以通过思想信仰的强化来有效抵御来自特权思想、官本位思想、享乐主义和极端个人主义等意识形态糟粕的侵蚀。在这一过程中，党内政治文化应当在确保马克思列宁主义、毛泽东思想、邓小平理论、“三个代表”重要思想、科学发展观和习近平新时代中国特色社会主义思想在意识形态领域指导地位的同时，积极汲取其他优秀政治思想资源，使党内意识形态焕发出更为旺盛的生命力。在政治纲领层次，党内政治文化则需要融合新时代党的路线纲领、宪法与党章的最新内容，将新时代政治纲领建设与党和国家各项具体工作紧密结合起来，不断完善政治纲领内容与精神。

其次，改进马克思主义意识形态的传播手段。一方面，运用大数据等信息管理技术制订意识形态的政治社会化方案。“大数据是指通过海量数据的交换、整合和分析来发现新的知识、创造新的价值的数据处理技术”①，各级宣传部门可以通过大数据技术的运用，对广大党员在意识形态传播中的关注重点、形式偏好和满意度反馈等信息进行有效获取，并对获取的信息进行分析研判、筛选、比对、关联分析②，打破以往传播中信息不对称和信息量庞大冗杂的现实困境。基于这一分析，各级宣传部门应当建立以大数据为主要技术支撑的数据库与信息共享平台，强化全覆盖式数据收集，制订具有针对性的意识形态的政治社会化方案。另一方面，依托自媒体开展意识形态工作。党内主流意识形态传播应当紧密结合自媒体平台，形成“国家—个人”与“个人—个人”相结合的多维传播格局，实现对传统“国家—个人”单一传播维度的超越。在这一过程中，应当与高度抽象化等传统传播特征相剥离，在内容上应当贴近生活、贴近实践，直面党务与政务中的现实命题，紧密契合广大党员的现实诉求；在形式上则以理论文字、实务公报与图片视频等形式相结合，充分引入活泼生动、积极健康的时代话语，提升党内主流意识形态的亲近感水平。

---

① 涂子沛．大数据［M］．桂林：广西师范大学出版社，2012：54－58.

② Andrew McAfee, Erik Brynjolfsson. Big Date: The Management Revolution [J]. Harvard Business Review, 2012 (10): 59－68.

九、党内政治文化对党员角色冲突的调适功能

（一）问题的提出

党的十八大以来，全面从严治党成效显著，党内政治生态渐趋清正。党的十九大关于坚定不移全面从严治党、不断提高党的执政能力和领导水平的相关论断，更为新时代党的建设指引了前进方向。然而，当前依然有部分党员存在腐败、作风问题，其主要表现为角色行为脱离了正确的轨道，并未按照党员角色应有的标准要求自己。在导致党员角色行为偏离标准的成因中，家人与自身的不当需求占据较大比例。近年来，领导干部子女、家属腐败类案件呈多发趋势，腐败行为与家风不正密切相关①，而党员因个人贪图享乐而违反党纪与国法的案例也不胜枚举。这些党员之所以违反党纪与国法，是因为其在角色实现方面存在的一个共同问题，即在实现政治角色的过程中受到了角色丛中其他角色干扰，其因为亲情角色、职业角色、自我角色和其他社会角色的实现需求而利用手中的权力、金钱与地位等资本获取不当利益，从而导致党员这一政治角色实现失败，具体表现即为党员消极运用权力、利用职务便利谋取不当利益及其他违反党纪与国法。

个体在生活中往往会实现不同的角色，如政治角色、亲情角色与职业角色等，每一个角色都代表个体处在一定社会关系中所形成的特定行为模式。美国社会学家罗伯特·默顿认为，现代人所需实现的多重角色身份的总和即为“角色丛”②。由于角色丛中的不同角色对个体有不同要求，因此这些角色

---

① 八成官员腐败案与家人密切相关 多有不良家风［EB/OL］. 新华网，http：//news. xinhuanet. com/politics/2015 -06/09/c_ 1115552122. htm，2015 -06 -09.

② Robert K. Merton. The Role - set：Problem in Sociological Theory［J］. The British Journal of Sociology，1957，8（2）.

间往往会互相干扰并在角色实现中造成个体心理层面的冲突。其他角色干扰政治角色实现，导致实现角色丛中不同角色时产生的冲突，这种角色冲突往往体现为由于角色之间的矛盾、个人或角色相关者对于角色期待所引起冲突而造成个体产生的心理失常或角色实现困难等现象①。角色冲突会使个体寻找调适策略，进而选择一种自身能接受的行动方案，调适策略的选择会对个体的角色实现产生较大影响。在这种个体角色实现中，其他角色对政治角色形成干扰的实质是实现不同角色的需求发生了冲突，这种冲突可能是利益方面的，可能是价值方面的，也可能是二者兼有。党员作为社会中的一分子，来自社会各个阶层，其在实现中共党员这一政治角色的同时，也可能兼备其他不同角色，如亲情角色、自我角色与职业角色等，其产生角色冲突的可能性亦较高。这些角色具有不同的价值体系与行为规范，亦因此而具有不同的需求与追求。党组织吸纳的是社会精英分子，其一般掌握一定的各类社会资本，但是大部分党员工作在体制内，其收入水平、获取资源的能力均处于社会一般水平。按照《中国共产党章程》的要求，中共党员应当为人民服务，不惜牺牲个人的一切；吃苦在前，享受在后；不得谋求任何私利和特权；反对小集团与阳奉阴违等。但是伴随着社会转型期贫富差距的凸显，在拜金、功利等错误价值文化影响下，有的党员因自身的享乐、攀比心理、权力地位乃至亲属的医疗保健、教育就业与留学移民等需求，很可能与实现党员角色的要求产生冲突，如果党员对于多重角色冲突的调适不当，那么其在价值排序与个体行为方面很可能会脱离党员的应有标准，从而走上阳奉阴违，不作为甚至违纪违法的道路。

上述现实问题凸显了党员角色冲突研究的重要意义，然而当前对于党员角色冲突这一命题的研究在学术界尚属空白，对冲突的类型与成因并无细致剖析，基于问题而构建的具有针对性的调适策略更是阙如。对党员角色冲突的类型与成因进行梳理，并据此探究调适党员角色冲突的策略，就成为当前关于党员腐败与作风问题治理的研究亟待回应的重要命题。

（二）党员角色冲突的类型及成因分析

对党员角色冲突的调适应基于对冲突成因的梳理与分析之上，只有切实

① Marilu Nuñez Palomino, Fábio Frezatti. Role Conflict, Role Ambiguity and Job Satisfaction: Perceptions of the Brazilian Controllers [J]. Revista De Administração, 2016, (2).

把握角色冲突的类型及其成因，才能有的放矢、对症施治。角色冲突理论认为，个体角色冲突的形成可能由多方面因素导致，学者根据研究侧重给出了不同解释，但总体上主要包括对角色定位与价值认知出现问题、各类规范模糊与失范、他人对其角色期望过高与多重期望对个体造成困扰等几类原因，这些解释为归纳党员角色冲突的类型与成因提供了基本框架。结合党员政治角色的自身特征与其角色冲突的现实表征，党员角色冲突的类型可以被归纳为基于角色价值、角色规范与角色期望而产生的冲突。党员角色冲突的类型及成因如表 8 所示：

1. 基于多元角色价值产生的角色冲突

角色价值体现了实现某种角色对于个体价值性需求的满足，是角色对于个体意义的高度抽象，其引导了个体对于某一角色的基本定位。不同的角色对于价值的追求与认同标准存在差异，因不同角色的价值需求而形成的价值冲突是导致角色冲突的重要成因。国内学者张彦指出，价值排序反映了主体选择和评价周围客观事物的准则与看法，是行为的内部动力①。角色价值导致的冲突往往导致个体以价值排序的方式加以调适，而这种角色排序将决定了个体的行为取向，成为个体行为的重要动力。党员的角色定位要求党员在自身各层次的需求出现冲突时，应当首先以满足自我实现层次的需要为第一要务，在价值排序中将奉献、公正、廉洁等价值置于首要位置。在这一过程中，党员会获得归属、尊重等其他层次需求的满足。然而在现实中，随着享乐、逐利等价值与传统政治文化的糟粕对党员角色价值的瓦解，当不同角色价值之间产生冲突时，部分党员与党组织这一共同体的价值排序出现不一致。因此，当少数党员进行错误的角色价值排序后，政治身份、职业权力难免就会异化为其谋求自身享乐、为亲朋谋取利益与经营交际圈子的工具，党员违纪违法等现象的接踵浮现，也就不足为奇了。

2. 基于角色规范产生的角色冲突

角色规范是指社会所决定的角色的行为要求或行为模式②，是个体在角色实现中必须依循的规则。角色的社交规范是角色规范中的重要部分，这里所讲的角色社交规范是指党员处理自身与他人社会交往关系时的规范，包括社

---

① 张彦. 当代“价值排序”研究的四个维度［J］. 哲学动态，2014（10）：16－22.

② 丁水木，张绪山. 社会角色论［M］. 上海：上海社会科学院出版社，1992：53.

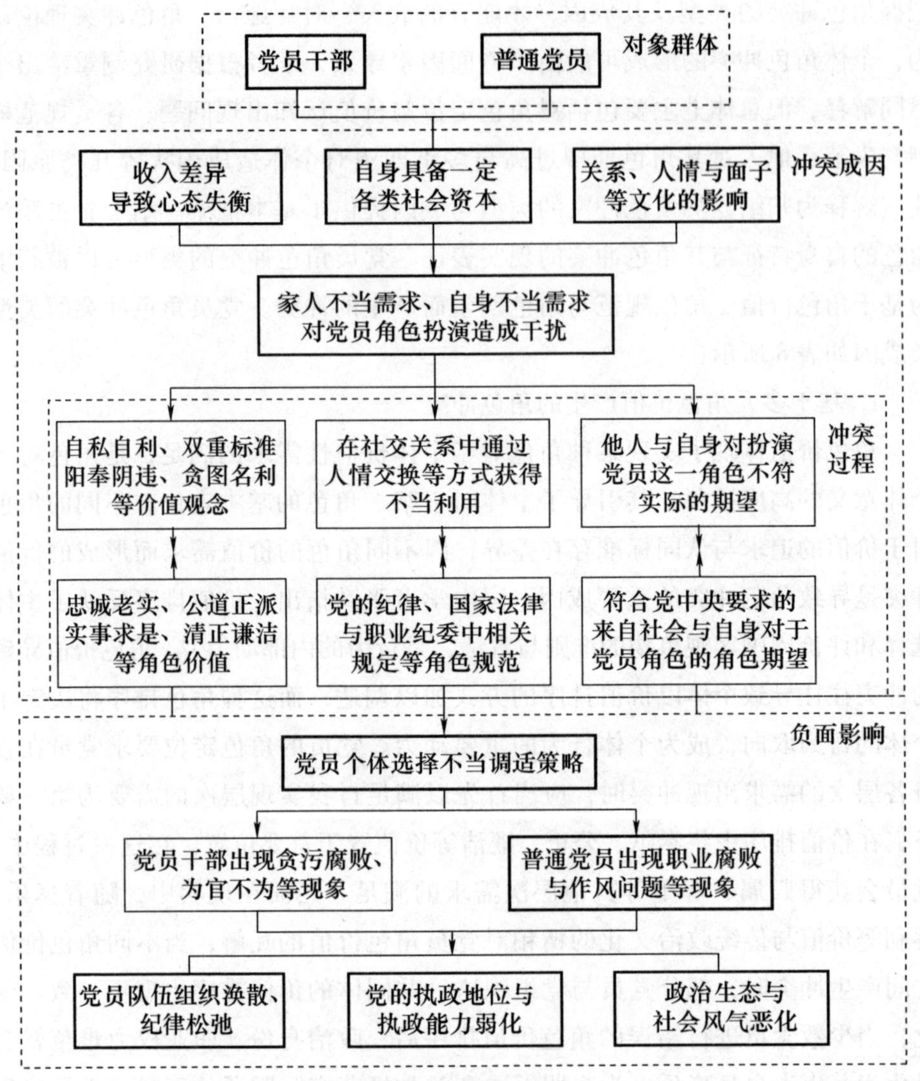

图7　党员角色冲突的类型与成因

资料来源：本图系笔者制作。

会交际的对象、内容与形式等。党内法规对党员的社交规范有较为详细的规定，如组织老乡会、老友会、婚丧嫁娶操办的桌数、礼金等均有“红线”规定，越过“红线”要受到相应处罚。中国属于人情社会，也是重视面子的社会。面子催生了人情交换，而人情作为社会交往的重要媒介完成了社会资本的交换功能，关系网在人情交换中逐渐形成，并成为人情交换的重要渠道。关系网络成为人们获取人脉资本、物质资源及社会资源的捷径，也为通过权力寻租、利益输送、裙带关系等方式违法牟利提供了重要的滋生土壤①，因此对党员社交行为的规范与引导是不可或缺的。但是部分党员干部却表现出了角色适应困难，这些党员与公职人员错误地认为这是一种矫枉过正，并对此产生了抵触情绪。如2015年深圳市记者暗访该市部分退休党员干部遭殴打及武汉警方晒吃盒饭照片叫板媒体等一系列事件的发生，都体现了在对党员社交进行严格监管的情境中，部分党员干部出现的角色冲突与适应困难。

3. 基于角色期望产生的角色冲突

奚丛清将“角色期望”的内涵界定为“角色扮演者或角色相关者对于个体在扮演角色中应有行为的期待”②，其是对角色行为的具体权利、义务与责任等内容的概括，由不同角色相关者对于角色的期望与个体自身对于角色的期望两部分组成。基于角色期望的冲突包含了上述两方面的冲突。党员这一政治角色被赋予了社会优秀分子的内涵，其往往被亲人、朋友及社会赋予较高期望，而且由于光环效应的影响，外界与个体往往对角色实现者的物质收入水平也具有较高期望。外在的角色期望对于个体的角色实现是有很大作用的，但是这一过程并非表现为机械性的作用，而是因个体对于角色规范、期望的理解与接受程度的不同而呈现多元化的行为结果。现实中，一方面，党员很多从事的都是体制内工作，其工资待遇比私企员工的整体水平相对偏低，物质生活质量与角色期望可能存在偏差；另一方面，党员是对于个人思想先进、业务精进的一种肯定，而并非升官发财、寻租牟利的“护身符”。这种理想与现实的偏差可能会使部分党员心态失衡、自尊受损，导致其进取意识、奉献意识与自律意识遭受损伤。因此当部分角色相关者与党员个体对党员这一角色认知与期望出现偏差时，出于满足自尊需求、弥补收益差距等动机，有的党员便会“另辟蹊径”，以通过违纪违法的手段谋取的收益来维持自身或外在对于党员角色的错误期望。

（三）党内政治文化：调适党员角色冲突的可行路径

党内政治文化是中国共产党组织内部形成并传播的一种政治文化，其具备政治文化的基本属性、特征与功能，但呈现出更为显著的特殊性，即其蕴

① 翟学伟. 面子·人情·关系网［M］. 郑州：河南人民出版社，1994：267.

② 奚丛清. 角色论——个人与社会的互动［M］. 杭州：浙江大学出版社，2010：110.

含的对优秀道德品质、高尚政治信仰、高度政治觉悟及积极实践精神等品质的追求①。关于党内政治文化的内涵，目前国内学术界尚未给出一个统一的界定。在探讨党内政治文化对党员角色冲突进行有效调适的可行性之前，应当首先对党内政治文化的学术内涵进行清晰界定。党内政治文化是一种典型的政治文化，其内涵核心是与政治文化的结构与功能紧密相关的。关于政治文化，国外学者与国内学者从两个进路对其内涵展开界定。国外学者一般将政治文化界定为个体对于自身在政治系统中所实现角色的认知与态度，并探讨了个体对于政治体系的评价等方面内容。国内学者则从政治制度、政治思想与政治心理多个层面来对政治文化的内涵进行界定②，不同学者从不同的层次结构及其相互关系的视角来探讨政治文化的内涵。当前我国党内政治文化的主流是以马克思主义为指导、以中华优秀传统文化为基础、以革命文化为源头、以社会主义先进文化为主体、充分体现中国共产党党性的文化③，虽然当前党内文化场域中还存在少量圈子文化、码头文化等传统政治文化的糟粕成分，但伴随着全面从严治党的推进，党内文化中的少量糟粕成分终将得到彻底净化。结合上述学界对“政治文化”概念的界定与党内政治文化自身的特征，对党内政治文化的内涵可以界定为：党内政治文化的本质是党内思想文化环境与经济社会制度，经过长期政治社会化过程而积淀于党员心理层面的政治态度和价值取向，其以马克思主义为指导，汇集了中华优秀传统文化、革命文化与社会主义先进文化等文化内核④，以党章对于党员的要求来形塑党员个体对于政治体系及在体系中自我角色的态度与评价，对党员实现政治角色者的行为、政治要求的内容与对法律的反应具有正面影响。

1. 党内政治文化表征了党员的正确角色期望

角色定位是党员个体对于角色认知的核心。角色定位蕴含着角色价值，

① 王卫兵. 党内政治文化的生成逻辑与发展趋向［J］. 中国特色社会主义研究，2017（3）：106－113.

② 丛日云，王志泉，李筠. 传统政治文化与现代政治文明［M］. 北京：社会科学文献出版社，2014：11

③ 曲青山. 加强党内政治文化建设［N］. 中国纪检监察报，2017－01－11（5）.

④ 河南省中国特色社会主义理论体系研究中心. 革命文化：中华民族最为独特的精神标识［J］. 红旗文稿，2016（17）：13－14.

体现了角色的社会地位，也决定了角色实现者和他人对于该角色的期望①。中共党员的宗旨与信仰与是党内政治文化的核心构成部分，涵括了角色背后高尚的政治价值，如服务人民、奉献社会等，是党员角色价值的集中体现。党内政治文化亦对党员权利与义务具有认知、教化与规训功能。权利与义务是角色构成的重要部分，是角色行为规范的核心要件。作为党内重要的制度文化，党章及一系列其他党内法规对党员政治生活、党员权利保障等方面进行了规定，亦确立了对党员违法违纪行为的监督、问责、处分等，为个体如何实现党员角色提供了指引。此外，党内政治文化是纠正角色期望偏差的有效路径。党员在角色实践中往往会遭遇与角色预期不符的情况，从而产生心理上的落差体验。这种偏差可能基于自身对于角色的期待，亦可能是来自他人或社会对于角色的期待，其均会对个体的行为造成影响。强调无私奉献、艰苦奋斗与担当使命的角色价值和规范已经印刻在党内政治文化之中，新时代的党员精神与优秀党员典型等文化符号都为如何协调角色期望偏差与克服角色实现困难提供了榜样，并通过社会化过程内化到党员的认知结构当中。

2. 党内政治文化对错误角色文化信息具有筛滤作用

党内政治文化是一个相对独立的信息场域，其具备一定的信息筛滤功能，这些筛滤功能通过培育党员屏蔽错误角色文化信息的认知偏好、构建稳固有效的信息筛滤路径等机制来实现。首先，政治文化对信息筛滤机制的典型作用机制是政治文化对早已形成的根深蒂固的文化价值信息可能形成心理上的抗拒②，这一机制通过文化对党员归属感的满足发挥作用③。作为归属感维系的结果，党员会认同这一文化的文化传统及其蕴含的价值观念，并坚持这一文化传统④。对党内政治文化这一特定文化传统及其价值观念形成归属感的党员个体会形成稳定的文化接受偏好与价值体系，当错误的角色文化信息与这一偏好与体系冲突后，党员个体往往会坚持既有文化传统，将错误的角色文

---

① Richards, K. A R. Role socialization theory: The sociopolitical realities of teaching physical education [J]. European Physical Education Review, 2015, 21 (3): 379 - 393.

② 高洪涛. 政治文化论 [M]. 北京：中国广播电视出版社，1990：145.

③ Nathaniel M. Lambert, Tyler F. Stillman, Joshua A. Hicks, Shanmukh Kamble, Roy F. Baumeister, and Frank D. Fincham. To Belong Is to Matter: Sense of Belonging Enhances Meaning in Life [J]. Personality & Social Psychology Bulletin, 2013, (11).

④ [美] 赵志裕，康萤仪. 文化社会心理学 [M]. 刘爽译. 北京：中国人民大学出版社，2015：97 - 99.

化信息筛滤后加以排除。其次，各级党委、官方媒体等具备信息社会化功能的组织或路径往往发挥着对信息源的筛滤作用。政治精英的意见通过政治文化要求信任的群体、组织或路径传播后往往能够左右公众的意见，而与这些意见不符的信息则往往会被上述群体、组织或路径筛滤排除。党内政治文化要求全体党员服从中央权威与指示精神，服从各级党委的政治、思想与组织领导，积极通过各类官方媒体了解与学习党的方针政策与指示精神。在党内政治文化的作用下，各级党委与官方媒体通过各种方式将党中央对全体党员的思想、作风与纪律等方面的要求传播到党员个体这一接收端，一些错误的角色文化信息则被上述组织筛滤排除，从而使党中央的相关要求更为有效地内化到党员个体的认知与行为当中。

3. 党内政治文化的社会化功能契合党员角色冲突的调适需求

党内政治文化具备社会化功能，即执政党通过各种途径和策略，向广大党员宣传党的政治信仰、价值观念、政治倾向①，党内政治文化为党员习得正确角色提供了一个合适的场域，这一场域为党员学习调适角色心理、调节自身角色冲突提供了主要的信息源，从而在形塑党员的角色价值观、角色行为观、角色期望观与提供角色冲突调适策略等方面发挥重要作用。中国共产党员的角色定位、角色规范是党内政治文化的核心构成，无论是从党的历史中积淀而来的党内政治文化传统，还是党内法规的制度文化及思想政治教育所培育的精神文化，都是围绕着培育党员角色意识、强化党员角色价值认同、明晰党员角色规范及引导党员的价值等方面来展开的，党内政治文化作用于党员关于角色的认知、情感与行为倾向，形成了关于角色的态度，继而形成了协调角色间关系、预防角色冲突趋向与调适角色冲突的策略。这些策略信息将作为替代性经验，在党内政治文化这一信息场域中被党员习得，从而为党员调适自身存在的角色冲突提供了可靠依循。

（四）强化党内政治文化对党员角色冲突的调适功能

党内政治文化对于党员角色冲突的调适功能应以冲突类型与成因为标靶，并在党内政治文化既有功能资源的基础上进行强化。围绕上文所述的三种类

① 李云梦，武家福. 中共政党文化社会化理论探析［J］. 理论探讨，2013（1）：174－176.

型党员角色冲突，党员角色冲突的调适功能可以从价值、规范与期望维度进行强化。强化党内政治文化对党员角色冲突调适功能的核心逻辑如下表9所示：

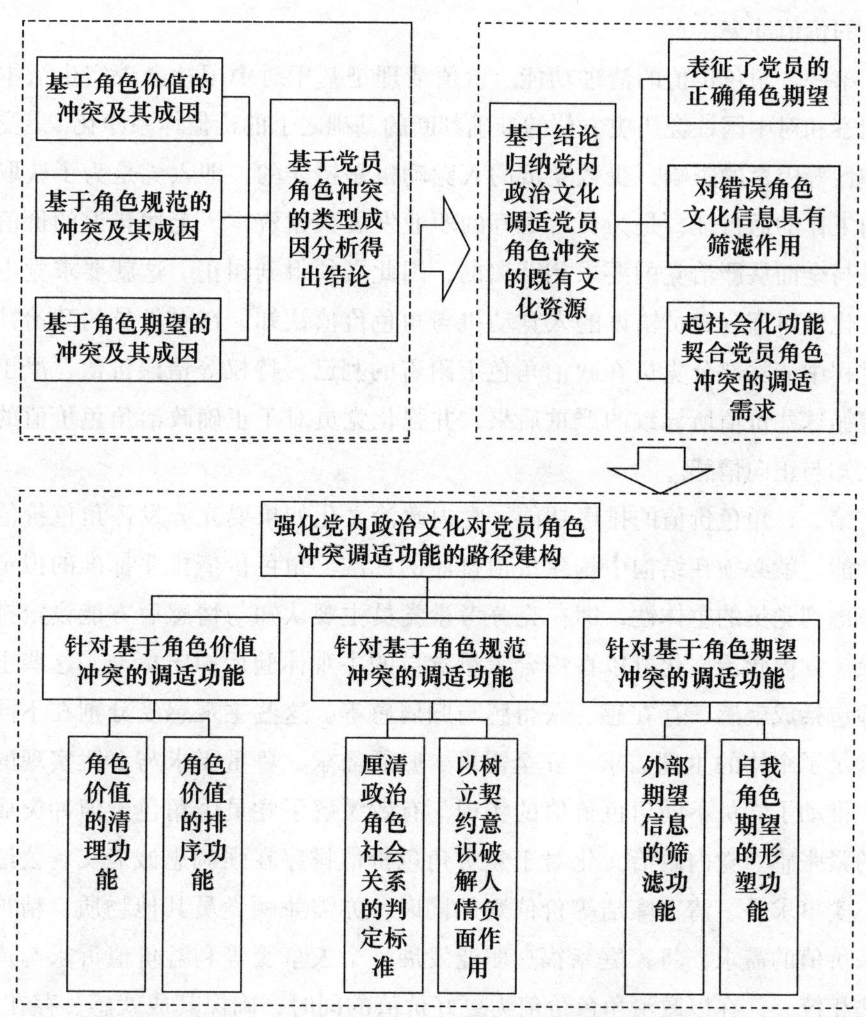

图8 强化党内政治文化对党员角色冲突调适功能的核心逻辑

资料来源：本图系笔者制作。

1. 针对基于角色价值冲突的调适功能

角色价值是党员满足自我效能需求、评估角色意义以及获得角色实现动力的核心要素，由角色价值而导致党员角色冲突的根源在于个体价值体系存在缺陷，这些缺陷导致党员个体对角色价值的认知与评价偏离正确轨道。价值体系是文化结构中的核心内容，文化更容易通过社会化过程形塑个体的价值体系。党内政治文化应当充分将调适党员角色冲突与自身的角色价值形塑功能相结合，通过调整与形塑党员个体对于角色价值的认知与评价来调适其存在的价值冲突。

第一，角色价值的清理功能。价值清理是基于对中国社会现实生活本质的洞察和对中国社会历史方位的准确判断的基础之上的价值体系净化①。受工具理性等因素的影响，少数党员的入党动机是错误的，即入党是为了获取体制内工作的通行证，是为日后更好的职业发展积累资本。上述错误的价值认知是与全面从严治党的要求相背离的，因此必须得到纠正。这就要求党内政治文化针对部分党员错误的入党动机与角色价值认知，在对党员的政治社会化过程中清除部分党员在政治角色上附着的利己、特权等错误价值，严正指出遵循这些价值所导致的严重后果，并强化党员对于正确政治角色价值的角色认知与正向情感。

第二，角色价值的排序功能。党内政治文化如果要充分发挥角色价值排序功能，就必须在结构中构建价值排序的标准。角色价值排序标准的拟定必须考虑到党员的主体性，即在充分考量党员主观认知与情感后方能设定排序标尺。党内政治文化可以在综合考量党员的主观体验后拟定标准，这些主观体验包括成就感、存在感、获得感与归属感等。这些主观感受分别在不同方面满足了个体的生理需求、安全需求、归属需求、尊重需求与自我实现的需求，推动了党员不同角色价值的实现，有效缓解了党员因角色价值冲突而导致的紧张感。党内政治文化对于党员角色价值排序在强调忠诚老实、公道正派、实事求是、清正廉洁等价值观的同时，亦需兼顾党员其他物质、精神与关系价值的需求，将家庭幸福、职业发展、个人享受等利益价值诉求与遵纪守法相统一，在以政治角色价值为更好价值的同时，确保其成就感、存在感、获得感与归属感的体验，从而使各个角色价值统一在党员政治角色的自我实现当中。

2. 针对基于角色规范冲突的调适功能

社交规范是角色规范中的重要部分，也是党员角色冲突调适应当着重关

---

① 贺来. “价值清理”与“价值排序”——发展哲学研究的中心课题［J］. 求是学刊，2000（05）：14－17.

注的领域。这一功能的强化需要通过拟定正常社会关系与社会交往的标准，同时纠正部分党员对于相关党内法规的错误认知来完成。党内政治文化在调适政治角色冲突方面，应当以树立对相关党内法规的正确认知态度为核心，辅之以对错误认知的纠偏与对于市民社会契约文化的教化，最终将传统文化中关系文化的部分糟粕成分清除出党员的认知结构与价值体系当中。

第一，厘清政治角色社会关系的判定标准，即什么样的社会关系内容与社会交往形式是符合国家法律与党内法规规定的，不违反中央政治纪律设定的“红线”。如老乡会等聚会问题，中共中央纪律检查委员会就曾为党员领导干部设立过标准，如不能组织、参加各种联谊会及借机编织“关系网”等。关于婚丧喜庆事宜的操办问题，中央与各地出台的规定与细则的基本内容均包含了限定人数桌数、限定礼金金额与限定宾客身份等多项内容。这些细则与解释明晰了全面从严治党关于社会关系的具体要求与正常的社会交往的边界，既让广大党员干部有章可循，又消除了部分党员心中对于规定的不解与抵触情绪，确立了党员正确的政治角色规范。

第二，以牢固树立党员的契约意识来破解人情关系对社交规范的负面影响。中国是熟人社会，人情关系在社交中实现着重要角色。但是如果在获取利益的过程中将人情置于法治之上，那么人情关系难免会蜕变成为利益输送的链条，成为破坏法治的因素。法治社会的核心精神之一是契约意识，即认同以契约作为社会资本交换的主要媒介，崇尚自由合意、公正平等、权责对等与互助公益等价值取向，提倡依靠法律规范约束进行交换，其在价值取向、依循规则等方面都与人情意识相左①，牢固树立契约意识将有效破解人情关系所带来的负面影响。中西方的平等、守信等契约文化资源都可以被整合到党内政治文化当中，以政治文化的认知、教化与规范功能来培育党员角色的契约意识，剔除错误的人情意识，使党员以党性思维、党纪思维与法治思维来指导自身角色行为。

3. 针对基于角色期望冲突的调适功能

角色期望往往会给角色实现者造成一定的心理压力，即如果角色实现不

---

① 与人情社会交换中的特殊主义、熟人原则及道德约束等特征不同，契约社会崇尚平等、协商与一视同仁，且依循契约、依靠法律保障来完成交换。因此，反映到意识层面，契约意识与人情意识在价值取向、处事原则以及行为规范等方面都是相左的。冯必扬．人情社会与契约社会——基于社会交换理论的视角［J］．社会科学，2011（9）：67－75.

符合期待，那么其可能会被认为在能力或态度方面存在问题，从而对角色实现者的自尊造成一定损害。在角色实现与自己或他人期望严重相左的情境中，个体在压力体验之下很容易产生角色冲突，调适不当则很可能导致角色实现的失败。党内政治文化对于角色冲突的调适可以从调节个体角色期望压力入手，通过调整导致党员个体压力源的相关因素来强化其调适功能。

第一，外部期望信息的筛滤功能。外部的角色期望被党员个体接受，要经历信息的接收、加工和认知结构整合等诸多过程。当前社会“官本位”意识、特权思想及封建小农意识等传统政治文化的糟粕难以根除，工具理性等思潮亦有泛滥的趋势，这些都造成了不良外部角色期望的形成，部分党员正是由于这些错误期望信息而导致了角色认知的偏差①。党内政治文化系统是一个内部文化环境，其通过党内政治生活与思想政治教育等形式对党员产生影响。其应当针对上述两种外部角色期望建立筛滤机制，明确将其清除出党内政治文化的内涵，并应当在内涵中积极整合正确的外部角色期待，如在角色地位方面，强调党员不是特权阶层；在破除利己意识方面，强调党员与其他群众存在于一个共同体当中，奉献社会就是造福自己与家人等。党内政治文化应当以正确的外部角色期待作为筛滤机制的一部分，进而对社会氛围、党内氛围进行正向、积极的引导，从而破除因外部错误的角色期望而造成党员角色实现失败的可能。

第二，党员个体角色期望的形塑功能。首先，对于少数入党动机错误的党员来说，当政治角色期望与角色实践不符时，这些党员可能会产生沮丧、畏难等情绪情感，形成关于角色的错误态度，进而形成了种种角色错位的表现②，如权力寻租、为官不为等违反党纪与国法的行为。作为自我期望形塑功能的一部分，党内政治文化需要提升个体关于党员这一角色期望的明确程度，并纠正党员错误的自我角色期望。其次，绝大部分党员的入党动机是正确的，认为投身社会主义国家建设是实现自我的途径；但是理想与现实需求的冲突、现实中与自身实现的其他角色的冲突又往往令部分党员对自身本初的角色期

① Guirguis L M, Chewning B A. Role theory: Literature review and implications for patient - pharmacist interactions [J]. Research in Social & Administrative Pharmacy Rsap, 2005, 1 (4): 483 - 507.

② 角色错位是指角色实现者的实际表现与社会、群体、组织、他人的期待和要求不相符合的行为。奚丛清. 角色论——个人与社会的互动 [M]. 杭州：浙江大学出版社，2010.

望产生怀疑。党员对于角色期望的清晰程度会对其实际工作产生重要影响，如果党员对于角色认知模糊，将很容易在工作中形成焦虑情绪及工作压力①，进而导致角色冲突。这就需要党内政治文化充分提升党员对政治角色期望的清晰度，使其对未来可能遇到的挫折形成准确预期，并对挫折所具有的意义形成积极态度，掌握预防与调适角色冲突的有效策略，从而提升其践行政治角色的能力。

① Zhou Yongkang, Zeng Weixi, Hu Yalin, Xi Yipeng, Tan Liu. The Relationship among Role Conflicts, Role Ambiguity, Role Overload and Job Stress of Chinese Middle - Level Cadres [J]. ChineseStudies, 2014, 3 (1): 8 - 11.

十、制度治党的实践效果与公众满意度分析

习近平总书记党的十八届五中全会第二次全体会议上指出，“要把制度建设摆在党的建设的重要位置，以制度建设巩固思想建设、组织建设、作风建设、反腐倡廉建设成果，加强制度执行力建设，为党的长治久安提供坚强制度保障。”① 制度治党是以制度化的方式管理党内事务、规范党员行为，全面提升党的内部治理能力，实现政党运行的规范化、科学化。② 制度治党战略从制度维度，为新时代推进全面从严治党工程提供了坚实保障。在制度治党技术方面，中国共产党选择具备程序性和稳定性的制度来治党，在规则的选取上拓展了对党内法规制度的理解，要求党在法律的范围内活动。在这一意义上，制度体系不只包括了党规党纪，也包括了国家法规。为推动制度治党工作有序进行，以习近平同志为核心的党中央启动了党内法规的清理、制定和修订工程，一系列重要党内法规陆续出台，涵括权力监督、政治生活和组织建设等管党治党领域，党内法规体系日臻完善。通过检视管党治党实践可以发现，制度治党依然存在完善和提升空间。为对制度治党工作现状进行整体把握，有效破解制度治党工作中的现实问题，并为党务工作实务提供理论支持，教育部重大攻关项目“坚持依法治国与制度治党、依规治党统筹推进研究课题组”于 2018 年 10 月—2019 年 3 月派遣调研组深入东北多个地区，围绕“制度治党公众满意度”这一主题进行调研，获得了丰富的一手资料。课题组从制度治党成效感知度、制度治党成效预期水平和制度治党参与体验感知度三个方面出发，对满意度现状进行系统分析，并构建针对性的提升策略。

---

① 习近平总书记关于坚持和加强党的领导重要论述摘录［J］. 中国纪检监察，2016（12）：4-5.

② 陈松友，刘帅. 制度治党：优化党内政治生态的现实性及路径选择［J］. 河南社会科学，2016（5）：32-36.

(一) 总体调研情况

制度治党是中国共产党在治党和治国方略上的作出的重大战略抉择。制度治党作为全面从严治党的重要组成部分，是提升党执政能力的重要路径，亦是实现党为人民服务宗旨的重要保障。作为制度治党的参与者、见证者和利益相关者，公众对于制度治党效果的反馈，将对了解制度治党工作现状和优化制度治党工作路径大有助益。

课题组认为，虽然普通公众的专业知识较为欠缺，但是其身处的环境即为党内法规制度的运行环境，普通公众能够从直接体验维度对制度治党实际运行效果展开评价。一般而言，普通公众对制度治党的实际评价，可以表征为通过信息接触行为和自身经验对党员领导干部遵循党纪国法状况的评价和对党领导制定的政策法规的评价。学术界观测公众评价的最为有效、通用的方式是满意度测量，包括顾客满意度测量、政府满意度测量等。制度治党满意度是对制度治党绩效的判断及结论，体现公众对制度治党成效预期和制度治党实际成效感受之间相对关系质量的主观评价。制度治党满意度测量借鉴了较为成熟的满意度测量的理念、方法，将相关概念进行操作化，构建了以成效感知、未来成效预期和群众自我体验为核心的指标体系，并形成了《制度治党公众满意度问卷》。课题组围绕“制度治党公众满意度”主题，以《制度治党公众满意度问卷》为主要测量工具，采用现场调研与网络问卷相结合的方式，在东北地区完成了历时 2 个月的实证调研。课题组发放问卷 700 份，收回问卷 656 份，有效问卷 641 份，有效回收率为 97.7%。以下是问卷

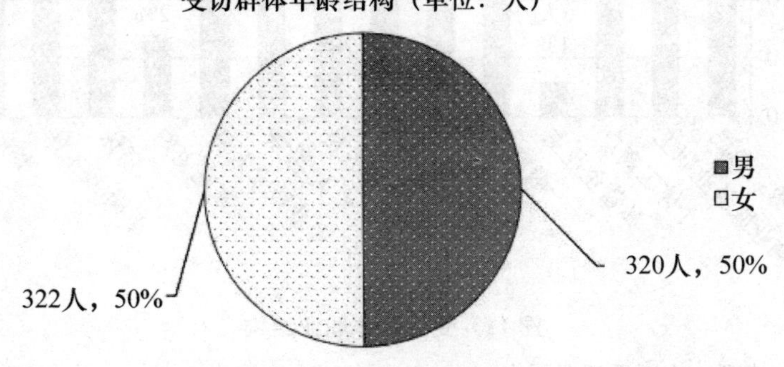

图 9　受访群体性别结构

资料来源：本图系笔者制作。

受访群体的主要人群特征：

图10　受访群体年龄结构

资料来源：本图系笔者制作。

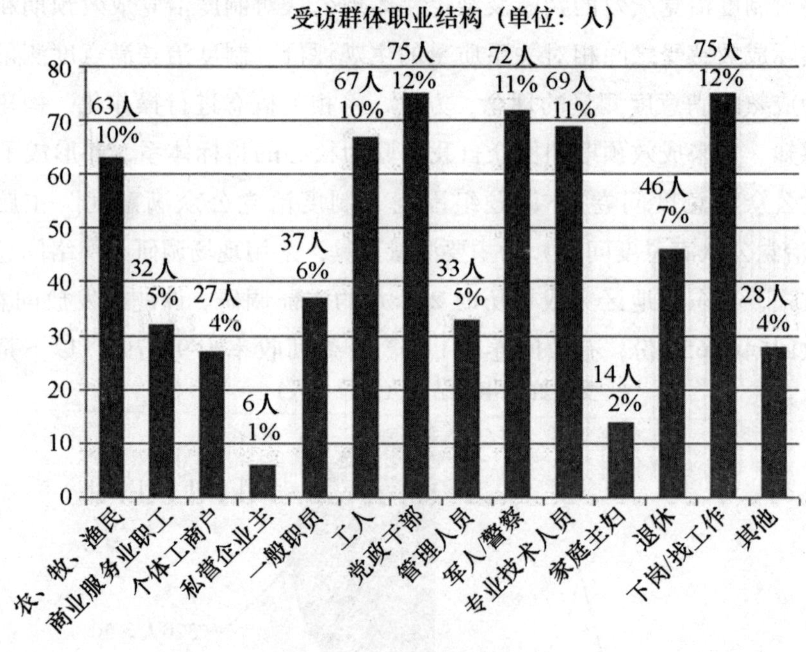

图11　受访群体职业结构

资料来源：本图系笔者制作。

从受访群体人口统计特征审视，受访群体在性别结构方面较为均衡。在

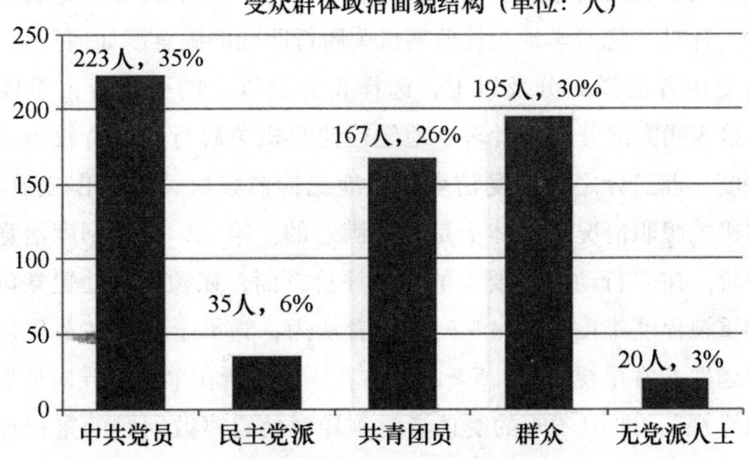

图 12　受访群体政治面貌结构

资料来源：本图系笔者自己制作而成。

年龄结构方面，受访者涵盖了18岁到77岁群体，年龄跨度达到60岁，基本覆盖了接触制度治党工作、能对制度治党工作作出准确评价的不同年龄人群。在职业结构方面，受访者涵括了人力资源和社会保障部《职业分类目录》中所列明的所有职业类型，能够反映出社会不同职业群体对于制度治党成效的评价态度。在政治面貌方面，受访者涵盖了所有政治面貌类型，较为契合不同政治面貌群体的总体占比结构。综上所述，从受访群体的人口学特征统计来看，本研究选取的样本较为合理，为进一步获取统计数据奠定了良好基础。

（二）调研报告的数据分析

在对各类满意度测量进行梳理、总结的基础上，课题组结合制度治党具体政治实践，将制度治党公众满意度操作化为制度治党成效公众感知、制度治党成效公众预期和制度治党公众参与体验三大模块，并构建相应的测量指标，以期对制度治党群众满意度的现状展开进行系统分析。

1. 制度治党成效感知度分析

制度治党成效主要体现为治党制度体系的完善水平、治党制度的执行水平以及党内政治生态现状及党内政治生态的净化能力等内容，制度治党成效感知度即公众对上述内容的直观感受及理性思考水平。本课题组关于制度治党成效感知度的测量主要涵括以下内容：

首先，关于制度治党成效的总体评价。第一，关于制度治党成效的整体成效感知。针对“您对本地纪检监察机关履行职能的满意度如何”这一问题，62.8%的受访者选择6分及以上，选择8分及以上的受访者占总体比重的36.3%。这表明大部分受访者对本地纪检监察机关履行职能持较为满意或非常满意态度，近三分之一的受访者对本地纪检监察机关的工作成效很满意，纪检监察机关履职情况在整体上是令人满意的。第二，关于制度治党中不同要素的评价。在“行动者”要素的相关评价方面，在领导对处置党员干部腐败问题的重视程度维度，23.4%的受访者认为，党员干部所在单位领导对处置腐败问题“非常重视”，38.5%的受访者认为，所在单位领导对处置腐败问题“比较重视”，即61.9%的受访者对领导对处置腐败问题的重视程度持较为满意或非常满意态度。这表明，各级党组织领导对于处置本单位党员干部腐败问题在整体上较为重视，能够担负起管党治党的主体责任。在关于制度治党工作中“制度”要素的相关评价方面，在党制度有效性的整体评价维度，45.7%的受访者认为现有制度能够非常及时或较为及时地发现党员干部的腐败线索，55.7%的受访者认为现有制度能够非常有效或较为有效地遏止党员干部的腐败行为。这表明在“发现—治理”的治党环节中，现有制度能够较为有效地遏止党员干部腐败行为，但是在发现问题线索方面还有待加强。在关于具体制度的有效性评价方面，受访者认为，纪检监察信访制度和派驻制度在制度治党工作方面取得了较好的成效，受访者选择非常有效及较为有效的受访者分别占比52.9%和53.1%。而巡视巡查制度和审计制度的有效性则被予以了更高评价，认为非常有效及较为有效的受访者分别占比66.1%和59.6%。

其次，不同职业群体对于制度治党成效的满意度评价。不同职业群体具有不同的关注热点、参与态度、生活情境和政治经历，不同群体对于制度治党成效的评价呈现出差异性特征。在对其满意度情况和群体差异性进行初步掌握后，应当通过进一步的量化问卷、深度访谈等形式，对其成因需要进一步进行分析，以便深入把握问题、精准施策。具体而言，一般职员、工人、党政干部、管理人员、军人/警察、专业技术人员关于制度治党成效的评价均较高，但部分职业群体在满意度方面处于相对较低水平。为避免数据罗列，在此仅表述满意度相对较低的群体及满意度水平。在按照职业的测量方面，在“您为本地纪检监察机关履行职能的满意度打几分”的总体评价中，选择

6分及以下占比较高的为农/牧/渔民（52.2%）、商业/服务业职工（73.5%）、个体工商户（40.7%）、家庭主妇（44.4%）、退休人员（55.6%）和下岗/找工作人员（48.4%）。这一数据表明，体制外人员对制度治党满意度的评价整体而言比体制内人员低。在接下来的分项测量中，不同群体间的差异性也与总体满意度差异性基本一致。如在关于纪检监察机关发现腐败行为及时性的满意度评价方面，选择“一般”“比较不满意”和“非常不满意”的农/牧/渔民占比为47.8%，商业/服务业职工占比为64.7%，私营企业主为50.0%，家庭主妇为50.0%，下岗/找工作人员为60%。而关于“现有制度是否能够有效遏制党员腐败”的测量中，选择“成效一般”“成效较差”乃至“基本无效”的农/牧/渔民占比60.9%，商业/服务业职工占比55.9%，私营企业主占比50.0%，家庭主妇占比42.9%，退休人员占比50%，下岗/找工作人员为53.3%。

2. 制度治党成效预期水平分析

制度治党的成效预期水平是指公众对于未来制度治党成效的预判状态。制度治党满意度是成效现状与成效预期的相关关系，对未来制度治党成效的预期很大程度会影响未来制度治党的公众满意度。本课题组对制度治党成效感知的测量主要涵括以下内容：

首先，关于制度治党成效预期的总体评价。第一，在制度治党成效的整体预期方面，78.8%的受访者选择在回答“您为您对制度治党未来成效的信心打几分”时打分为6分及以上，打分为8分及以上的占受访者总人数的53.2%。这表明公众对于制度治党的未来成效抱有高度的良好预期。鉴于满意度中成效现状与成效预期的相关关系，制度治党未来的公众满意度取决于未来制度治党的实际成效水平。第二，关于制度治党中不同要素的预期评价。在制度治党工作中“行动者”要素的预期方面，60.8%的受访者认为，在未来，纪检监察机关发现腐败行为的及时性会有较大提高，只有2.2%的受访者认为及时性会降低；而67.3%的受访者认为，在未来，纪检监察机关发现腐败行为的处置力度会有较大提高，只有2.7%的受访者认为处置力度会降低。上述数据表明，公众对于纪检监察机关未来反腐效能的良性预期较高，认为反腐效能在现阶段基础上还会有较大提高。在关于制度治党工作中“制度”要素预期方面，在制度完善维度，82.2%的受访者同意或非常同意“治党的制度体系的覆盖面会增加”，79.4%的受访者同意或非常同意“政党的制度体系会越来越合理”。上述数据表明，大部分受访者对未来治党制度的完善持有高度的良性预期。而在制度执行预期维度，79.5%的受访者同意或非常同意“对制度执行效果的评估活动将会增加”，这表明大部分公众对于治党制度执行力的提升抱有良好预期。具体而言，受访者对于纪检监察信访制度、巡视巡察制度和审计制度的期待较高，认为“制度执行水平能够得到较大提升”的分别占比为58.4%、64.8%和57.3%。这表明公众对于上述三种制度在制度治党工作中的作用有很高期待，希望上述三种制度在未来能够发挥更大作用。

其次，不同群体对于制度治党成效的未来预期。在总体预期评价方面，各群体体现出的关于成效的预期要高于对现实成效的评价，这表明当前制度治党工作取得了较好成效，能够使民众形成稳定、良好的预期。但是从预期测量结果来看，依然存在着较为显著的群体化差异。如在成效的整体预期方面，以下群体的打分多集中于1—6的分数段：农/牧/渔民（30.4%），商业/服务业职工（38.2%），退休人员（50.0%），下岗/找工作人员（44.0%）。这表明，体制外人员在整体上对制度治党成效的预期水平依然相对偏低。而分项测量的结果也基本与总体预期结果相一致。如“在未来，纪检监察机关发现腐败行为的及时性会怎样变化”一项中，选择“不会有太大改变”或“及时性会降低”的农/牧/渔民占比为30.4%，商业服务业职工占比32.4%，工人占比43.8%，下岗/找工作人员占比44.0%。关于“在未来，纪检监察机关处置腐败问题的力度会怎样变化”一项，选择“不会有太大改变”或“力度会降低”的商业/服务业人员占比29.4%，下岗/找工作人员占比30.7%。而关于“在未来，治党制度体系会越来越合理”一项，选择“中立”“不同意”或“非常不同意”的商业/服务业受访者占比20.6%，下岗/找工作人员受访者则占比29.3%。

3. 制度治党参与体验感知度分析

除制度治党实效性外，公众在参与中的体验也是制度治党满意度的重要组成部分。参与体验属于制度治党的微观层面，更多地从主体性角度出发，聚焦于公众在制度治党工作中的参与效能感和自我角色定位等方面。

首先，从总体的调研结果来看，公众对制度治党工作具备较为强烈的参与意愿。在参与效能感方面，46.7%的受访者认为，如果检举成功，会获得比较大或者非常大的精神满足感。而在自我角色定位方面，35.7%的受访者表示如果未来有机会，愿意参加对腐败党员干部的检举中，45.1%的受访者表示是否检举完全视情况而定，只有9.1%的受访者表示不愿参加检举。上述数据表明，公众在制度治党参与方面存在较为强烈的意愿，并且在有效引导下，近三分之一视情况而定的公众可以从观望者向参与者角色转化。但是从该模块的其他调研数据来看，制度治党的公众参与存在问题较为集中，关于公众参与的现实问题将在下文中着重阐述。

其次，不同群体对参与的体验也有所不同。从数据分析结果考量，与前文“制度治党成效评价”和“制度治党成效预期”不同，参与体验的职业差异并不明显，但不同政治面貌群体间的参与体验差异性较为显著。鉴于此，本部分基于政治面貌维度，对不同政治面貌群体的参与体验测量结果进行阐述。第一，在制度治党的公众参与水平方面，总体而言，中共党员对于参与水平的评价比其他政治面貌群体的评价相对要高，其他群体的评价则基本持平。如“当前社会民众对纪检监察机关的反腐活动的参与水平如何”一项，认为“非常高”或“比较高”的中共党员占比33.6%，而选择上述两个选项的民主党派人士占比25.7%、共青团员占比28.1%、群众占比27.2%、无党派人士占比25.5%，后四者的占比基本在25%—28%；关于“纪检监察机关对于群众举报信息的反馈认真程度”的测量中，55.2%的中共党员认为“非常负责”或“比较负责”，而赞同这两项的民主党派认识只占比37.1%、共青团员占比38.3%、群众占比29.8%，只有无党派人士占比较高，为50.0%。而在“群众是否能有效监督党员干部”的测量中，选择“非常有效”或“比较有效”的中共党员占比39.9%，民主党派人士占比37.1%，共青团员占比39.5%，三者基本持平。但选择上述两项的群众占比为32.6%，无党派人士为25.0%。在该题目中，群众身份的受访者最具发言权。鉴于此，应当通过深入的实证研究来探寻群众受访者认为监督有效率较低的成因。第二，在参与动机方面，不同政治面貌群体也呈现出差异性特征。如在“是否熟悉检举程序”维度，25.1%的中共党员和25.0 %的无党派人士选择“非常熟悉”或“比较熟悉”，而选择上述两个选项的民主党派人士、共青团员和群众只分别占比20.0%、13.2%和17.8%。在“承受检举带来的心理压力”维度，45.%的民主党派人士选择“能够承受”，而选择这一选项的中共党员、共青团员、群众和无党派人士占比分别仅为17.0%、20.4%、17.3%和5.0%。这表明，民主党派人士在心理资源方面一般足够应对检举压力，但对程序不熟悉；中共党员和无党派人士对参与程序足够熟悉，但承压能力较差；其他群体则两方面的参与能力均要强化。而在“将来参与检举”即参与意愿维度，选择有机会的话“愿意参与”或“视情况而定”的中共党员和共青团员分别占比86.1%和84.4%，体现出较高的参与意愿；选择上述两个选项的群众与无党派人士分别占比77.4%和70.0%，意愿水平也较高；但选择上述两个选项的民主党派人士仅占比57.1%，这表明民主党派人士的参与意愿应当得到针对性强化。

（三）制度治党工作存在的问题及成因分析

截至目前，制度治党取得了显著成效，但同时我们也应清醒地认识到，制度治党工作还存在不少薄弱环节，亟待改进。这些薄弱环节在满意度方面即体现为较低水平的公众评价，根据满意度水平，可以发现制度治党工作存在的问题及成因。从调研数据审视，制度治党工作主要存在以下方面问题：

1. 制度治党的工作对象需要进一步聚焦

党的十八大以来，制度治党取得了令人瞩目的成效，党风政风为之一新。随着全面从严治党向纵深发展，更为精准化的治党举措被提上日程，全面从严治党工作需要量体裁衣、精准施策，通过缩小聚焦范围来进一步提升制度治党实效性。为达到这一目标，课题组对不同层级和职业群体的党员干部腐败现状进行测量，如数据显示，在省部级、厅局级、县处级、乡科级及以下四个层级的党员干部中。受访者认为省部级腐败最严重的占14.0%，认为厅局级腐败最严重的占18.3%，县处级腐败最严重的占41.3%，乡科级及以下腐败最严重的占26.4%。这表明，从层级维度审视，党员干部腐败问题较为集中，在不同群体的腐败感知中县处级腐败最为严重，乡科级及以下的腐败问题也应当得到着重关注。而在不同职业群体维度，数据显示，受访者对人大代表/政协委员、部队军官、法官/检察官、社会组织管理者和民营企业老板/管理者几类群体中的党员干部清廉情况较为满意。但是值得注意的是，认为以下群体中党员干部腐败者“非常多”或“比较多”的受访者占受访群体的一半以上：政府官员（65.9%）、村/居委会干部（65.5%）和国有企业管理者（57.3%）。这表明相对而言，政府、村/居委会和国有企业依然是党员干部腐败的“重灾区”，上述三类群体应当列为接下来制度治党工作的重点对象。

2. 制度治党满意度需要更多考量受众群体性差异

一方面，不同职业对制度治党的满意度存在差异，但是其满意度会通过社会网络等途径对其他人产生影响。上文所述的各类群体性差异，体现出当前制度治党工作“精准化”的现实需求。如何针对不同群体采取针对性策略，更为有效地提高制度治党工作的时效性水平和满意度水平，应当成为学界和实务界进一步深入探讨的重要命题。如体制外职业群体关于制度治党现实成效的满意度普遍比体制内的职业群体要低，这一现状的成因有很多，可能包括体制外人员对时事新闻关注较少、政商关系不良、缺乏对公权力信任以及存在刻板印象等。另一方面，不同群体以外部监督力量参与到制度治党过程中时，应当兼顾群体差异性因素。差异性既是现象，也是问题，群体差异性特征的存在是难以避免的。但是，造成群体差异性的成因，还需要通过进一步研究予以明晰。

3. 部分制度管党治党的有效性相对较低

人大监督制度和民主监督制度是国家制度体系的重要组成部分，前者主要是指人民代表大会及其常务委员会作为国家权力机关的监督，是代表国家和人民进行的具有法律效力的监督；后者主要是指参加人民政协的各民主党派、无党派爱国人士，各人民团体和社会各界爱国人士就党和政府的重要事务提建议和意见。在对治党制度有效性的分类别测量中，受访者对人大监督制度和民主监督制度有效性的评价相对而言较低，如数据显示，认为人大监督制度“非常有效”及“较为有效”的受访者占比为34.9%，认为民主监督“非常有效”及“较为有效”的占比为36.0%。这表明，人大监督制度和民主监督制度在制度治党工作中的作用还有待进一步加强。同样的情况亦体现在制度有效性预期方面，公众对人大监督制度和民主监督制度的有效性预期要比其他监督制度低一些，选择“制度执行水平能够得到较大提升”的分别为45.9%和45.8%。这表明，超过一半受访者并不认为人大监督制度和民主监督制度在未来会发挥更大作用。制度治党的成效的上限，与制度体系中各类制度的有效性息息相关。结合对人大监督制度和民主监督制度当前有效性的评价，人大监督制度和民主制度应当成为未来补齐治党制度短板的重要目标，应当通过提升二者的有效性来提升公众对于人大监督制度和民主监督制度的信心，避免产生“木桶效应”。

4. 制度治党存在“非正式制度”干扰因素

当前，制度治党工作依然存在多重干扰因素，包括制度本身因素，亦涵括制度中行动者和制度运行环境等方面因素。数据显示，在对于可能干扰制度治党成效因素的预期方面，受访者认为“人对物质享受追求的本性”非常可能或比较可能导致党员干部腐败的占86.4%，认为“制度不够完善”非常可能或比较可能导致党员干部腐败的占74.2%，认为“社会对腐败的包容氛围”非常可能或比较可能导致党员干部腐败的占58.2%，认为“亲属/朋友的错误引导”非常可能或比较可能导致党员干部腐败的占59.5%。这表明，上述四种因素都可能导致党员干部的腐败行为，除“制度完善”一项体现了制度建设的紧迫性之外，其余三项均为“非正式制度”的干扰因素，体现出对“非正式制度”干扰因素进行治理的迫切现实需求。

5. 制度治党的公众参与度相对不足

从调研数据来看，受访者对制度治党中的公众参与现状评价相对较低。如只有29.5%的受访者认为制度治党的公众参与处于“非常高”或“比较高”的水平，这与受访者自身的参与体验的评价存在内在一致性。如关于党员干部贪污现象，在近五年内，19.4%的受访者表示自己“经常遇到”，16.1%的受访者表示周围的人“经常遇到”；而关于党员干部不作为现象，30.2%的受访者表示自己“经常遇到”，26.8%的受访者表示周围的人“经常遇到”。但与之相对的是，只有3.1%的受访者表示自己在近五年内参与过对腐败党员干部的检举，未参与过的受访者占比高达86.4%。而在参与制度治党工作成效反馈方面，72.8%的受访者表示近五年内没有通过任何制度性渠道参加过反馈，17.5%的受访者表示仅“偶尔参加”过。从“腐败经历”与“检举经历”两组数据对比可以看出，公众对于制度治党的参与体验明显不足，难以满足制度治党的现实需求。

关于参与行为影响因素的测量可以较好地表征参与不足的成因。参与水平主要由两方面决定，即参与能力和参与意愿。从主观参与能力方面审视，只有19.5%的受访者表示自己了解或比较了解关于腐败行为的检举程序，17%的受访者认为自己能够承受检举腐败党员干部所带来的心理压力。这与受访者的高度参与意愿形成鲜明对比，说明在主观因素方面，参与行为主要是受主体参与能力的限制。而在客观外部因素方面，74.6%的受访者认为，“存在打击报复的可能性”是重要阻碍因素；65.0%的受访者受“缺乏切实可行的举报渠道”因素的负面影响较大；而65.8%的受访者如果遇到相关部门对举报内容不认真核实、处理的情况，其可能会放弃检举行为。这表明，在打击报复依然是阻碍参与的首要因素，而缺乏可行的举报渠道和纪检监察部门的“为官不为”也会对参与行为产生较大的负面作用。

6. 制度治党的回应工作有待进一步优化

舆情回应工作对于制度治党而言至关重要，是提升制度治党结果公信力、强化公众参与意愿的重要因素。纪检监察机关应当注重回应工作的及时性与回应质量。通过调研我们发现，纪检监察机关工作的及时性还有进一步提升空间。在公众参与的回应方面，42.1%的受访者认为，在接到群众检举后，纪检监察机关对于群众的信息反馈能够“非常认真负责”或“较为认真负责”地进行回应；但是仅有23.5%的受访者认为，纪检监察机关关于处置结果的回复是及时的。这表明在回应质量方面，超过半数的受访者给出了“一般”或更低的评价，而在回应及时性方面则问题更为突出，纪检监察机关需要在舆情回应方面进一步进行优化。实践表明，回应及时性问题存在多种成因，一方面，确实不便公开、案情线索复杂和无效举报等情况，确实会对回应的实效性形成一定干扰；另一方面，部分纪检监察干部在回应工作中存在不作为、慢作为乃至乱作为等情况。针对不同成因，应当区别对待、精准施策。

（四）提升公众制度治党满意度的对策建议

1. 强化对特定层级和群体党员领导干部的权力约束

一方面，强化基层巡视巡察实效性。县处级和乡科级及以下的党员干部均可归为基层党员干部，基层党员干部的基数较大，在监督管理方面相应难度较大。此外，基层存在人情关系干扰权力秩序的问题，对监督执纪存在一定负面影响。本次调研结果与《人民论坛》关于消极腐败调研的结果相一致①。针对这一情况，应当强化党内巡视巡察制度的实效功能，通过巡视巡察

① 据《人民论坛》调研数据显示，从省级到乡镇各层级的官员均存在一定的为官不为现象，但受访者认为“为官不为”现象更多地发生在“县级部门”（47.1%），其次是“乡镇部门”（23.5%），也就是七成以上受访者认为基层干部最容易出现“为官不为”现象。参见《人民论坛》问卷调查中心. 部分官员为官不为真实原因调查分析报告[J]. 人民论坛，2015（5）：16.

实现上级权力主导的同体监督和社会监督的异体监督相结合。如各地应当将巡视巡察分解为巡前、巡中和巡后三个阶段，厘清每阶段的重点任务：巡前应对被巡单位的工作近年来的业务流程、工作业绩、资金动向等了解透彻，并与协作单位积极联动，对可能问题进行预判；在巡中应当将政治巡视巡察与业务巡视巡察相统一，对问题苗头及时抓早抓小；在巡后则要强化结果运用，做好受巡单位处理的追踪督察工作，需要移交线索的按照流程及时移交。为避免人情关系干扰，各地可以借鉴既有异地交叉巡察等实践经验，由上级纪检委统一调配进行异地交叉巡察，以此破解“地头熟”导致的说情风、跑风漏气等问题①。另一方面，进一步加强国家监察委员会建设。监察委员会以监督为首要职能，监督对象覆盖面更广，能够更为有效地从公权力实践角度发现问题线索。政府、国企的党员干部一般具备中共党员和公职人员的双重角色，村（居）委会党员干部则在压力型体制下具备了更多“行政化”色彩，从而成为公权力运用者的重要组成部分②。在新时代背景下，各级国家监察委应当将政府、国企和村（居）委会中行使公权力的人员列为重点监察对象，并且与纪检部门积极联动，实现纪法衔接贯通框架下对重点监察对象权力的有效规制。

2. 着力提升特定群体的治党满意度水平

“短板效应”是形容治理成效的一个重要定律，其核心内容为：一只水桶盛水量，并不取决于桶壁上最长的木块，而取决于桶壁上最短的木块；只有桶壁没有短板，水桶的盛水量才能达到最高。这一定律同样适用于制度治党满意度。具体到制度治党满意度方面，制度治党工作的公众满意度整体而言是比较高的，但是不同群体的满意度存在较大差异性。如在制度治党成效的满意度和未来预期方面，农/牧/渔民、商业/服务业职工和下岗/找工作人员等群体的评价相对其他群体较低。这表明，上述群体的满意度是制度治党满意度中的“短板”。由于各个群体均处于社会网络之中，特定群体的满意度不仅影响自身对制度治党工作的支持态度，亦会通过社会网络中的个体、群体间互动而影响制度治党工作的整体外部支持水平。鉴于此，学术界与实务界

---

① 吕永祥，王立峰. 县级监察委治理基层“微腐败”：实践价值、现实问题与应对策略[J]. 东北大学学报，2019（1）：48－49.

② 侯利文. 去行政化的悖论：被困的居委会及其解困的路径［J］. 社会主义研究，2018（2）：113－114.

应当剖析不同目标群体在治党满意度和参与水平等方面的问题与成因，并有针对性地进行补强，以期进一步获取问题线索，并强化各个群体参与的积极性，进而提升制度治党的外部支持水平。本项研究对制度治党满意度和参与水平中不同群体间的差异性进行了描述，并进行了对比。希望后续研究能够以此为契机，对差异性成因进行更为细致、深入的探析，以期提升部分群体的参与水平与制度治党满意度，并形成协同治理的良好治党状态。

3. 提升人大监督制度与民主监督制度的运行有效性

一方面，在人大监督制度方面，强化人大执法检查，积极探索代表形式。如各级人大应当根据党中央方针政策与地方政府工作计划，以党员干部委为重点检查对象，对涉及国计民生的行政执法项目进行重点检查，如环保保护、医疗卫生和食品安全等领域。此外，人大代表应当以深入选区走访、建立民意访谈室等形式充分联系群众，围绕党员干部监督相关问题，积极履行自身代表职能。如果人大代表发现党的领导干部违反党规党纪、需要党组织处理的，应当按照《中国共产党党内监督条例》第六章第三十七条规定，及时向相关党组织报告①。在这一过程中，应充分发挥监察委员会在同级人大中的监察专员或派驻机构的监督职能，对于执法检查“宽、松、软”和人大代表脱离群众等问题进行监督。另一方面，在民主监督方面，“中国共产党同各民主党派长期共存、互相监督、肝胆相照、荣辱与共。各级党组织应当支持民主党派履行监督职能，重视民主党派和无党派人士提出的意见、批评、建议，完善知情、沟通、反馈、落实等机制”②。各级政协应当充分发挥自身多元领域的专业优势和调研优势，围绕同级党组织和政府的工作重点内容制定年度监督，以会议监督、专项监督、视察监督和提案监督等形式对同级党组织展开监督。相对于纪委的“刚性监督”，民主监督属于非权力性的“柔性监督”，应当建立政协与纪委的联动协同监督平台，使监督资源能够互通有无，进一步形成监督合力。

4. 着力塑造正向的制度文化

第一，制度治党需要注意保障党员正当利益诉求。合法利益是党员的政

---

① 中国共产党党内监督条例（全文）［EB/OL］. 中国共产党新闻网，http：//cpc. people. com. cn/n1/2016/1102/c64387 - 28829770. html. 2016 - 01 - 12/2019. 03 - 31.

② 中国共产党党内监督条例（全文）［EB/OL］. 中国共产党新闻网，http：//cpc. people. com. cn/n1/2016/1102/c64387 - 28829770. html. 2016 - 01 - 12/2019. 03 - 31.

党权利，保障党员的合法利益，将有效引导党员的利益诉求，使其诉求保持在合法的轨道内；同时，合理利益诉求的实现，将使党员更多考量违规违纪带来的不利后果，从而遏制自身对于利益的不当欲望。鉴于此，以管理为名导致严重损害党员正当利益的现象应予以遏止，对正当福利不发放、正当晋升不评定、正常休假规定不落实等问题要及时纠正，如果造成严重后果的要及时启动救济程序；此外，各级宣传部门应当将利益诉求与家庭幸福联系起来，将合法利益的短期收益与家庭幸福的长期收益相统一，突出在全面从严治党背景下因违规违纪而“因小失大”的典型案例和统计数据。第二，强化作为社会氛围的正向制度文化。当前，少数民众之所以对党员干部腐败和作风问题之所以能够容忍，是因为其并没有认识到党员干部腐败等行为带来的损害公共利益的“负外部性”影响，认为只要不关乎自己切身利益就没问题；而少数民众认为一些腐败和作风问题并未造成严重不利后果，“忍一时风平浪静”。针对这一现状，各级党委及其宣传部门应当在宣传中强调党员不遵守党内法规和国家法律所带来的负外部性与可能形成的“破窗效应”，使其成为制度文化的一部分。此外，各级宣传部门应当借助党内政治文化的“溢出效应”，将党内政治文化中的执行文化和公民文化中的法治文化相结合，并在此基础上培育对违反制度行为的“零容忍”制度文化，进而在全社会形成尊崇制度、执行制度的正向制度文化。

5. 完善制度治党的公众参与保障体系

首先，构建参与者合法权益的保障机制。一方面，在隐私信息保密方面，县级及县级以上的纪检监察机关应当建立副本誊写与分类存档制度，在有权受理举报的单位设置保密转接岗，编制待遇等由保密局统一管理，如将举报信息入口与保密转接岗端口对接，由后者统一收集、整理，并完成副本制作、原始档案与电子档案存档等流程，制作、存档和调用过程应当有视频或电子记录。另一方面，在正当权益救济方面，应当以实施办法和实施细则的形式对救济规定进行细化，如对于对举报者及其直系亲属的财产保护、各部门在保护举报者中的具体职责划分等内容进行详细规定。

其次，强化信访举报的外部支持机制。一方面，在参与技能方面，纪检监察机关可以建立举报知识供给机制，在各级党委指导下，由律师协会负责律所法律援助的准入资格，并由法律援助者对案情线索复杂、举报者文化水平较低且举报知识储备不足者，进行定向指导、帮助，强化举报者对相关程序性知识的把握，使举报者能够研判违反制度的情况，抓准党员违规违纪的问题所在，在此基础上及时提供有效的问题线索①。另一方面，在心理素质方面，应当对抗压能力较差的举报者提供心理援助服务，如可以通过心理援助组织的介入提升其外部支持水平，强化参与者应对压力的心理资源。

6. 强化制度治党的反馈回应机制

各级纪检监察机关应当界定具体回应情形和程序，使公众形成关于回应范畴与时限的稳定预期，消弭因客观办案需求而导致的回应不足所形成的不良影响。如在回应情形维度，针对实名举报的、可查性高且易于查清的、传统媒体已经高度关注的、涉及重大民生项目等事关社会稳定的、涉及重要岗位和执法部门，或可能对党和政府形象造成严重损害的、涉及纪检监察机关干部，或损害纪检监察机关形象的、其他经研判后认为应予回应的等情况，应当考虑启动回应程序②。而在回应程序维度，纪检监察机关应当确定一套规范严谨的回应程序，对网站初步回应、结论性的媒体回应和解释性回应等需要的文本表述、回应时限等方面应当进行规范化界定。纪检监察机关对于调查回应结论失实、回应严重超期、对“带病复出”现象回应不足等现象应进行重点监督，并且适当启动问责程序③，以期通过有效的舆情回应，提升公众对党组织的政治信任水平和制度治党工作的满意度水平。

---

① 王瑞娟. 完善我国举报制度的思路探讨［J］. 理论探索，2005（4）：59－61.

② 曾超鹏，何国平，丁勇勃. 如何变被动应对为主动回应［N］. 中国纪检监察报. 2018－02－04（3）.

③ 耿相魁，高猛. 我国问责官员复出机制的构建问题研究［J］. 中国行政管理，2012（5）：17－18.

十一、中国共产党党内法规的制度实效分析

作为执政党，中国共产党担负着领导中国社会主义现代化建设的重大使命，党的建设关乎着中国的前途与命运。党的建设之中最重要的是党的法规制度体系建设，“党内法规中约有35%是用于规范党的领导和执政活动的”①。最新修订的《中国共产党党内法规制定条例》第三条规定：“党内法规是党的中央组织，中央纪律检查委员会以及党中央工作机关和省、自治区、直辖市党委制定的体现党的统一意志、规范党的领导和党的建设活动、依靠党的纪律保证实施的专门规章制度。”②“徒法不足以自行”，党内法规只有在管党治党实践中才能真正发挥其实效作用，而党内法规的实效性评价则必然会反馈于立规活动，为良规的制定提供有益的参照。基于此，教育部重大攻关项目“坚持依法治国与制度治党、依规治党统筹推进研究”课题组于2018年3月至9月间专门针对“党内法规制度的实效评价”进行了问卷调查，检验党内法规制度的实效性状况，以期为提升党内法规的制度实效提供对策性建议。

（一）总体调研情况

1. 数据来源

调研问卷共发放700份，回收664份。此次调研面向中共党员群体，并在问卷问题的设置上，选取了影响党内法规制度运行的典型因素进行了调查。为了保证调研数据具有代表性，调研组向相应党员逐一发放问卷，包括不同性别、不同年龄段、不同学历等。针对调查者家乡分布比较分散的特点，调

---

① 宋功德. 党规之治［M］. 北京：法律出版社，2015.

② 中国共产党党内法规制定条例［N］. 人民日报，2019-09-16（003）.

研组要求调查者回到自己家乡所在地进行发放，这样的发放形式使调查数据更能够代表党内法规制度总体实效的评价情况。

2. 调研对象的基本情况

据数据统计（如表14所示），在有效问卷数量中，男性占56.2%，相应女性占43.8%，性别分布比较均匀；年龄基本集中在21—35岁和50—65岁之间，属于青年党员或者即将步入老年的党员，这些人员在实际问卷的填写中看法不尽相同。在受访者中有普通党员和党员干部，其中普通党员居多，占比67.2%；在受访者所列举的职业中均有被调查的党员，其中以工薪职业者居多，占比73.7%，其他诸如个体工商户、私营企业主等也有被调查的党员，总体占比较少。所有在法规制度执行过程中充当执行人员角色的受访者占比较高，为55.8%。学历和户口类型上，知识分子居多，即高学历党员较多，以本科及以上学历为主，城镇户口71.8%，农村户口占比较少；根据数据统计的图表，受访者都分别有不同的党龄和工作年限，分布尚属均匀。

表2　调查对象的具体数据统计

调查项目		问卷数量（份）	比重（%）	合计（份）	缺失（份）
性别	男	373	56.2	664	0
	女	291	43.8		
年龄	30岁以下	311	46.9	663	1
	31—40岁	175	26.3		
	41—50岁	123	18.5		
	51岁及以上	54	8.1		
党内身份	普通党员	444	70.3	632	3
	党员干部	188	29.7		
职业	工薪职业	489	73.7	663	1
	自由职业	31	4.6		
	无职业	62	9.3		
	其他	81	12.2		

续表

调查项目		问卷数量（份）	比重（%）	合计（份）	缺失（份）
党内角色	决策人员	17	2.5	657	7
	执行人员	367	55.8		
	专家学者	11	1.6		
	提供意见者	89	13.5		
	其他	173	26.3		
学历水平	初中以下	3	0.4	663	1
	初中至高中	42	6.3		
	高中以上	618	93.2		
户口类型	城镇户口	475	71.8	661	3
	农业户口	186	28.1		
党龄	10 年以下	428	65.1	657	7
	10—30	205	31.2		
	30—50	24	3.6		
工作年限	10 年以下	396	60.6	653	11
	10—30	228	34.9		
	30—50	29	4.4		

资料来源：本表系笔者制作。

（二）关于党内法规制度体系的调研数据与问题分析

党员对党内法规制度体系的评价主要包括两方面，即制定和执行。笔者根据实际指标架构，将问题大体分为党员对党内法规制度的科学性与民主性评价，对党内法规制度衔接性评价，以及对党内法规制度执行力评价。在对以上三方面总体评价的基础上，笔者力求通过数据分析，得出当前党内法规制度体系存在的问题，进而寻找相应的对策。

1. 党内法规制定过程需要更加重视科学性和民主性

党内法规制度是在党的建设实践经验、党的领导实践经验和党的执政实践经验基础上，根据党的建设规律、党的领导规律和党的执政规律而制定的行为规范及其体系，因而具有科学性。① 党内法规制度不仅高度重视党内法规制度设计中的民主元素，而且重视在制度执行过程中的民主参与程度，因而具有民主性。然而通过具体的调研数据分析，党内法规制度的科学性和民主性需要在实践中进一步完善。

在党内法规制度的制定过程中，参考信息的获取水平，诸如在实地调研水平中，选择“比较高”和“一般”的受访者占比分别为41.6%和31.0%，在专家建议咨询水平中，占比分别为40.2%和27.3%，在外界经验借鉴水平中，占比分别为37.3%和32.2%，在党内意见征集水平中，占比分别为36.6%和30.4%，在实践经验总结水平中，占比分别为40.5%和26.5%。以上数据明显显示总占比都在60%以上，但两者相比较，选择“比较高”的受访者占比更大，说明党内法规制定过程中的信息获取水平比较获得党员的认可。然而，选择“一般”的也占很大比例，同时“非常高”的占比很小，均在15%以下，这说明参考信息获取水平需要进一步提高。

党内法规的制定必须依照正当的立规程序，在立规过程中要审查草案是否与其他法律法规相抵触，要广泛征集意见建议，要统筹考虑制度的现实需求，以及开展党内法规实施后的有效评估等。在合法性审查程序、民主征求意见程序、统筹规划程序、立规后评估程序这几项正当程序的认知中，受访者中有18.2%选择“不清楚”一项，说明党内法规的立规程序宣传力度不够，一部分党员自身制度意识有待提高。在664份问卷中，以上四项各自单独统计中，问卷数和占比分别为352和53.0%、474和71.4%、252和38.0%、195和29.4%，352和474份问卷数量可以说明党员对前两项的认可度比较高，比率在50%以上。252和195份问卷数量以及相对较低的占比说明党内法规在统筹规划程序、立规后评估程序方面需要进一步完善。

分析以上数据，党内法规的制定过程仍然存在一定问题，需要我们进一步完善党内法规制度制定过程，增强党内法规制度的科学性与民主性。

2. 党内法规制度体系的衔接性存在一定程度的不严密现象

党内法规制度体系的衔接性包括党内法规制度间的衔接和党内外法规制度的衔接。党内法规制度体系只有有效衔接和紧密契合，才能形成完善的制

① 李斌雄. 加强党内法规制度建设 推进制度治党依规治党［N］. 辽宁日报，2019-02-12.

度体系，但是通过分析调研数据，其衔接性存在一定程度的不严密现象。

在党内法规之间的衔接程度方面（如表14所示），受访者都认为各项衔接性“比较完善”或“比较高”，问卷数量均在260以上，占比均在40%以上，其次是“一般”，问卷数量在150—190之间，占比在23%以上，这说明党内法规制度间的衔接水平比较受到党员的认可。但是，从表3中可以看出，选择“非常低/不完善”的受访者也占一定比例，其中对“党内条例间的衔接”评价最低，占比8%。在党内准则间衔接性等六种“比较高”衔接性相比中，受访者对党内准则间的衔接水平评价最高，问卷数达到303份，占比45.9%，对党内细则间的衔接水平评价最低，占比40.2%，说明党内法规制度各方面的衔接性有待进一步提升。表3中有 个明显的数据必须引起我们的重视，“不清楚”党内法规制度衔接水平的受访者有相当一部分，问卷数大都在50以上，占比也在7%以上，这恰恰说明了，仍存在一部分党员不关心党内生活，不重视党内法规制度的制定与执行，这显然会极大影响党内法规制度体系衔接水平的提高。

在党内法规与国家法律的总体衔接水平上，对于“您认为，当前党内法规与国家法律的内容规定是否一致?”这一问题，有18.1%的受访者选择“一般”以下的选项，说明增强党内法规与国家法律间的衔接程度必须提上议程。在具体党内法规与国家法律的衔接水平上，例如《中国共产党党内监督条例》与《中华人民共和国国家监察法》间衔接的紧密程度、当前党的纪律检查机关与监察委员会之间的纪法衔接水平，大多数受访者评价都比较高。前一项的衔接在“比较清晰”上问卷数为325，占比最高，为48.9%，后一项的衔接在“比较高”上问卷数为310，占比也最高，为46.7%。同时，两项仍然都存在相当部分“不清楚”衔接水平的受访者，占比分别为16.9%和17.2%，这会极大降低及时发现制度间衔接问题的概率，不利于完善审查评估机制。

当前党内法规与国家法律间的衔接机制主要表现在立规立法过程中的衔接机制等四个方面（如表15所示），这四个方面的衔接机制都“比较完善”，占比分别为50.2%、43.8%、45.3%和40.5%，这说明当前的党内法规与国家法律之间衔接得比较紧密。但是，相比党内法规间的衔接水平上，党内法规衔接在“非常高”的问卷数量上为129、131、122、117、124、114，明显多于党内法规与国家法律衔接在“非常完善”上的问卷数量，说明党内法规更应该进一步提高与国家法律的衔接水平。

表3 具体制度间的衔接性数据统计

衔接程度 调查项目		问卷数量（份）/比重（%）						合计	缺失
		非常高/完善	比较高/完善	一般	比较低/不完善	非常低/不完善	不清楚		
党内衔接性	党内准则间衔接性	129/19.5	303/45.9	158/23.9	19/2.9	2/3.0	49/7.4	660	4
	党内条例间衔接性	131/19.8	286/43.3	166/25.2	22/3.3	5/8.0	50/7.6	660	4
	党内规则间衔接性	122/18.5	274/41.6	181/27.5	27/4.1	4/6.0	50/7.6	658	6
	党内规定间衔接性	117/17.7	283/42.9	183/27.7	21/3.2	4/6.0	52/7.9	660	4
	党内办法间衔接性	124/18.8	275/41.8	166/25.2	27/4.1	8/1.2	58/8.8	658	6
	党内细则间衔接性	114/17.3	265/40.2	190/28.8	24/3.6	9/1.4	58/8.8	660	4
党内外衔接性	在立规立法过程中的衔接机制	109/16.5	332/50.2	127/19.2	26/3.9	9/1.4	59/8.9	662	2
	在执规执法过程中的衔接机制	96/14.5	290/43.8	168/25.4	40/6.0	12/1.8	56/8.5	662	2
	在党内问责与行政问责过程中的衔接机制	94/14.2	300/45.3	173/26.1	28/4.2	8/1.2	59/8.9	662	2
	在守规守法过程中的衔接机制	100/15.1	268/40.5	181/27.3	47/7.1	10/1.5	56/8.5	662	2

资料来源：本表系笔者制作。

3. 党员对党内法规执行效率的作用发挥得不够充分

党内法规执行力是一个有机系统，即包括党内法规在内的执行主体、执行文化、执行环境、执行资源等综合有机系统。① 党内法规制度的生命力源于执行力，其执行主体以党员为主，他们不仅需要在党内法规制定中担负主要

① 谷鑫贺，王国柱．增强党内法规执行力路径探析［J］．行政与法，2018（9）：26－33．

责任，而且在执行过程中也要严格执行和遵守党内法规。

就外在因素而言，党内法规明确了党员的权利和义务，例如《中国共产党党员权利保障条例》等，这些具体性的法规明确了党员在党内法规执行中充当的角色，即党员在党内法规执行中发挥主体作用。针对“在《关于新形势下党内政治生活的若干准则》的规定中，体现党员义务履行的水平和维护权利的水平如何”这一问题，大多数受访者选择“比较高”一项，占比40%以上。这些数据可以说明，党员比较满意党内法规等对党员正当权益的保障。经过统计分析，我们发现这些对于党员权利与义务的规定是党员影响党内法规制度执行效率的关键，党员权利维护水平与党内法规制度执行水平呈正比关系，二者相互影响，因此必须重视党员对党内法规制度执行效率的影响。

就内在因素而言，党员自身的素质水平，即党员的制度思维影响了党内法规制度的执行效率。针对“党员干部制度思维的整体水平打几分?”这一问题，打8分的人最多，其次是7分，这说明党员的制度思维仍处于形成过程中，因而必须重视党员制度思维水平的提高，充分发挥党员在党内法规执行效率上的作用。

4. 反腐机制和监督制度需要在实践中进一步完善

反腐和监督制度不仅是党内法规制度体系的重要组成部分，而且是党内法规制度有效执行的外在保障。

从表15可见，大多数党员对当前党内反腐机制和监督制度的实际运行效率还是很认可的，例如在具体法规制度执行上，有324份问卷选择的是“比较有效”，占比最高，为48.8%。但是当前纪检监察机关发现腐败案件的概率仍然很高，其中选择“比较高”一项问卷总数为283，占比为42.6%。总共有8.0%受访者选择“比较低”和“非常低”，同时仍然有10.1%的受访者不清楚目前的腐败发生情况，以上说明党的反腐机制和监督制度距离完善的党内监督制度体系还有很大距离。还有相当部分受访者不清楚这些制度的实际执行力水平，例如对党内监督制度的执行水平“不清楚”的占比为5.9%，其所占比例要高于选择“比较无效”和“非常无效”或“比较低”和“非常低”的受访者，这一点需要引起我们的高度重视，说明我们必须重视党员的政治素养在反腐机制和监督制度中的影响。

表 4　党内监督制度的执行水平数据统计

		问卷数量（份）	百分比（%）	有效百分比（%）
有效问卷	非常有效	100	15.1	15.1
	比较有效	324	48.8	48.9
	一般	166	25.0	25.0
	比较无效	22	3.3	3.3
	非常无效	12	1.8	1.8
	不清楚	39	5.9	5.9
	合计	663	99.9	100
缺失问卷	系统	1	0.2	

资料来源：本表系笔者制作。

伴随着党中央反腐力度的加强，腐败案件也层出不穷，现如今仍然呈现上升的趋势，而且党员干部的腐败问题最为严重，在“您认为，下列哪类群体违反党内制度的问题最严重？”问题中，有 57.8% 的受访者认为党员干部的腐败行为最为严重。“您认为，当前纪检监察机关发现腐败案件的概率如何？”有相当部分受访者选择“比较高”，如此严峻的腐败形势说明了当前的反腐机制和监督制度存在漏洞。如表 16 所示，无论是反腐职能资源、法规贯彻执行水平，还是制度实效，消极评价仍占相当部分，分别为 6.5%、3.8%、3.2%，这进一步说明当前的反腐机制和监督制度需要在实践中进一步完善。

表 5　反腐机制和监督制度执行水平的数据统计

程度 调查项目	问卷数量（份）/比重（%）						合计	缺失
	非常充足/有力/充分	比较充足/有力/充分	一般	比较不充足/不力/不充分	非常不充足/不力/不充分	不清楚		
您认为监察委员会所拥有的履行反腐败职能的资源是否充足？	108 /16.3	311 /47.0	107 /16.2	26 /3.9	17 /2.6	93 /14.0	662	2
您认为，当前国家监察机关对《国家监察法》的贯彻执行水平如何？	104 /15.7	322 /48.6	126 /19.0	13 /2.0	12 /1.8	86 /13.0	663	1

续表

程度 调查项目	问卷数量（份）/比重（%）						合计	缺失
	非常充足/有力/充分	比较充足/有力/充分	一般	比较不充足/不力/不充分	非常不充足/不力/不充分	不清楚		
您认为，国家监察体制改革之后，监察委员会在腐败治理中的制度优势发挥状况如何？	81 /12.2	362 /54.6	125 /18.9	11 /1.7	10 /1.5	74 /11.2	663	1

资料来源：本表系笔者制作。

5. 党内法规制度执行面临更加复杂的外部环境

党内法规的执行不仅与执行主体、法规制度自身和法规制度执行的外部保障有关①，而且与法规制度执行的环境有很大的关系。根据问卷数据分析，当前影响法规制度执行的因素越来越多样化，因而其执行面临的外部环境呈现更加复杂化的趋势。

当前主要矛盾的变化成为影响党内法规执行的因素之一。在问题“您认为，当前社会主要矛盾的变化，是否会对党内法规制度执行产生负面影响?”中，有34.7%的受访者选择“影响比较大”，占比最高，其次是“影响一般”，占比21.8%，有9.3%的受访者选择“影响非常大”，比率较高。以上说明当前党内法规制度的执行必须妥善应对主要矛盾的变化，各级党组织必须根据当前主要矛盾变换法规制度执行的方式，致力于提高法规制度执行力。

随着经济的发展与文化交流的繁盛，社会呈现价值多元化的趋势。在问题“您认为，价值多元化是否会对党内法规制度的执行产生负面影响?”中，选择人数最多的是“影响比较大”，占比37.7%，其次是选择“影响一般”的，有166位受访者，占比25.1%，再次是9.3%选择“影响非常大”的受访者。以上总体看来，选择影响程度比较大的总人数为477人，占比72.1%。数据说明，价值多元化对党内法规制度执行的影响越来远大，并逐渐成为不可忽视的因素之一，因而大大增加了党内法规制度执行的外部环境的复杂化程度。

① 石佑启，李杰. 论提高党内法规的执行力［J］. 学术研究，2018（05）：74－82＋183.

当今世界，信息技术越来越重要，逐渐成为党内法规制度执行的一个重要影响因素，信息的泛滥在为决策者提供更多信息资源的同时，也加大了法规制度执行的不确定性。“您认为，在党内法规制度执行过程中，信息技术是否得到了应用?” “应用面比较狭窄” 和 “应用面非常狭窄” 在受访者人数中，仅为62人，占比9.4%，“应用非常/比较广泛” 总人数高达384，占总人数一半以上，总比58.2%。由此看来，大多数受访者认为信息技术对于党内法规制度的执行比较重要，虚拟的信息环境更加剧了党内法规执行环境的复杂性。

（三）完善党内法规制度体系的对策

1. 完善党内法规的制定程序，增强其有效性和可操作性

最新修订的《中国共产党党内法规制定条例》第十五条规定：“制定党内法规应当统筹进行，科学编制党内法规制定工作五年规划和年度计划，突出重点、整体推进，构建内容科学、程序严密、配套完备、运行有效的党内法规体系。”① 具体来说，要着重关注以下三方面：

首先，科学设计党内法规实施的规划方案。为了贯彻党的十九大精神，加强党的全面领导，坚持正确的政治方向，《中央党内法规制定工作第二个五年规划（2018—2022年）》对党内法规在未来五年如何进一步加强党内法规制度体系的建设进行了科学规划，体现了党中央对党内法规制度体系建设的高度重视。② 在具体法规制定中，党内法规制定规划小组在规划党内具体法规的制定时，必须严格遵守党内法规制定程序，同时也必须结合各级党组织的实践经验，加强具体法规的科学性。

其次，合理拟定党内法规的实施方案。在党内法规制定中，制定主体必须结合实际调研情况，采取定期开展听证会、网上参与征求意见等形式拓展信息获取渠道，提高信息获取水平。同时对法规的具体执行，各级党组织可以根据当时当地情况制定具体的实施方案，从而完善具体党内法规的制定程序，提高党内法规的执行力。针对实践中的突出问题，抓紧制定实践迫切需

① 中国共产党党内法规制定条例［N］. 人民日报，2019-09-16（003）.

② 中央党内法规制定工作第二个五年规划（2018—2022年）［EB/OL］. 2018-02-23. http://www.xinhuanet.com/politics/2018-02/23/c_1122443711.htm.

要的党内法规，切实解决干部群众普遍关注的热点难点问题①，实现党内法规制度体系与党内实践问题的实时对接，解决党内法规与现实问题的脱节问题。

最后，大力加强党内法规的审查与评估工作。《中国共产党党内法规制定条例》规定，“党内法规制定机关、起草部门和单位可以根据职权对党内法规执行情况、实施效果开展评估”，“这种评估是党内法规制定工作的延续，是建立健全党内法规制度体系的重要方式，其目的就是通过评估，检验党内法规在实施过程中产生的效果”②。党内法规制定后的审查与评估必须形成常态化，并且简化相应的配套设施；在审查与评估当中，相应组织必须严格层层把关，细细筛选，做好最后一层党内法规的监督保障工作。

2. 强化党内法规制度的有效衔接，实现制度体系的协调统一

“党内法规是管党治党建设党的基本依据和党内治理法治化的制度载体，国家法律是由国家强制力保证实施的具有普遍约束力的行为规则”，“两个规范体系的衔接和协调是依法执政的现实要求”，③ 因而必须“促进党规与国法衔接协调”④。强化党内法规制度的有效衔接，实现制度体系的协调统一可以从三方面着手。

首先，完善党内法规与国家法律事前审查衔接制度。“切实做好党规的立、废、改、释的工作，需要转化为国家法律的党规，应适时地通过立法程序实现。”⑤ 党内法规在起草完成以后应当交由相应机关的专门人才进行合法性审查，以便及时发现草案中存在的瑕疵并退回原起草机构，要求起草机构限时修改并再次提交审议。

其次，完善执规机构与执法机构的工作联动机制，加强执规执法工作人员的配合力度。加强党规国法的宣传力度，定期开展对执规执法工作人员的法治教育；执规执法机构在执行过程中，应该相互配合，做好衔接工作，例

① 李忠．构建依规治党法规制度体系研究［J］．西北大学学报（哲学社会科学版），2017（05）：19－29.

② 任铁缨．如何更好地构建党内法规制度体系［J］．中国党政干部论坛，2014（2）：67－60.

③ 秦前红，苏绍龙．党内法规与国家法律衔接和协调的基准与路径——兼论备案审查衔接联动机制［J］．法律科学（西北政法大学学报），2016（5）：21－30.

④ 中共中央关于全面推进依法治国若干重大问题的决定［N］．人民日报，2014－10－29.

⑤ 王立峰．党规与国法一致性的证成逻辑——以中国特色社会主义法治为视域［J］．南京社会科学，2015（2）：68－75.

如对于违法党员，除对其进行法律制裁以外，也应该切实进行相应的党内处罚。

最后，形成党内法规与国家法律常态化的事后评估衔接机制，同时必须完善相应的配套设施。在党规国法的执行中，这种常态化的衔接评估机制有利于我们及时发现并有效弥补党规国法执行后出现的漏洞问题。

3. 提高党员的制度思维水平，强化党员的主体地位

提高党员的制度思维水平，前提是要增强他们的制度意识。党内制度运行的主体是全体党员，党员自身的各方面素质尤其是政治素质会影响党员的制度意识，进而影响用制度方式思考问题的思维水平，所以必须重视党员的主体地位。只有重视党员的主体地位，才能在制度被广泛宣传的背景下促使党员主动去理解党内制度，这样，不仅可以增强党员的制度意识，而且可以提高党员的思维水平。

增强法规制度意识的关键还是在于加强法规制度的广泛宣传和教育，把党内法规制度学习教育常态化制度化①。习近平总书记指出“要强化法规制度意识，在全党开展法规制度宣传教育，引导广大党员、干部牢固树立法治意识、制度意识、纪律意识”②，通过举办一些活动或者一些培训班，使各级组织的党员群众能够认真学习，加深对法规制度的理解，进而以理性的态度自觉遵守党的制度。另外也可以采取其他途径加强宣传教育，例如采取现代科技信息资源，充分利用网络覆盖范围广的特点发挥网络的宣传作用，从而进一步扩大宣传面。

通过多种形式的宣传教育途径，广大党员群体能够进一步强化制度面前没有特权的观念，进而在党内法规制度体系的实际运行中不断提升自身的制度思维水平，强化在党内法规制度体系中的主体地位。

4. 进一步聚焦制度反腐，完善党内外监督制度体系

“制度建设是反腐败的根本途径。”③ 为了加强党内监督，党中央陆续出

---

① 张晓燕．关于党内法规制度实施体系建设的思考和建议［J］．理论学刊，2017（03）：38－45.

② 跟习总书记学习如何守好政治纪律［EB/OL］．2015－08－20. http：//cpc. people. com. cn/xuexi/n/2015/0820/c385474－27489660. html.

③ 朱光磊，盛林．过程防腐：制度反腐向更深层次推进的重要途径［J］．南开学报，2006（4）：13－20.

台了相应法规，例如《中国共产党内监督条例》等，并实行全国范围内的、针对各级党组织领导人的巡视制度，逐步增强党的纪检机关的监督力度。在地方党委权力运行的过程中，权力往往集中于常委会和“一把手”，委员会制演化为“一长制”“首长制”或“一把手”制①。因此，必须加强对党组织领导干部特别是各级党组织“一把手”的监督，充分发挥广大干部和人民群众对“一把手”的监督作用②；加大惩戒力度，加强对党政领导干部的思想政治教育，培养其良好的官德意识，帮助其树立良好的权力观。对于广大普通党员而言，必须牢牢把握手中的监督权，做到适时监督、处处监督，全方位地将监督工作做到极致。对于法规制度执行机关来说，必须在实践中丰富反腐败资源，提高法规的执行水平。

修订后的《中国共产党党党内监督条例》规定了“党内监督和外部监督相结合”，党外监督是指由党内法规制度体系以外的各种合法力量对党员以及党组织等行为进行的督促检查，广义上指人民的监督。发挥党外监督的有效作用，第一，要做好对于党外人员知情权和监督权的保障。第二，保证监督与民情反映渠道的畅通，利用互联网技术和信息化手段，推动党务公开、拓宽监督渠道，虚心接受群众批评。第三，提高党外人民群众的政治素养。做好以上三方面必须做好相关的配套设施建设，例如针对党外人民群众常态化与制度化的法治宣传教育等。

党内监督是根本，党外监督与党内监督相配合，形成衔接紧密的党内外监督体系，这样更有利于建立健全防错和纠错机制，从而降低腐败发生率，提高党内法规制度体系的实效。

5. 充分利用网络信息资源，优化法规制度执行的外部环境

现代信息技术的发展滋生了大量的信息资源，信息作为现代生产力的科技手段，有效地推动着政治、经济、文化、社会生活的发展。当前，国内的手机普及率和网络覆盖率逐渐提高，因而充分并有效利用网络信息资源，有利于优化法规制度执行的外部环境，推动党内法规制度的有效运行。

通过网络信息资源的有效利用，可以正确引导当前的价值多元化趋势。

① 李斌雄．扎紧制度的笼子——中国共产党党内法规制度建设的重大发展研究［M］．武汉：武汉出版社，2017．

② 王春玺．健全对地方党委“一把手”的监督与问责机制［J］．中共中央党校学报，2018（5）：43－49．

针对“您认为，在执行文化的传播过程中，下列方式哪种方式作用最大?”这一问题，有 48.7% 的受访者选择大众传媒，而后依次是 30.3% 的集中培训和 12.1% 的社会交往，因而在宣传执行文化时，应切实利用网络信息资源。不管是大众传媒、集中培训还是社会交往，在网络化的时代，以上行为比以往都更加容易推广并实现。充分利用网络信息资源，可以更新党的政治生活的形式，正确引导党员的价值观，优化价值观多元化环境。充分利用网络信息资源，可以逐步改变以往单纯靠面对面讨论、固定书本教育等方式，采取以手机、电脑等工具，以微信等公共交流平台，实现集体互动式学习和交流的方式，从而形成更受党员欢迎、更吸引党员兴趣的、更有利于工作开展的新党内政治生活形式。充分利用网络信息资源，应当吸纳政治素养高的、具有娴熟的网络信息技术的优秀人才进入领导班子，利用他们的才能扩大信息的来源渠道，优化党内法规的宣传环境，从而优化党内法规制度执行的外部环境。

附　录

附录一：制度治党公众满意度问卷

调 查 员：________________

调查地点：________________

访问时间：____年____月____日____时

审　　核：________________

数据录入：________________

您好！

感谢您参加这次调查活动！本问卷是教育部重大课题攻关项目“坚持依法治国与制度治党、依规治党统筹推进研究”课题组的项目调研问卷，本调查结果仅供学术研究使用。

本次问卷采用无记名方式填写，用计算机进行数据统计。调查结果只以数据的形式出现于本课题的研究中，不会给您造成任何不良影响。答案没有对错之分，请您按照自己的真实情况回答即可。

感谢您的参与和支持！

吉林大学课题组

2018 年 4 月

A 部分（请根据您的实际情况，按要求填写内容，或在相应选项前横线上打“√”）

A1　您的性别：　______男［A0101］　______女［A0102］

A2　您的出生年份是______（请填写阳历年份，如 1990）［A0201］

A3　您现在做什么工作：

______农，牧，渔民［A0301］　______商业服务业职工［A0302］

______个体工商户［A0303］　______私营企业主［A0304］

______一般职员 [A0305]　　______工人 [A0306]

______党政干部 [A0307]　　______管理人员 [A0308]

______军人/警察 [A0309]　　______专业技术人员 [A0310]

______家庭主妇 [A0311]　　______退休 [A0312]

______下岗/找工作 [A0313]

______其他（请在右边横线上注明）______________ [A0314]

A4　您的学历水平是？

______小学及以下 [A0401]　　______初中 [A0402]

______高中或中专 [A0403]　　______大专 [A0404]

______本科 [A0405]　　______研究生及以上 [A0406]

A5　您的户口类型是：

______城镇户口 [A0501]　　______农业户口 [A0502]

A6　您的政治面貌是：

______中共党员 [A0601]　　______民主党派 [A0602]

______共青团员 [A0603]　　______群众 [A0604]

______无党派人士 [A0605]

A7　您的家庭去年年收入大约是：

______5000 元及以下 [A0701]

______5000—10000 元 [A0702]

______10000—20000 元 [A0703]

______20000—100000 元 [A0704]

______100000—300000 元 [A0705]

______300000—1000000 元 [A0706]

______1000000—10000000 元 [A0707]

______超过 10000000 元 [A0708]

B 部分（请根据您的真实想法，在相应选项对应的横线上或空格内打“√”）

B1　您对本地纪检监察机关履行职能的满意度如何？如果 1 分代表非常不满意（箭头左端），10 分代表非常满意（箭头右端），您为对本地纪检监察机关履行职能的满意度打几分？（请只打整数分值，并填写在下面）

非常不满意，1 分←————————→非常满意，10 分

分值：____________［B0101］

B2　有效惩治腐败行为前提是要及时发现腐败行为。您对纪检监察机关发现腐败行为的及时性是否满意？（单选）

______非常满意［B0201］　　______比较满意［B0202］

______一般［B0203］　　______比较不满意［B0204］

______非常不满意［B0205］　　______不清楚［B0206］

B3　您认为，国家监察体制改革之后，监察委员会在腐败治理中的制度优势发挥状况如何？（单选）

______非常充分［B0301］　　______比较充分［B0302］

______一般［B0303］　　______不太充分［B0304］

______非常不充分［B0305］

B4　您认为，现有制度能够有效遏制党员的腐败行为吗？（单选）

______非常有效［B0401］　　______比较有效［B0402］

______成效一般［B0403］　　______成效比较差［B0404］

______基本无效［B0405］

B5　您认为，党员干部所在单位的领导对处置党员干部腐败问题的重视程度如何？（单选）

______非常重视［B0501］　　______比较重视［B0502］

______一般［B0503］　　______不太重视［B0504］

______非常不重视［B0505］

B6　您认为，当前各层级党员干部中，哪一层级的干部腐败问题最严重？（单选）

______省部级［B0601］　　______厅局级［B0602］

______县处级［B0603］　　______乡科级及以下［B0604］

B7　您认为，下列职业群体中，出现腐败问题的党员干部有多少？（请根据您的真实想法，在相应选项的空格内打“√”）

	1 非常多	2 比较多	3 一般	4 比较少	5 非常少	6 不清楚
人大代表/政协委员［B0701］						
政府官员［B0702］						
部队军官［B0703］						

续表

	1 非常多	2 比较多	3 一般	4 比较少	5 非常少	6 不清楚
法官/检察官［B0704］						
村/居委会干部［B0705］						
国有企业管理者［B0706］						
民营企业老板/管理者［B0707］						
社会组织管理者［B0708］						

B8　您认为，下列制度在反腐败中的有效性如何？（请根据您的真实想法，在相应选项的空格内打“√”）

	1 非常有效	2 比较有效	3 一般	4 不太有效	5 非常无效	6 不清楚
纪检监察信访制［B0801］						
派驻制度［B0802］						
巡视巡察制度［B0803］						
审计制度［B0804］						
人大监督制度［B0805］						
民主监督制度［B0806］						

C 部分（请根据您的真实想法，在相应选项对应的横线上或空格内打“√”）

C1　您认为，监察委的建立是否会使党员受到更全面的监督？（单选）

______会受到更全面的监督［C0101］

______不会对党员的监督有什么影响［C0102］

______不清楚［C0103］

C2　《国家监察法》规定，监察委对同级人大负责。您认为，监察委成立后，人大是否能够更好地发挥对政府部门的监督职能？（单选）

______能够更好地发挥监督职能［C0201］

______不会对监督职能的发挥有什么影响［C0202］

______不清楚［C0203］

C3　您认为，在未来，纪检监察机关发现腐败行为的及时性会怎样？（单选）

______会有较大提高［C0301］

______不会有太大改变［C0302］

______及时性会降低［C0303］

______不清楚［C0304］

C4 您认为，在未来，纪检监察机关对处置腐败问题的力度会怎样？（单选）

______会有较大提高［C0401］

______不会有太大改变［C0402］

______力度会降低［C0303］

______不清楚［C0404］

C5 我们想知道您对下面各种说法的意见，您是非常同意、同意、一般、不同意、还是非常不同意？（请根据您的真实想法，在认同选项的对应空格内打"√"）

	1 非常同意	2 同意	3 中立	4 不同意	5 非常不同意	6 不清楚
在未来，治党的制度体系的覆盖面会增加［C0501］						
在未来，治党的制度体系会越来越合理［C0502］						
在未来，对制度执行效果的评估活动将会增加［C0503］						

C6 您认为，在未来，下列制度的制度执行水平会怎样？（请根据您的真实想法，在相应选项的空格内打"√"）

	1 执行水平会有较大提高	2 执行水平不会有太大改变	3 执行水平会降低	4 不清楚
纪检监察信访制度［C0601］				
派驻制度［C0602］				
巡视巡察制度［C0603］				
审计制度［C0604］				
人大监督制度［C0605］				
民主监督制度［C0606］				

C7 一定强度的诱因往往会提升党员干部腐败问题出现的可能性，从而对制度治党成效造成负面影响。您认为，在未来，下列因素对腐败行为的诱导作用会怎样？（请根据您的真实想法，在认同选项的对应空格内打"√"）

	1 非常大	2 比较大	3 一般	4 比较小	5 非常小	6 不清楚
人对物质享受追求的本性［C0701］						
制度不够完善［C0702］						
社会对腐败的包容氛围［C0703］						
亲属/朋友的错误引导［C0704］						

C8 如果 1 分代表非常低（箭头左端），10 分代表非常高（箭头右端），您为您对制度治党未来成效的信心打几分？（请只打整数分值，并填写在下面）

非常低，1 分←————————→非常高，10 分

分值：________［C0801］

D 部分（请根据您的真实想法，在相应选项对应的横线上或空格内打"√"）

D1 近五年，您或您周围的人是否遇到过党员干部腐败问题的情况？（请根据您的真实想法，在相应选项的空格内打"√"）

	1 经常遇到	2 偶尔遇到	3 没遇到过	4 不清楚
您是否遇到过党员干部贪污的情况［D0101］				
您是否遇到过党员干部不作为的情况［D0102］				
您周围的人是否遇到过党员干部贪污的情况［D0103］				
您周围的人是否遇到过党员干部不作为的情况［D0104］				

D2 近五年内，您是否检举揭发过公职人员的腐败行为？（单选）

______有［D0201］　　______没有［D0202］

______不清楚［D0203］

D3 您是否曾通过制度途径，参与到对纪检监察机关工作成效的评价当中？（单选）

______经常参与［D0301］　　______偶尔参与［D0302］

______没参与过［D0303］　　______不清楚［D0304］

D4 您认为，在检举党员违纪违法行为后，群众能否被及时告知处置结果？（单选）

______非常及时［D0401］ ______比较及时［D0402］

______一般［D0403］ ______不太及时［D0404］

______非常不及时［D0405］ ______不清楚［D0406］

D5 您认为，当前社会民众对纪检监察机关的反腐败活动的参与水平如何？(单选)

______非常高［D0501］ ______比较高［D0502］

______一般［D0503］ ______比较低［D0504］

______非常低［D0505］ ______不清楚［D0506］

D6 您认为，在接到群众检举后，纪检监察机关对于群众的信息反馈的认真程度如何？(单选)

______非常认真负责［D0601］ ______比较认真负责［D0602］

______一般［D0603］ ______不太认真负责［D0604］

______非常不认真负责［D0605］ ______不清楚［D0606］

D7 您认为自己是否足够了解对党员干部腐败行为检举的程序？(单选)

______非常了解［D0701］ ______比较了解［D0702］

______一般［D0703］ ______不太了解［D0704］

______非常不了解［D0705］

D8 如果您有机会参与到对党员干部腐败行为的检举中，您认为自己是否能够承受检举带来的心理压力？(单选)

______能够承受［D0801］ ______承受能力有待提高［D0802］

______无法承受［D0803］ ______不清楚［D0804］

D9 如果您有机会参与到对党员干部腐败行为的检举中，您会获得何种程度的精神满足感？(单选)

______非常大［D0901］ ______比较大［D0902］

______一般［D0903］ ______比较小［D0904］

______非常小［D0906］ ______不清楚［D0906］

D10 如果将来有机会，您是否愿意积极参与到对党员干部腐败行为的检举中？(单选)

______愿意参加［D1001］ ______视情况而定［D1002］

______不愿意参加［D1003］ ______不清楚［D1004］

D11 在您看来，我国群众能否有效监督党员干部？(单选)

______非常有效［D1101］　　______比较有效［D1102］

______一般［D1103］　　______不太有效［D1104］

______非常无效［D1105］　　______不清楚［D1106］

D12　公民举报公职人员腐败的行为会受到一系列因素的影响。如果您在举报时遇到以下情形，对您举报的积极性会产生多大程度的打击？（请根据您的真实想法，在相应选项的空格内打“√”）

	1 非常大	2 比较大	3 一般	4 比较小	5 非常小	6 不清楚
存在受到打击报复的可能性［D1201］						
缺乏切实可行的举报渠道［D1202］						
相关部门对举报内容不认真核实、处理［D1203］						

填答到此结束，感谢您的参与！

附录二：党内制度体系实效评价问卷

调 查 员：____________________

调查地点：____________________

访问时间：____年____月____日____时

审　　核：____________________

数据录入：____________________

您好！

感谢您参加这次调查活动！本问卷是教育部重大课题攻关项目“坚持依法治国与制度治党、依规治党统筹推进研究”课题组的项目调研问卷，本调查结果仅供学术研究使用。

本次问卷采用无记名方式填写，用计算机进行数据统计。调查结果只以数据的形式出现于本课题的研究中，不会给您造成任何不良影响。答案没有对错之分，请您按照自己的真实情况回答即可。

感谢您的参与和支持！

吉林大学课题组

2018 年 4 月

A 部分（请根据您的实际情况，按要求填写内容，或在相应选项前横线上打“√”）

A1 您的性别：　______男［A0101］　______女［A0102］

A2 您今年的年龄是______岁（单位：周岁）［A0201］

A3 您的党内身份是？

______党员干部［A0302］　______普通党员［A0303］

A4 您现在做什么工作：

______农，牧，渔民［A0401］　______商业服务业职工［A0402］
______个体工商户［A0403］　______私营企业主［A0404］
______一般职员［A0405］　______工人［A0406］
______党政干部［A0407］　______管理人员［A0408］
______军人/警察［A0409］　______专业技术人员［A0410］
______家庭主妇［A0411］　______退休［A0412］
______下岗/找工作［A0413］
______其他（请在右边横线上注明）______________________［A0414］

A5 在制定党内制度的过程中，您的角色是?
______决策人员［A0501］　______执行人员［A0502］
______专家学者［A0503］　______提供意见者［A0504］
______其他（请在右边横线注明）______________________［A0505］

A6 您的学历水平是?
______小学及以下［A0601］　______初中［A0602］
______高中或中专［A0603］　______大专［A0604］
______本科［A0605］　______研究生及以上［A0606］

A7 您的户口类型是?
______城镇户口［A0701］　______农业户口［A0702］

A8 您的党龄有多少年？______年［A0801］

A9 您现在已参加工作多少年？______年［A0901］

B 部分（请根据您的真实想法，在相应选项对应的横线上或空格内打"√"）

B1　获取参考信息是提升制度科学性水平的重要方式。您认为在党内制度的制定过程中，参考信息的获取水平如何?（请根据您的真实想法，在相应空格内打"√"）

	1 非常高	2 比较高	3 一般	4 比较低	5 非常低	6 不清楚
［B0101］实地调研水平						
［B0102］专家建议咨询水平						
［B0103］外界经验借鉴水平						
［B0104］党内意见征集水平						
［B0105］实践经验总结水平						

B2 制度制定往往需要经过一定程序，主要包括审查草案是否与其他法律法规相抵触、广泛征集意见建议、统筹考虑制度制定的现实需求以及在制度制定后对制度进行评估等。在您参与或了解到的制度制定过程中，经历了下列哪些程序？（多选）

______合法性审查程序［B0201］ ______民主征求意见程序［B0202］

______统筹规划程序［B0203］ ______立制后评估程序［B0204］

______其他（请在右边横线上注明）______________［B0205］

______不清楚［B0206］

B3 您认为下列党内制度的完备度如何？（请根据您的真实想法，在相应空格内打“√”）

	1 非常高	2 比较高	3 一般	4 比较低	5 非常低	6 不清楚
［B0301］党的领导制度						
［B0302］党的组织制度						
［B0303］党内选举制度						
［B0304］党内监督制度						
［B0305］党内问责制度						

B4 制度规定如果过多使用指导性、原则性用语，则往往会导致制度过于宏观、缺乏可操作性的问题。您认为，当前党内法规是否具有存在过于宏观的问题？（请根据您的真实想法，在相应空格内打“√”）

	1 非常严重	2 比较严重	3 一般	4 不太严重	5 基本没有	6 不清楚
［B0401］党的领导制度						
［B0402］党的组织制度						
［B0403］党内选举制度						
［B0404］党内监督制度						
［B0405］党内问责制度						

B5 您认为，当前党内制度体系中是否恰当地体现了下列价值理念？（请根据您的真实想法，在认同选项的对应横线上打“√”）

	是	否	不清楚
[B0501] 正义	____	____	____
[B0502] 自由	____		
[B0503] 平等	____		
[B0504] 民主	____		
[B0505] 权威	____		
[B0506] 强制	____		
[B0507] 秩序	____		

B6 我们想知道您对下面各种说法的意见，您是非常同意、同意、不同意、还是非常不同意？（请根据您的真实想法，在相应选项的空格内打“√”）

	1 非常同意	2 同意	3 不同意	4 非常不同意	5 不清楚
[B0601] 中国共产党在进行公共决策时积极听取了群众意见					
[B0602] 中国共产党在公共决策时积极吸收了民主党派意见					
[B0603] 中国共产党在进行公共决策时，积极听取了专家意见					

C 部分（请根据您的真实想法，在相应选项对应的横线上或空格内打“√”）

C1 您认为《关于新形势下党内政治生活的若干准则》的规定中，体现党员权利维护的水平如何？（单选）

______非常高［C0101］　　______比较高［C0102］

______一般［C0103］　　______比较低［C0104］

______非常低［C0105］　　______不清楚［C0106］

C2 您认为《关于新形势下党内政治生活的若干准则》的规定中，体现党员义务履行的水平如何？（单选）

______非常高［C0201］　　______比较高［C0202］

______一般［C0203］　　______比较低［C0204］

______非常低［C0205］　　______不清楚［C0206］

C3　您认为在党内法规的规定中，是否体现了下列原则？（请根据您的真实想法，在相应空格内打“√”）

	1 非常高	2 比较高	3 一般	4 比较低	5 非常低	6 不清楚
［C0301］法律面前一律平等						
［C0302］少数服从多数原则						
［C0303］权利义务统一原则						
［C0304］民主法治相统一原则						

C4　您所在的工作单位制定某项党内制度时，对本单位党员意见的征求水平如何？（单选）

______每次都征求［C0401］　　______经常征求［C0402］

______有时征求［C0403］　　______基本不征求［C0404］

______没征求过［C0405］　　______不清楚［C0406］

C5　您所在的工作单位制定某项党内制度时，是否会向社会公众征求意见？（单选）

______每次都征求［C0501］　　______经常征求［C0502］

______有时征求［C0503］　　______基本不征求［C0504］

______没征求过［C0505］　　______不清楚［C0506］

D 部分（请根据您的真实想法，在相应选项对应的横线上或空格内打“√”）

D1　您认为，总体而言，党内监督制度的执行水平如何？（单选）

______非常有效［D0101］　　______比较有效［D0102］

______一般［D0103］　　______比较无效［D0104］

______非常无效［D0105］　　______不清楚［D0106］

D2　您认为，下列哪类群体违反党内制度的问题最严重？（单选）

______党员干部［D0201］　　______普通党员［D0202］

______不清楚［D0203］

D3　腐败治理的一项重要举措是提高腐败案件被发现的概率，您认为，当前纪检监察机关发现腐败案件的概率如何？（单选）

______非常高［D0301］　　______比较高［D0302］

______一般［D0303］　　______比较低［D0304］

______非常低［D0305］　　______不清楚［D0306］

D4　您认为，国家监察体制改革之后，监察委员会在腐败治理中的制度优势发挥状况如何？（单选）

______非常充分［D0401］　　______比较充分［D0402］

______一般［D0403］　　______不太充分［D0404］

______非常不充分［D0405］　　______不清楚［D0406］

D5　您认为，当前国家监察机关对《国家监察法》的贯彻执行水平如何？（单选）

______非常有力［D0501］　　______比较有力［D0502］

______一般［D0503］　　______比较不力［D0504］

______非常不力［D0505］　　______不清楚［D0506］

D6　您认为监察委员会所拥有的履行反腐败职能的资源是否充足？（单选）

______非常充足［D601］　　______比较充足［D0602］

______一般［D0603］　　______比较不充足［D0604］

______非常不充足［D0605］　　______不清楚［D0606］

D7　制度能否适应政治、经济、文化与社会等环境，将对自身有效性产生重要影响。下列对当前党内法规制度的认识您是否认同？（请根据您的真实想法，在认同选项的对应横线上打"√"）

	1 是	2 否	3 不清楚
［C0701］能够适应全面从严治党对权力制约的需求	___	___	___
［C0702］能够适应市场经济中人们对物质需求的不断提升	___	___	___
［C0703］能够在价值多元化的时代背景下，有效维护党内意识形态安全	___	___	___
［C0704］能够适应日益增长的美好生活需要和不平衡不充分的发展之间矛盾所带来的心理不平衡	___	___	___

续表

	1 是	2 否	3 不清楚
[C0705] 能够抵制人情关系对权力依纪依法规范运行的干扰	___	___	___

D8 您认为，下列因素对于制度有效性的负面影响水平如何？（请根据您的真实想法，在认同选项空格内打"√"）

	1 非常高	2 比较高	3 一般	4 比较低	5 非常低	6 不清楚
[D0801] 制度供给难以满足现实需求						
[D0802] 前后出台制度难以兼容						
[D0803] 制度设计缺乏长远规划						
[D0804] 制度运行成本过高						
[D0805] 制度规定过于宏观						
[D0806] 对制度实践效果的评估不足						
[D0807] 党员干部参与积极性不足						
[D0808] 普通党员参与积极性不足						

D9 "三不"机制是具有中国特色的制度反腐模式，您认为，国家监察体制改革之后，纪检监察机关构建的下属反腐败机制的有效性如何？（请根据您的真实想法，在相应空格内打"√"）

	1 非常高	2 比较高	3 一般	4 比较低	5 非常低	6 不清楚
[D0901] 不敢腐的惩戒机制						
[D0902] 不能腐的防范机制						
[D0903] 不想腐的保障机制						

E 部分（请根据您的真实想法，在相应选项对应的横线上或空格内打"√"） E1 各制度有自身作用范围，制度间不冲突、无间隙，能够紧密咬合，整个制度体系才能严密，这即是制度的衔接性。您认为，当前同级间党

内法规的衔接性如何？（请根据您的真实想法，在相应空格内打“√”）

	1 非常高	2 比较高	3 一般	4 比较低	5 非常低	6 不清楚
[E0101] 党内准则间衔接性						
[E0102] 党内条例间衔接性						
[E0103] 党内规则间衔接性						
[E0104] 党内规定间衔接性						
[E0105] 党内办法间衔接性						
[E0106] 党内细则间衔接性						

E2　您认为，党内法规是否存在与党章相冲突的地方？（单选）

______有很多冲突 [E0201]　　______有一些冲突 [E0202]

______冲突很少 [E0203]　　______没有冲突 [E0204]

______不清楚 [E0205]

E3　您认为，当前党内法规内容的覆盖范围如何？（单选）

______非常全面 [E0301]　　______比较全面 [E0302]

______一般 [E0303]　　______不太全面 [E0304]

______非常不全面 [E0305]　　______不清楚 [E0306]

E4　您认为，《中国共产党党内监督条例》与《中华人民共和国国家监察法》间衔接的紧密程度如何？（单选）

______非常清晰 [E0401]　　______比较清晰 [E0402]

______一般 [E0403]　　______比较不清晰 [E0404]

______非常不清晰 [E0405]　　______不清楚 [E0406]

E5 您认为，当前党的纪律检查机关与监察委员会之间的纪法衔接水平如何？（单选）

______非常高 [E0501]　　______比较高 [E0502]

______一般 [E0503]　　______比较低 [E0504]

______非常低 [E0505]　　______不清楚 [E0506]

E6 您认为，当前纪检监察机关与审判机关、检察机关、司法执法部门之间既相互协调又相互制约的有效机制是否已经充分建立起来？（单选）

______已经充分建立 [E0601]　　______基本建立 [E0602]

______还在初步建设 [E0603]　　______不清楚 [E0604]

E7 您认为，当前监察委员会对同级人大和上级监察委员会负责的双重领

导体制的制度化水平如何？（单选）

______非常高［E0701］ ______比较高［E0702］

______一般［E0703］ ______比较低［E0704］

______非常低［E0705］ ______不清楚［E0706］

E8 您认为，当前党内法规与国家法律间的衔接机制是否完善？（请根据您的真实想法，在相应空格内打“√”）

	1 非常完善	2 比较完善	3 一般	4 不太完善	5 非常不完善	6 不清楚
［E0801］在立规立法过程中衔接机制						
［E0802］在执规执法过程中的衔接机制						
［E0803］在党内问责与行政问责过程中的衔接机制						
［E0804］在守规守法过程中的衔接机制						

F 部分（请根据您的真实想法，在相应选项对应的横线上或空格内打“√”）

F1 您认为，当前党员对下列党内制度的支持水平如何？（请根据您的真实想法，在相应空格内打“√”）

	1 非常高	2 比较高	3 一般	4 比较低	5 非常低	6 不清楚
［F0101］党的领导制度						
［F0102］党的组织制度						
［F0103］党内选举制度						
［F0104］党内监督制度						
［F0105］党内问责制度						

F2 制度思维是指以制度作为分析问题、解决问题出发点的一种思考方式与习惯。如果 1 分代表非常低（箭头左端），10 分代表非常高（箭头右端），您为党员干部制度思维的整体水平打几分？（请只打整数分值，并填写在下面横线处）

非常低，1 分←————————→非常高，10 分

分值：____________［F0201］

F3　您认为，普通党员向纪检监察机关检举本单位党员领导干部是一件困难的事吗？（单选）

______非常困难［F0301］　　______比较困难［F0302］

______一般［F0303］　　______不太困难［F0304］

______非常容易［F0305］　　______不清楚［F0306］

G 部分（请根据您的真实想法，在相应选项对应的横线上或空格内打"√"）

G1　您认为，下列党内法规制度的执行保障机制是否完善？（请根据您的真实想法，在相应空格内打"√"）

	1 非常完善	2 比较完善	3 一般	4 比较不完善	5 非常不完善	6 不清楚
［G0101］监督保障机制的完善程度						
［G0102］物质保障机制的完善程度						
［G0103］技术保障机制的完善程度						
［G0104］政策保障机制的完善程度						

G2　您认为，当前依法治国工作成效如何？（请根据您的真实想法，在相应空格内打"√"）

	1 非常高	2 比较高	3 一般	4 比较低	5 非常低	6 不清楚
［G0201］科学立法水平						
［G0202］严格执法水平						
［G0203］公正司法水平						
［G0204］公民守法水平						

G3　您认为，当前党内法规与国家法律的内容规定是否一致？（单选）

______具备高度一致性［D0301］　______比较具备一致性［D0302］

______一般［D0303］______具备一致性的程度很低［D0304］

______基本不具备一致性［D0305］______不清楚［D0306］

G4　您认为，当前党内政治文化中，下列内容的体现程度如何？（请根据您的真实想法，在相应空格内打“√”）

	1 非常高	2 比较高	3 一般	4 比较低	5 非常低	6 不清楚
[G0401] 关于制度执行的先进事迹						
[G0402] 关于制度执行的价值观念						
[G0403] 关于制度执行的思想理论						

G5　执行文化是指推崇贯彻执行制度的价值理念与典型案例等。您认为，在执行文化的传播过程中，下列方式哪种方式作用最大？（单选，如果您认为答案是“其他”，那么请您将答案内容填写在后面横线上）

______集中培训 [G0501]　　______大众传媒 [G0502]

______社会交往 [G0503]

______其他（请在右边横线上注明）____________________ [G0504]

______不清楚 [G0505]

G6　您认为，如果您积极贯彻执行党内制度，会获得亲属的支持吗？（单选）

______非常支持 [G0601]　　______比较支持 [G0602]

______一般支持 [G0603]　　______不太支持 [G0604]

______非常不支持 [G0605]　　______不清楚 [G0606]

G7　当前社会主要矛盾已经发生变化，我国社会主要矛盾已经转化为人民日益增长的美好生活需要和不平衡不充分的发展之间的矛盾。您认为，当前社会主要矛盾的变化，是否会对党内制度执行产生负面影响？（单选）

______影响非常大 [G0701]　　______影响比较大 [G0702]

______影响一般 [G0703]　　______影响比较小 [G0704]

______影响非常小 [G0705]　　______不清楚 [G0706]

G8　随着经济的发展与文化交流的繁盛，不同的价值标准与追求逐渐出现在人们的视野中，从而形成了价值多元化的趋势。价值多元化可能会使价值判断的标准多样化。您认为，价值多元化是否会对党内制度的执行产生负面影响？（单选）

______影响非常大 [G0801]　　______影响比较大 [G0802]

______影响一般［G0803］　　______影响比较小［G0804］

______影响非常小［G0805］　　______不清楚［G0806］

G9　当前信息技术高速发展，大数据、云计算等技术不断应用于组织管理当中。您认为，在党内制度执行过程中，信息技术是否得到了应用？（单选）

______应用非常广泛［G0901］　　______应用比较广泛［G0902］

______一般［G0903］　　______应用面比较狭窄［G0904］

______应用面非常狭窄［G0905］　　______不清楚［G0906］

填答到此结束，感谢您的参与！

后 记

中国共产党十八届六中全会指出："办好中国的事情，关键在党，关键在党要管党、从严治党""坚定推进全面从严治党，坚持思想建党和制度治党紧密结合，集中整饬党风，严厉惩治腐败，净化党内政治生态。"全面从严治党，核心是加强党的领导，基础在全面，关键在严，要害在治。思想建党是全面从严治党的灵魂，而制度治党则是全面从严治党的躯体。"内化于心、外化于行"，坚持主观与客观的辩证统一，才能实现全面从严治党，营造风清气正的良好政治生态。政治生态是国家政治生活的基本常态和政治发展的外部环境，良好的政治生态有利于政党建设和国家建设；恶劣的政治生态则可能腐化人心，甚至动摇党的执政根基。思想是行动的指南，行动是思想的落实。思想建党与制度治党应同向发力、同时发力，才能实现全面从严治党的伟大战略目标。历史经验告诉我们，一个政党能够永葆生机活力，永远走在时代的前列，永远得到民众的拥护，就是因为这个党的队伍能够永远保持其先进性。而先进性就来自这个党时时刻刻的自我更新、自我完善、自我发展，在思想上建党，在制度上治党。思想建党以理论创新为要务，以坚定理想信念为支点，以理论武装头脑为途径，实现思想净化、道德自律、清正廉明、作风正派；制度治党以建章立制为准绳，以权力制约为目标，以责任追究为后盾，突出强调制度实效，要求有权必有责、有责必担当、失责必追究，把权力关进制度的笼子里。思想建党注重道德自律，核心是如何改造人的主观世界，强调以教育感化、理论学习、文化熏陶为途径实现理想信念的转化和精神品格的提升；制度治党注重规则他律，核心是如何调整人的客观行为，强调以法治意识、制度规制、程序公开、责罚分明为方式实现外部行为的规训，使遵纪守法成为常态。思想建党和制度治党犹如鸟之两翼、车之两轮，缺一不可，二者唇齿相依、相辅相成，共同营造了全面从严治党的政治新生态。

本书是教育部哲学社会科学重大攻关课题项目："坚持依法治国与制度治党、依规治党统筹推进研究"（17JZD003）的阶段性成果和吉林大学中央高校基本科研业务费基地重大项目："新时代思想建党与制度治党相结合研究"（019XXJD05）的结项成果，是作者多年来围绕着"依规治党""制度治党"和"全面从严治党"等领域深耕多年的成果，也是学术团队成员集体智慧的结晶。本书团队成员的分工如下：

理论篇：第一部分至第四部分（王立峰主笔）

理论篇：第五部分至第九部分（吕永祥主笔）

实践篇：第一部分至第三部分（王立峰、吕永祥共同完成）

实践篇：第四部分至第六部分（吕永祥主笔）

实践篇：第七部分至第十部分（王立峰、潘博共同完成）

实践篇：第十一部分（王立峰、田芳芳共同完成）

实践篇：后记部分（王立峰主笔）

全书文字校对工作由梁作栋和齐昕同学负责。

本书能够出版，感谢吉林大学行政学院提供良好的学术发展平台，为课题研究提供了宽松的学术氛围；感谢吉林大学行政学院各位同侪，为课题研究添薪助力；感谢人民日报出版社的蒋菊平老师及其他老师的辛勤付出。

新时代、新征程、新使命，中华人民共和国已经成立七十年了，承载着中华民族强国梦的巨轮已经启航。作为这艘巨轮的掌舵者，中国共产党"不忘初心、牢记使命"，必将引航全国各族人民共赴光辉的未来，"长风破浪会有时，直挂云帆济沧海"。

谨以本书为伟大祖国献礼，致敬伟大的中国共产党！